玉屏侗族自治县传统村落志

朝阳村志

—— YUPING DONGZU ZIZHIXIAN CHUANTONGCUNLUO ZHI ——
CHAOYANGCUN ZHI

玉屏侗族自治县传统村落志编纂委员会　编

方志出版社
Publishing House of Local Records

图书在版编目（CIP）数据

玉屏侗族自治县传统村落志. 朝阳村志 / 玉屏侗族自治县传统村落志编纂委员会编 .—北京 ： 方志出版社，2024.2

ISBN 978-7-5144-5745-2

Ⅰ. ①玉… Ⅱ. ①玉… Ⅲ. ①村史－玉屏侗族自治县 Ⅳ. ① K297.35

中国国家版本馆 CIP 数据核字（2024）第 053766 号

责任编辑：程倩
责任校对：张玉霞
责任印制：梅中英
出 版 者：方志出版社
地　　址：北京市朝阳区潘家园东里 9 号（国家方志馆 4 层）
邮　　编：100021
网　　址：http://www.zgfzcb.cn
发　　行：方志出版社图书营销中心（010-67110500）
印　　刷：云南美嘉美印刷包装有限公司
开　　本：787 毫米 ×1092 毫米　1/16
印　　张：17.25
字　　数：329 千字
版　　次：2024 年 2 月第 1 版
印　　次：2024 年 2 月第 1 次印刷
定　　价：138.00 元

◆玉屏侗族自治县传统村落志编纂委员会

名誉主任： 杨启明　田兴国

主　　任： 石　健　杨　枫

副 主 任： 姚伦光　舒　畅　李竹梅

成　　员： 胡　波　姚茂荣　张　智　张运池　詹　敏
江继武　罗金松　邹　志　姚红莉　杨昌军
潘升休

◆玉屏侗族自治县传统村落志·朝阳村志编辑部

主　　编： 李竹梅

副 主 编： 吴　娅　姚　珂　姚伦强

编　　辑： 吴　娅　彭　飞　姚茂成　谢祥金　杨　婧

编　　务： 全宏标　罗厚裕　吴　群　黄开文　姚伦坤
周言炜　姚亚芬　江　军　刘　丽　孟　新
杨　慧　李思思　姚懿洲　许　愿　杨土金
王梦萍　刘元水　吴安江

图　　片： 杨　锋　姚祖告　姚林屏

序

家之有谱，村之有志，犹国之有史也。凡山川之锦绣，人物之众寡，政教礼乐之得失，无不罗列记述。编修地方志是传承地方文化，记载地方历史的一项文化义举。从明、清时期到本世纪初，玉屏历史上多次修志，主要编修县级综合志和部门志，而乡镇志、村志的编修，从未列入县级政府编纂序列。

2017年5月，中共中央办公厅国务院办公厅印发《国家“十三五”时期文化发展规划纲要》指出，“完成省、市、县三级地方志书出版工作。开展旧志整理和部分有条件的镇志、村志编纂。”2020年7月，《关于印发玉屏侗族自治县编纂乡（镇、街道）志、村志工作的通知》将村志编纂提上日程，每个乡（镇、街道）编纂1部村志。2021年8月，贵州省人民政府制定《贵州省传统村落高质量发展五年行动计划（2021—2025年）》，传统村落村志编纂迎来历史上的高光时期。10月，贵州省地方志编纂委员会办公室印发《贵州传统村落志编纂实施方案》，明确将编修传统村落志作为一项政治任务列入议事日程。11月，玉屏启动《玉屏侗族自治县传统村落·朝阳村志》编纂工作。

随着社会主义新农村建设和新型城镇化建设进程的加速，尤其是党的十八大以来，乡村面貌发生翻天覆地的变化，但传统村落民俗文化正在日益远离当下生活。乡村文化作为社会文化体系的重要组成部分，凝聚着乡土人文之美，如果没有乡村文化的传承与创新，那么乡村振兴就失去了真正的灵魂。乡村振兴既要塑形，也要铸魂。文化振兴是乡村振兴的重要组成部分，没有文化的繁荣兴盛就难以实现乡村振兴。将传统村落文化以志的形式记载下来，是文化自信的体现，是贯彻落实党的十九大、党的二十大提出的乡村振兴战略的重要举措。而今传统村落的生产生活方式、民风民俗、传统节目、传统工艺等存在消亡危机，抢救性保护刻不容缓。编纂志书，是保存村落历史文化信息的重要途径，更是抢救和保护传统村落的最佳方式。

朝阳作为玉屏仅有的两个中国传统村落之一，作为玉屏侗族文化最为浓郁、民族习俗保存最完整的侗族村寨，其别具一格的吊脚民居、侗家特有的赶坳活动、香醇美味的罐罐油茶、优雅迷人的侗族歌舞，无不镌刻着中华优秀传统的独特性格。县地方志办的同志不辞辛劳，经过近两年的努力，终见编修成果。通过编纂传统村落志，深度挖掘朝阳村落历史，梳理村落的发展脉络，记录社会主义新农村建设和脱贫攻坚过程村落发生的演变，留住和唤起了对传统村落的乡愁与记忆。《玉屏侗族自治县传统村落·朝阳村志》的编纂出版，既填补玉屏志书库存的一大空白，也向省、市交出一份玉屏地方志工作的答卷，这无疑是玉屏地方志事业发展过程中一件大喜事！是故欣然作序，以示庆贺！

中共玉屏侗族自治县委书记　杨启明

玉屏侗族自治县人民政府县长　田兴国

2023 年 4 月

凡　例

一、本志以马克思列宁主义、毛泽东思想、邓小平理论、“三个代表”重要思想、科学发展观、习近平新时代中国特色社会主义思想为指导，坚持辩证唯物主义和历史唯物主义的立场、观点和方法，存真求实，全面、客观、系统记述玉屏侗族自治县传统村落朝阳村的发展变化进程和改革开放成果，反映小康社会建设过程，传承和抢救乡土历史文化。

二、为全面反映入志事物发展脉络，志书上限追溯至事物发端，下限断至2020年，个别事项延至搁笔。详今明古，着重反映时代特色和地方特点，重点体现朝阳村的“名”与“特”。

三、统一采用条目体，设类目、分目、条目三个层次，个别条目增设次条目。横排门类，纵述史实，述而不论。综合运用述、记、志、传、图、表、录等体裁，以志体为主。

四、人物传的记述遵循“生不立传”的原则，传主按生年排序，选录对本村发展有重大影响的人物。

五、记述各个历史时期的党派、机构、职务、地名等，均以当时的名称为准。

六、中华民国成立前的纪年，使用朝代年号纪年，括注公元年份；中华民国成立后的纪年，均使用公元纪年。志中所称“解放前（后）”，系指1949年11月7日玉屏解放前（后）；“新中国成立前（后）”，以中华人民共和国成立日1949年10月1日为界；“改革开放前（后）”，以1978年12月中共十一届三中全会召开为界。

七、数字用法、标点符号分别采用国家标准《出版物上数字用法》（GB/T 15835—2011）、《标点符号用法》（GB/T 15834—2011），计量单位采用国家技术监督局1993年12月发布的《量和单位》系列国家标准。历史上使用的计量单位，如斗、石、里、尺、磅、华氏度等，在引文时可照录。考虑到社会使用习惯，书中历史计量单位均不统一换算，如亩、尺。

八、本志资料主要来源于县档案馆、新店镇档案资料以及村民口述资料、书刊、家谱等。

玉屏侗族自治县政区图

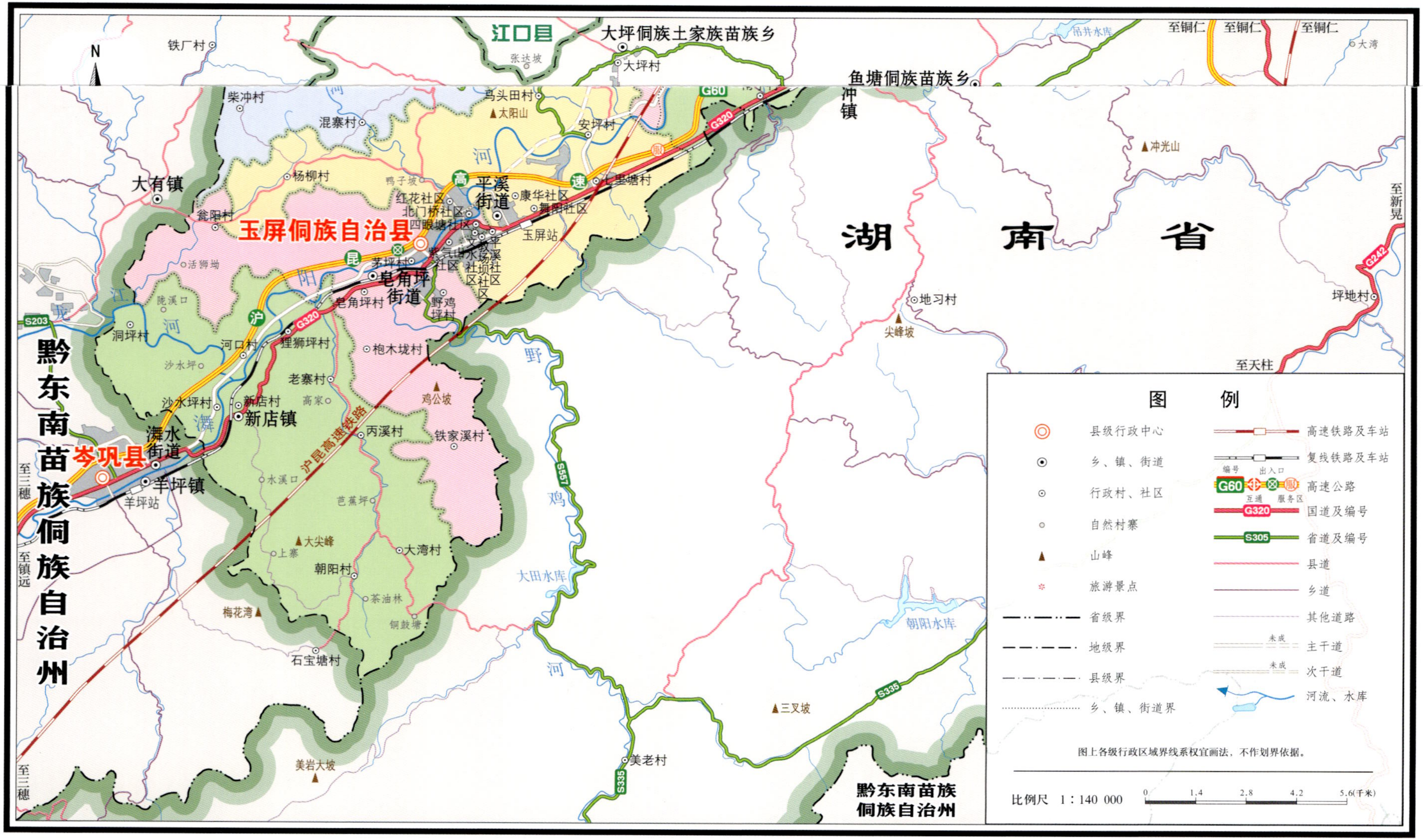

哈尔滨地图出版社　编制

行政区划数据截止至2023年12月

审图号：图黔D（2024）002号

印家溪全景　　　　　　　　　　　　　　（杨　锋　摄）

尖坡全景　　（姚祖告　摄）

俯瞰朝阳新村　　　　（姚林屏　摄）

依山而建的民居　　（县民宗局　提供）

吊脚楼　　（杨　锋　摄）

干栏式民居　　　　（姚祖告　摄）

村党员群众服务中心　　　　（姚林屏　摄）

朝阳花桥　　（杨　锋　摄）

寨门　　（姚林屏　摄）

休闲长廊　　（姚祖告　摄）

鼓楼　　（朝阳村　提供）

九月九民俗活动　　（朝阳村　提供）

唱山歌　　（县民宗局　提供）

斗牛　　　　　　　　　　　　　　　　　　　　　　　　（杨　锋　摄）

篮球比赛　　　　　　　　　　　　　　　　　　　　　　（朝阳村　提供）

火铺闲谈　　（县民宗局　提供）

酒歌待客　（杨　锋　摄）

侗酒酿制　（姚林屏　摄）

罐罐油茶飘香　（欧秀灯　摄）

腤汤开胃可口　（姚林屏　摄）

腊肉晶莹剔透　（杨　锋　摄）

目　录

概　述

（一）

朝阳村是贵州省玉屏侗族自治县新店镇的一个建制村，位于县境西南方，距县人民政府驻地 12 千米。因村寨坐落在大山的东面、向着太阳升起的方向而得名。朝阳村东与新店镇大湾村相邻，东南与湖南省新晃侗族自治县凉伞镇梭溪村接壤，西南接黔东南苗族侗族自治州镇远县羊坪镇石宝塘村，西接新店镇新店村，北邻新店镇丙溪村。辖区面积 7.46 平方千米。

朝阳村世居村民多为吴、姚、文、杨四姓。明、清时期，四姓村民先后从周边县镇迁徙而来，吴姓入村较早。民国晚期，朝阳与大湾同属一个保。玉屏县解放初期，两村同隶十六村。1955 年，撤销十六村分别建立朝阳村、大湾村，属丙溪乡，此后朝阳有了单独建设和发展的历史。1958 年，全县撤区并乡，隶新店乡；同年 10 月，全县“以乡建社”，辖下寨、印家溪、枫木坡、干山坡、朝阳、茶油林、文家、老屋、尖坡 9 个生产队。2020 年，全村 226 户，户籍人口 974 人，辖印家溪、枫木坡、干山坡、朝阳、茶油林、文家坡、尖坡 7 个村民组。

朝阳民居　　（姚祖告　摄）

（二）

朝阳村民多为侗族，是玉屏侗族风情保存最为完整的侗族村寨之一。朝阳村侗族依山而居，喜居吊脚楼，好吃酸辣味，侗族风情底蕴浓厚。

建筑风格富有特色。由于地处山区，地势不平，民居大多因地制宜依山而建，楼脚悬吊，小青瓦木楼掩映于群山翠绿之间，村寨层层叠叠，错落有致，丛林掩映，绿荫环绕，优美宜人。民居建筑的材料多源于当地山林杉木，采用穿斗式建造技艺，两面倒水青瓦顶。朝阳的吊脚楼深受人们赞赏，其造型优雅别致、建造技术精湛，至今保存完好的鼓楼、花桥、长廊、凉亭等民族建筑点缀于村寨间，其制作更显匠心，风格灵活、造型生动。火铺是人们休息吃饭及开展活动的重要场所，在朝阳几乎家家都建有火铺。火铺为矩形，面积 6 ~ 8 平方米，高度 0.6 ~ 0.8 米。

酒歌文化底蕴深厚，酒文化博大精深。酒席、酒宴千姿百态，有“三朝酒”“满月酒”“周岁酒”“订婚酒”“结婚酒”“房屋酒”“钉门酒”“乔迁酒”“分家酒”“拜师酒”“谢媒酒”“栽秧酒”“打谷酒”“月半酒”“中秋月饼酒”“重阳酒”以及各种各样的习俗酒。酒礼酒规一串连一串，暗藏着许多为人处世之道，也传递出朝阳人热情好客、淳朴豪爽、待人诚恳、尊老敬贤的道德准则。朝阳无处不飞歌，山歌、酒歌、哭嫁歌、赶坳歌、丧堂歌、生产劳动歌、生活恋爱歌，唱遍世间百态，唱尽喜怒哀乐，唱过艰难岁月，唱出小康生活。

美食饮品丰富多样。侗家腊肉，肉质光亮有泽，香味独特，腊香醇厚，回味悠长，肥肉晶莹透亮、油而不腻，瘦肉深红鲜艳、绵柔不硬。侗家血豆腐，色质鲜嫩、口感软绵，不腥不腻、软绵中兼有豆香与肉香。侗家的糍粑、绵菜粑、灰碱粑各具美味，或清香纯正，或糯软绵柔，或爽滑细腻。烧酒、甜酒、泡酒等侗酒，随时进村随时有。甜酒，色白汁清、浓郁似蜜、香甜可口。烧酒品种齐全，黏米酒、糯米酒、高粱酒、苞谷（玉米）酒、红薯酒等，各有各的香。非物质文化遗产——罐罐油茶，历史悠久，醒脑提神，十里飘香，千里闻名，是朝阳村民特别喜爱的饮食和招待客人的传统特色佳品。

民俗活动丰富多彩。赶坳是朝阳的一种传统习俗和民间歌会，也是侗家男女青年结识朋友、谈情说爱的一种活动。朝阳境内有尖坡坳、烂泥坳两个坳场，赶坳时间分别为九月初九和立夏。对山歌、斗画眉是赶坳的经典活动。随着时代的发展，朝阳借助九月初九赶坳举办内容丰富的民族文化艺术节，囊括了侗族民间歌舞表演、斗画眉、对山歌、唱酒歌、斗牛、斗鸡等民俗活动，农民篮球赛也成为文化艺术节上的传统活动。20 世纪 90 年代，多次举办湘黔边界运动会。每月农历十五和三十，画眉爱好者会聚在一起举行斗画眉比赛。

（三）

村容村貌日新月异。21 世纪后，通过社会主义新农村建设、脱贫攻坚的实施，朝阳基础设施更加完善。2020 年，全村有集中式安全人饮供水点 8 个，覆盖全村 7 个村民组所有农户；有通村公路 3 条，组组通硬化水泥路或柏油路覆盖全村 7 个村民组，连户路硬化率 100%；户户实现 100% 安全住房，按农户配备节能灶和卫生厕所，实现农户房前屋后全硬化；村内体育运动场、文化娱乐场、廊桥、廊场、休闲亭等设施设备配套齐全；全村实现移动、电信信号和 4G 网络无盲区全覆盖。

教育卫生同步发展。20 世纪 50 年代，朝阳兴办初级小学，实施初级小学教育，

千山坡　　（姚林屏　摄）

同时开办农民识字班，兴起扫盲运动，业余教育有声有色。成立卫生保健室，明确村级卫生工作人员。1962年，兴办尖坡教学点。20世纪70年代，改接生站为农村合作医疗站，推行农村合作医疗。实施脱贫攻坚后，教育保障、医疗保障纳入“三保障”内容，重点投入资金，实现义务教育全兜底、高中以上教育资助全覆盖；村卫室完成规范化建设，新型农村合作医疗制度实施顺利，群众参合率98%。

村民生活与时俱进。朝阳属传统农业经济村，以种植业为主，养殖业为辅。中华人民共和国成立后，实行土地改革，所有贫雇农分到土地，加上政府年年救助，村民生活有保障。中共十一届三中全会以后，村里实行土地联产承包责任制，极大解放了生产力，村民生产积极性空前高涨，政府组织农民开展农田基本建设，推广使用农业新技术，推广杂交水稻、杂交玉米等农作物新品种，粮食产量大幅提高。20世纪90年代中后期，随着打工潮的兴起，多数村民家庭收入结构发生变化，工资性收入超过生产经营性收入，村民生活越过温饱线。实施脱贫攻坚后，朝阳村加大村民技能培训，设立“五员”岗位，带领村民脱贫致富，于2018年脱掉贫困帽。

在时代发展中，朝阳村依靠政策红利，群众齐心协力，打赢脱贫攻坚战，实现了整村脱贫这个近期目标。在乡村振兴中，按照县镇两级党委、政府制定的规划和计划，结合自身实际，大力发展乡村旅游业和生态种植业、养殖业，朝阳村走出一条独具特色的乡村振兴之路。

村情概况

朝阳村隶属新店镇，地处新店镇东南角 8 千米处的山间谷地，属中亚热带湿润气候区。全村辖区面积 7.46 平方千米，有 7 个村民组。村落依山傍水面向东方，呈带状分布，是玉屏侗族自治县侗族集中聚居地之一。村民喜居吊脚楼，现存民居建筑多为穿斗式木结构青瓦房。2020 年底，全村 226 户，户籍人口 974 人，有吴姓、姚姓、杨姓、文姓四大姓氏。村内设有村级党组织、村民委员会、村务监督委员会等村级组织管理村内事务。

全村林地面积 561.91 公顷，耕地面积 63.5 公顷。境内有两条溪流，生态植被较好，生物多样性，矿产资源丰富，辖区重晶石矿是玉屏侗族自治县最主要的矿产品。教育、体育、文化、卫生等社会事业随时代变迁同步发展。

◎建置区划

村名由来 以所属村寨坐落在大山的东面，向着太阳升起的地方，故而取名朝阳村，朝阳村是玉屏侗族自治县侗族集中聚居地之一。朝阳原名革老寨，湖南省新晃县凉伞等地的村民至今仍称之为革老寨，具体何时改名为朝阳不得而知。革老寨的由来有两种传说。一种是因山形命名，朝阳组下寨，现村活动室对面的小山坡，形似陀螺，土话发音 gē luō，就用音调相似的“革老”记录。朝阳杨氏族谱中记载，

朝阳组上寨　　（姚祖告　摄）

秀明公从湖南省新晃县凉伞镇大塘迁入革老寨。另一种是因居民而命名，很久以前朝阳一带的居民多为仡佬族，居住地取名仡佬寨，尽管居民变迁，地名沿用原来的地名，但至今未发现有关仡佬族的记载。是“革老寨”还是“仡佬寨”，无从考证。

地理位置 朝阳村隶属新店镇，地处新店镇东南角8千米处，聚落呈带状分布。东与该镇大湾村相邻，东南与湖南省新晃侗族自治县凉伞镇梭溪村接壤，西南接黔东南苗族侗族自治州镇远县羊坪镇石宝塘村，西接新店镇新店村，北邻新店镇丙溪村。辖区面积7.46平方千米。

辖区变迁 1939年2月，全县整编区、保、甲，朝阳大湾隶属平溪一区新店联保十二保。

朝阳组下寨 （姚祖告 摄）

1941 年，全县设 1 个镇 6 个乡，朝阳属新店乡第五保。朝阳自然村有 9 甲 153 户。

1949 年 9 月，第五保改为第四保，朝阳隶第四保，干山坡划属第五保。第四保辖十三甲，一甲设芭蕉坪，二甲、三甲设新寨，四甲设大湾（今大湾组），五甲设洞上，六甲设五家冲，七甲、八甲、十甲设铜鼓塘，九甲设尖坡，十一甲设腊树湾，十二甲设朝阳寨，十三甲设枫木坡。

1949 年 11 月 18 日，改乡（镇）为区，朝阳属于第二区第四保。

1950 年 3 月，二区（新店）并于一区（城关），第四保隶一区新店乡。同年 10 月，全县成立农民协会，废除保甲制度，取消保、甲长，建立行政村、自然村，民主选举村长。一区新店乡建立十六村，辖朝阳、大湾 2 个自然村。

1952 年 6 月，一区（城关）设 1 个镇 6 个乡，即城关镇、三家桥乡、七里塘乡、丙溪乡、新店乡、镇屏乡、兴隆乡，十六村隶丙溪乡。

1954 年初，全县开展农业生产合作化运动，丙溪乡十六村组建“尖坡初级农业生产合作示范社”，为全县三个初级示范社之一（七里塘、三岔、尖坡）。在农业生产方面，十六村的大湾、朝阳 2 个自然村出现自由分割的形式，不再实行统筹管理。

1955 年初，朝阳、大湾自然村分别建立行政村，丙溪乡十六村自然消失。朝阳行政村，辖下寨、印家溪、枫木坡、朝阳、茶油林、文家、老屋、尖坡、干山坡 9 个自然村落。

1958 年 1 月，全县撤区并乡，设 1 个镇 7 个乡。朝阳隶新店乡。

1958 年 10 月，全县“以乡建社”，建立 8 个人民公社。朝阳村改为朝阳大队，隶火箭人民公社（新店乡），辖下寨、印家溪、枫木坡、干山坡、朝阳、茶油林、文家、老屋、尖坡 9 个生产队。

1958 年 12 月，三县（玉屏、江口、铜仁县）合一（铜仁县），撤玉屏县，改设 4 个人民公社。朝阳隶属玉屏人民公社丙溪管理区。

1961 年 8 月，恢复玉屏县建制。9 月，公社改区，25 个管理区并为 16 个人民公社。朝阳大队隶城关区丙溪人民公社。

1968 年 10 月，撤区并社。新店、丙溪并为向阳人民公社，朝阳大队隶向阳人民公社。

1980 年 5 月，向阳人民公社更名新店人民公社，朝阳大队隶新店人民公社。

1984 年 1 月，人民公社改称乡，生产大队改称行政村，生产小队改称生产合作社。朝阳大队改称朝阳村，属于新店乡，辖印家溪、枫木坡、干山坡、朝阳、茶油林、文家、尖坡 7 个生产合作社。

1990 年 3 月，根据《中华人民共和国村民委员会组织法》，改行政村为村民委员会，生产合作社改为村民小组。朝阳村民委员会辖朝阳、干山坡、枫木坡、印家溪、茶油林、文家、尖坡 7 个村民小组。

2016 年，新店乡撤乡建镇，朝阳村隶属新店镇。2020 年，朝阳村隶属新店镇，辖朝阳、干山坡、枫木坡、印家溪、茶油林、文家坡、尖坡 7 个村民组。

烂泥坳古树　　（姚林屏　摄）

◎自然环境

地质地貌 朝阳村位于扬子准地台上扬子台褶带和江南台隆的分区带，地层基底为前震旦系梵净山群及板溪群浅到深变质岩侵入体。地层分布总趋势为东南面老，向西北面过渡为新地层。其地下以下古生代地层为主，主要出露寒武系、板溪群。寒武系是出露最完整的地层，主要为白云岩、灰质白云岩及白云质灰岩，厚度约 2000 米。朝阳还出露板溪群隆里组上部地层，属江南台隆西部边缘地区，地层岩性为中厚层砂质绢云母板岩与变余粉砂岩互层，厚度约 200 米。少量出露震旦系。

山脉走向属云贵高原向湘西丘陵过渡的斜坡地带，地貌以低山为主。地势西南高，东北低，海拔在 400 ~ 947 米。群山环抱，东面为信告山，西面为干山坡，南面为缸子岭。海拔 800 米以上的山峰有 6 座，沙水坡 838 米、土地坳 947 米、尖坡 895 米、文家坡 843 米，2 座无名峰分别为 827 米、884 米。

气候特征 朝阳村属中亚热带湿润气候区，其特点是干湿明显，降水丰富。多年平均气温 16.8℃，1 月平均气温 5.2℃，极端最低气温 -10.7℃（1977 年 1 月 30 日）；7 月平均气温 27.2℃，极端最高气温 39.7℃出现 3 次（1975 年 7 月 30 日、2010 年 8 月 5 日、2011 年 7 月 26 日）。全年无霜期 299 天，日照时数 1198.8 小时。雨热同季，雨季多出现在 4—9 月，多年平均降雨量 1185.5 毫米。

河流 朝阳村境内有两条溪流，一条发源于尖坡组，一条发源于干山坡组，两股溪流在朝阳组汇合，经两叉溪流入丙溪河，是丙溪河的发源地。水流长年不断，水质优良。

生物资源

植物资源　朝阳村生态植被较好。常见乔木品种有松树、杉树、枫树、青冈树、香椿树、臭椿树、油桐树、泡桐树等。灌木有油茶树、黄荆条、刺梨、野樱桃、白麻栗、

朝阳林区 （杨 锋 摄）

红麻栗、转板栗、毛板栗等。草本植物常见品种有水竹、金竹、楠竹、苦竹、箭竹等。藤本植物常见品种有金银花、野豌豆、岩豆、野花椒、青蒿、冷蕨、老虎姜等。

据2019年玉屏侗族自治县古树名木资源调查统计，朝阳村拥有一个柏木古树群，是全县12个古树群之一。树群分布在干山坡，存留古树28棵，数量仅次于朱家场镇街上村和新店镇新店村。其中，二级古树（树龄300年及以上）1棵，三级古树（树龄100—299年）27棵。品种主要为枫香、柏木、朴树、青冈，有少数丝栗栲、垂柳、皂荚、槲栎。

2019年朝阳村古树统计表

表1

树名	分布点	估测树龄（年）	古树等级	树高（米）	胸径（厘米）	冠幅（米）	海拔（米）
枫香树	干山坡	130	三级	30	342	8	690
枫香树	干山坡	200	三级	27	314	10	690
枫香树	干山坡	200	三级	31	293	12	690
朴树	干山坡	200	三级	23	253	7	690
枫香树	干山坡	200	三级	35	330	16	695

续表 1

树名	分布点	估测树龄（年）	古树等级	树高（米）	胸径（厘米）	冠幅（米）	海拔（米）
枫香树	干山坡	200	三级	31	283	13	696
枫香树	干山坡	200	三级	32	319	15	700
枫香树	干山坡	200	三级	24	248	13	720
柏木	干山坡	150	三级	20	160	7	690
柏木	干山坡	150	三级	21	168	7	690
枫香树	干山坡	200	三级	27	330	16	690
枫香树	干山坡	200	三级	26	210	17	710
枫香树	干山坡	200	三级	16	265	8	710
青冈	干山坡	200	三级	23	255	10	710
枫香树	干山坡	200	三级	33	251	14	710
丝栗栲	干山坡	200	三级	18	226	16	720
槲栎	干山坡（仙鱼坡）	200	三级	18	256	7	670
青冈	干山坡	300	二级	26	231	13	670
枫杨	干山坡	200	三级	16	371	7	679
槲栎	干山坡（仙鱼坡）	200	三级	17	181	10	680
青冈	干山坡	110	三级	18	163	9	685
枫香树	干山坡	200	三级	27	301	15	700
皂荚	尖坡	150	三级	17	220	14	790
青冈	尖坡	150	三级	23	222	14	790
朴树	老屋组	150	三级	24	308	15	750
青冈	老屋组	150	三级	35	314	18	750
垂柳	老屋组	150	三级	16	345	12	760
朴树	干山坡	120	三级	15	169	20	700

注：表由县林业局提供

干山坡组古枫村 （姚林屏 摄）

2020 年，朝阳村林地面积 561.91 公顷，森林覆盖率达 79.19%。按地类划分：乔木林地 539.62 公顷，竹林地 15.21 公顷，灌木林地 7.08 公顷。乔木林按森林类别划分：重点公益林 416.24 公顷，一般公益林 48.12 公顷，一般商品林 97.55 公顷。按起源划分：天然起源 210.67 公顷，人工起源 328.95 公顷。按优势树种划分：软阔类 276.58 公顷，杉木（组）182.37 公顷，马尾松（组）32.61 公顷，阔叶混 27.5 公顷，硬阔类 20.56 公顷。境内阔叶林占比 60.16%，其森林结构相对稳定，生物多样性较为丰富。2018 年，贵州省绿化委员会办公室、贵州省林业厅授予朝阳村“贵州省森林村寨”称号。

动物资源　境内分布野生脊椎动物 31 目 68 科 212 种。走兽类常见品种有野猪、山羊、白面狸、野兔等。飞禽类 16 目 38 科 108 种，常见种类有野鸡、田鸡、竹鸡、水鸡、秧鸡、野鸭、老鹰、猫头鹰、画眉、杜鹃鸟、乌鸦、喜鹊、绿豆雀、白鹤、麻雀等。鱼类 5 目 10 科 13 种，常见种类有鲇鱼、白条鱼、石斑鱼。两栖动物有 2 目 6 科 18 种，常见种类有青蛙、癞蛤蟆。爬行动物 3 目 7 科 30 种，常见种类有甲鱼、乌龟、石龙子、金环蛇、银环蛇、乌梢蛇、眼镜王蛇等。

矿产资源　朝阳村矿产资源丰富，金属矿产有铅等，非金属矿产有重晶石、大理石、石煤。

重晶石矿 重晶石矿是玉屏侗族自治县最主要的矿产品。据勘测资料记载，总储存量1.5亿吨，其中黑矿近1亿吨。黑矿分布在朝阳、大湾、丙溪村一带，东起银兆，西讫朝阳，呈层状单斜延伸，系化学沉积矿床。主矿层分布在14×（0.1 ~ 0.5）平方千米范围内。矿层平均厚度1.07米，矿床平均厚度0.97米。矿层(床)整合于下寒武统牛蹄塘组第一段顶部。常由1 ~ 3层深灰层—灰黑薄—中层微—细晶纹层状—块状重晶石岩和0 ~ 2个局灰层组成。呈层状单斜延伸，系化学沉积矿床。矿层稳定，品质优良。硫酸钡一般在95%以上。总矿石量为909.97万吨。其中，一级品533.14万吨、二级品214.7万吨、三级品72.84万吨、四级品89.29万吨，绝大部分供出口。矿层稳定，品质优良。朝阳村内具体分布在浩林山坡、洞塆上，村内其他地方有零星分布。1996年起，由贵州银林矿产有限公司开采十余年。

大理石 朝阳的大理石系黑底、白线条花纹，可作墙壁贴面和各种装饰工艺品。

自然灾害 朝阳村常见地质灾害主要有泥石流、滑坡等。滑坡灾害主要发生在7月至9月。

2020年，朝阳村洪灾现场（来源玉屏网）

气象灾害以旱灾、水灾、冰雹灾害、雪凝为常见。历史上旱灾发生概率较高，20世纪50 ~ 60年代，旱灾较为严重的年份是1959年、1966年，1966年旱灾导致水稻颗粒无收。近20年间，干旱严重的年份是2003年、2005年、2010年。2010年，全村7个村民组农作物受灾面积920余亩，450人、130头大牲畜饮水困难。干旱面积占田土面积80%以上。水灾主要发生在丙溪河（上游）沿岸的朝阳组上寨和下寨以及文家组。近20年间，有11年发生了洪涝灾害，其中1991年、1994年、1995年、1998年、2020年洪水规模大、受灾面积广。有资料记载以来，雪凝灾害最严重的是2008年1月，受灾农户278户930人，农作物受灾面积865亩，林木受灾面积1130亩，水管冻坏321米，大牲畜冻死34头。近年来，冰雹灾害最严重的发生在2012年4月29日深夜，造成农作物大面积受灾，房屋受损，断电2日。

◎人口　民族

人口总量　1961 年 12 月 30 日，朝阳大队有 9 个生产队，153 户 654 人。

1963 年 9 月 18 日，朝阳大队有 9 个生产队，153 户 674 人。

1970 年底，朝阳大队有 7 个生产队 156 户 764 人。当年出生 8 人，死亡 3 人，人口出生率 10.47‰，死亡率 3.92‰ 。

1975 年，朝阳大队有 7 个生产队 161 户 813 人。其中，朝阳 39 户 198 人，干山坡 19 户 109 人，印家溪 21 户 85 人，枫木坡 16 户 89 人，茶油林 25 户 101 人，文家 19 户 99 人，尖坡 22 户 132 人。出生 15 人，死亡 8 人，迁入 4 人，迁出 3 人。

1986 年 12 月底，朝阳村有 190 户 873 人。当年出生 20 人（男 12 人，女 8 人），死亡 8 人（男 4 人，女 4 人），人口出生率 22.91‰。

1990 年 12 月底，朝阳村有 196 户 920 人。当年出生 19 人，其中男性 12 人、女性 7 人，人口出生率 20.65‰；当年死亡 7 人，其中男性 5 人、女性 2 人，死亡率 7.61‰。

20 世纪 80 年代中期，全县农村推行计划生育政策，提倡一对夫妇只生育 1 个孩子；特殊情况需要生育第二个孩子的夫妇，必须符合文件规定，经乡政府批准，方可生育第二个孩子。与 1970 年相比，2015 年人口出生率下降 8.25 个千分点。

2008 年，朝阳村户籍人口 916 人，常住人口 620 人。当年出生 5 人，其中男性 3 人、女性 2 人。死亡 1 人。

2014 年，朝阳村有 229 户，总人口 895 人，其中非农业人口 15 人、农业人口 880 人。

2018 年，朝阳村有 217 户，总人口 960 人。

2020 年底，朝阳村有 226 户，户籍人口 974 人。

性别构成　1961 年 12 月，朝阳大队总人口中，男性 331 人，占总人口的 50.61%；女性 323 人，占总人口的 49.39%。男女性别比为 102.5。

1970 年底，全大队总人口中，男性 395 人，占总人口的 51.7%；女性 369 人，占总人口的48.3%。男女性别比为107。

1986年12月底，全村总人口中，男性463人，占总人口的53.04%；女性410人，占总人口的46.96%。男女性别比为112.9。

1990年12月底，全村总人口中，男性493人，占总人口的53.59%；女性427人，占总人口的46.41%。男女性别比为115。

2020年底，全村户籍人口中，男性611人，占总人口的62.73%；女性363人，占总人口的37.27%。男女性别比为168。

文化构成 对朝阳村人口文化构成的记录资料较少，仅有个别年份。1981年，朝阳村15周岁以上人口文化状况的统计表显示：高中文化22人，初中文化130人，小学文化410人，文盲或半文盲212人（其中，12周岁以上185人）。

2020年，人口信息查询系统显示，朝阳村有小学文化365人、初中文化566人、高中文化24人、大专以上文化13人（本科6人、专科7人）。

劳动力构成 1981年，朝阳村总人口841人，有劳动力391人，占总人口的46.49%。其中，男性213人，占54.48%；女性178人，占45.52%。

1990年，全村有劳动力646人。其中，男性340人，52.63%；女性306人，占47.37%。从事农林牧副渔业643人，从事交通运输和邮电业3人。

2020年，全村有劳动力516人。

姓氏构成 1953年7月，第一次人口普查统计数据显示，朝阳主要由姚、吴、文等姓氏组成，其中姚姓33户、吴姓27户、文姓19户。

1964年7月，第二次人口普查统计数据显示，朝阳大队有姚姓34户、吴姓28户、文姓19户、杨姓4户、罗姓2户，共计283人。

1982年，吴姓324人，姚姓173人，杨姓156人，罗姓27人，文姓55人，汪姓2人，龙姓4人，潘姓3人，陈姓2人，彭姓、卜姓、李姓各1人。

2020年，人口信息查询系统显示，人口较多的有吴姓345人、姚姓222人、杨姓178人、文姓102人。

姓氏源流 玉屏县解放初期，朝阳村有四大姓氏：吴姓、姚姓、文姓、杨姓。四姓村民都是在玉屏县解放前从周边县镇迁徙而来。

吴姓 根据朝阳村吴氏族谱记载，朝阳村吴姓为湖南省新晃县扶罗镇磨寨吴世万第16世后裔，分属3个支系。尖坡吴姓为再惠支系，清康熙五十六年（1717）左右，再惠长子秀章搬迁至朝阳尖坡。干山坡吴世万第16世后裔再德支系，迁入时间约在清雍正三年（1725），距今近300年。印家溪吴姓为再足支系，迁入时间约在清康熙二十年（1681），距今340余年。至2020年，吴姓发展为全村人口第一大姓氏，主要分布在尖坡组、印家溪组、干山坡组、茶油林组，朝阳组、枫木坡组、文家组也有少量分布。

姚姓 朝阳村姚姓为湖南省新晃县扶罗镇伞寨姚君赞之第58世后裔，迁入时间在清康熙二十一年（1682）前后，姚再多由今湖南省新晃侗族自治县黄雷乡归贤村迁入今玉屏侗族自治县新店镇朝阳村，距今340余年。截至2020年，姚姓发展成全村人口第二大姓，主要分布在朝阳组、枫木坡组、茶油林组，干山坡组、尖坡组仅有几户。

杨姓 朝阳村杨姓为湖南省新晃县杨天印之后裔，迁入时间约在清光绪年间，杨秀明从湖南省新晃县凉伞镇大塘迁入，距今100多年。朝阳的杨家主要在朝阳组和枫木坡组，印家溪组也有几户。

文姓 朝阳村文姓系湖南省芷江县晓坪乡岩坝村文尚礼后裔，清雍正年间文世道迁入今玉屏侗族自治县新店镇朝阳村文家坡，迄今近300年。文姓主要分布在文家组，自然村寨以姓氏命名，后面少数文姓人家到印家溪组定居。

民族构成 1964年7月30日人口普查统计资料显示，朝阳大队有156户692人，其中汉族636人、侗族54人。

1982年，朝阳大队174户749人，通过民族甄别政策，由汉族识别为侗族。

1990年12月底，朝阳村920人。其中，侗族808人，占87.83%；汉族100人，占10.87%；苗族12人，占1.3%。

2020年，人口信息查询系统显示，朝阳村有侗族930人、汉族18人、苗族14人、土家族8人、布依族2人、回族1人、壮族1人。

民族渊源 1949 年 11 月至 1982 年 1 月 20 日，朝阳村的民族构成主要是侗族和汉族，有少数因婚嫁进入的苗族和布依族。

侗族 由古越人演变而来。至今依山傍水而居，喜居吊脚楼，尤其好吃酸辣味，与古越人“巢居”“馆水”“断发纹身”之俗一脉相承。侗族有自己的民族语言，自称“谋仲”。1982 年 1 月 20 日，贵州省人民政府文件批复，同意玉屏县数万群众恢复侗族民族成分。朝阳村有 749 人被识别为侗族，从此侗族成为全村人口最多的民族。

汉族 民国以前的汉族多为明朝军人后裔，受朝廷派遣，随许升将军统一西南而来；有少数是随军家属，或朝廷派去的官吏，或躲避战乱的移民，也有辗转迁入的商人。民国以后，多因商贸往来和婚姻关系从中原一带迁入。

苗族 人数很少，多为女性，通过侗族和苗族结婚，从苗族聚居地迁入。

布依族 人数很少，多为女性，村民与布依族女子结婚，从外乡迁入。

◎村级组织

村级党组织

组织机构　玉屏县解放前，朝阳村没有设立中国共产党（以下简称“中共”）组织机构。1956 年 9 月，中共丙溪乡支部委员会在朝阳设立分支委员会，分支委由杨通伟、吴宗魁、吴宗亨 3 人组成，杨通伟任分支委书记。

1958 年 6 月，中共新店基层委员会下设中共朝阳分支委员会，分支委由姚源来、杨通伟 2 人组成。姚源来任分支委书记，杨通伟任分支委副书记。

1966 年 5 月，中共朝阳大队支部委员会隶属中共红旗人民公社委员会，支委会由杨通伟、吴宗魁、吴宗亨 3 人组成，杨通伟任支部书记。

1971 年 7 月，中共朝阳大队支部委员会隶属中共新店人民公社委员会，支委会由杨通伟、姚源超、吴本作、吴宗魁、吴宗亨 5 人组成，杨通伟任支部书记，姚源超任支部副书记。

1976 年 10 月，中共朝阳大队支委会由杨通伟、姚源超、吴宗魁 3 人组成，杨通伟任支部书记，姚源超任支部副书记。

1978 年 5 月，中共朝阳大队支部委员会隶属中共新店乡委员会，支委会由杨通伟、姚源超、吴宗魁、吴本作 4 人组成，杨通伟任支部书记，姚源超任支部副书记。

1981 年 10 月，中共朝阳大队支委会由杨通伟、姚源超、吴宗魁 3 人组成，杨通伟任支部书记。

1995 年 6 月，中共朝阳村支委会由文国辉、姚茂然、姚茂金 3 人组成，文国辉任支部书记。

2002 年 6 月 12 日，中共朝阳村支部进行换届，选举文国辉为支部书记，杨志文为组织委员，姚敦楷为宣传委员，平均年龄 43 岁。

2002 年 6 月至 2004 年 12 月，中共朝阳村支委会由文国辉、杨志文、姚敦楷 3 人组成，文国辉任支部书记。

2005 年 1 月 7 日至 2007 年 6 月，朝阳村党支部换届选举文国辉、杨志文、姚

2020 年朝阳村党支部委员会成员　　（杨　锋　摄）

敦楷为支委委员，文国辉任支部书记。

2010 年，中共朝阳村支部委员会由姚敦烈、吴继辉、吴召英组成，姚敦烈任支部书记。

2011 年，中共朝阳村支委会由吴继辉、姚敦烈、吴召英组成，吴继辉任支部书记。

2014 年 1 月，中共朝阳村支委会由吴继辉、姚敦烈、吴召英组成，吴继辉任支部书记。

2016 年 1 月，中共朝阳村支部委员会隶属中共新店镇委员会，支部委员会由杨昌军、吴配福、吴宗槐组成，杨昌军任支部书记。

2020 年，中共朝阳村支部委员会由杨昌军、吴配福、吴宗槐组成，杨昌军任支部书记，吴配福、吴宗槐分别任宣传委员、组织委员。

组织建设　1977 年，朝阳大队党支部有党员 16 人，其中女性 1 人。

1984 年，朝阳党支部有党员 23 人，其中女性 1 人，小学文化 16 人、初中文化 7 人。

1996 年，朝阳村党支部有党员 22 人，其中女性 1 人，小学文化 14 人、初中文化 6 人、高中文化 2 人。

1999 年 7 月，朝阳村党支部有党员 26 人，参加党员轮训 24 人，其中入党积极分子 1 人，女性党员 2 人。

1999 年 8 月，根据玉屏侗族自治县委组织部《关于设立村级班子建设预警机制的决定》，新店乡委员会决定，洪乃忠任朝阳村党建工作联络员，主要职责是传达上级党组织精神，帮助和指导村党支部及村委会抓好党建和经济工作，收集党建工作情况并每季度向党委汇报一次。

2002 年，朝阳村党支部有党员 27 人，其中男性 25 人、女性 2 人。

2003 年，朝阳村党支部有党员 25 人，发展党员 1 人，上缴党费 36 元。

2004 年，朝阳村党支部有发展对象 1 人；开展流动党员排查，有流动党员 2 人。

2006 年，朝阳村党支部发展党员 2 人，预备党员转正 1 人。

2007 年 12 月，朝阳村党支部有党员 30 人，申请入党 2 人，入党积极分子 1 人，发展对象 1 人。

2008 年，朝阳村党支部有党员 31 人，其中男性 26 人、女性 5 人，流动党员 6 人。完成支部班子换届，制定《村干部工作考勤制度》《党支部工作制度》《党员联系群众制度》，加强党员规范化管理，培养树立党员示范户 15 户。

2010 年，县委宣传部帮扶朝阳村，9 月成立县委宣传部与朝阳村联合党支部，加强党建帮扶。联合支部由姚敦烈担任支部书记，於江担任副书记，文国辉、吴召英分别任组织委员、宣传委员。

2016 年，根据县委统一工作部署，下派第一书记黄桔梅到朝阳村，加强党建帮扶。

2017 年，朝阳村党支部有党员 32 人。

2018 年，朝阳村党支部组织党员外出学习 20 余人次。申请入党 3 人，发展党员 2 人。

2019 年，朝阳村党支部按照上级统一部署，开展“不忘初心、牢记使命”主题教育，组织党员集中学习 4 次，参加县委“不忘初心、牢记使命”主题教育 6 次，集体自学 6 次。组织“党员活动日”活动，支部党员开展卫生清扫 30 人次，组织群众参加新时代农民大讲堂讲座 12 次，宣讲雨季灾害防御知识及《玉屏县建档立卡户产业分红差异化管理》、新医保政策等，参加群众累计 120 余人。支部发展党员 1 人。

2020 年，朝阳村党支部有党员 36 人，其中女性 6 人。入党积极分子 1 人，发展对象 2 人。党支部标准化建设达标。

2020年朝阳村党支部党员一览表

表2

序号	姓名	性别	出生年月	入党时间	备注
1	姚沅凤	男	1935年12月	1958年4月	
2	姚沅科	男	1937年11月	1961年1月	
3	姚沅祥	男	1941年5月	1969年1月	
4	吴继辉	男	1955年5月	1976年9月	
5	姚茂钧	男	1956年2月	1977年7月	
6	吴继凯	男	1955年7月	1978年7月	
7	吴配朝	男	1959年2月	1980年9月	
8	吴继斌	男	1963年4月	1986年8月	
9	文国辉	男	1946年11月	1992年7月	
10	姚茂然	男	1960年1月	1992年7月	
11	姚敦松	男	1958年12月	1992年9月	
12	姚茂金	男	1968年8月	1993年9月	
13	黄桔梅	男	1966年8月	1995年6月	
14	姚沅香	女	1942年7月	1996年7月	
15	杨志文	男	1965年5月	1997年7月	
16	姚敦楷	男	1965年5月	1997年7月	
17	吴配福	男	1972年2月	1997年7月	
18	吴宗廷	男	1963年3月	1997年7月	
19	姚敦明	男	1946年6月	1997年7月	
20	吴继勋	男	1959年2月	1997年11月	
21	杨昌军	男	1976年5月	1998年12月	
22	吴召英	女	1962年6月	2001年6月	
23	吴竹仙	女	1965年7月	2002年7月	
24	吴宗槐	男	1972年8月	2004年6月	
25	文才林	男	1985年5月	2005年9月	常用名文才淋
26	杨家梅	女	1985年4月	2006年12月	
27	文维熙	男	1962年4月	2007年3月	
28	吴钦兰	女	1978年12月	2008年7月	
29	姚　林	男	1985年10月	2009年10月	
30	姚茂红	男	1973年8月	2014年10月	
31	龙君艳	女	1985年2月	2016年5月	
32	吴配格	男	1985年10月	2016年5月	
33	姚伦强	男	1986年9月	2016年6月	
34	姚伦胜	男	1989年4月	2017年7月	
35	吴配贤	男	1981年6月	2018年12月	
36	文愿军	男	1986年7月	2019年11月	

注：按入党时间排名，表由朝阳村提供

荣誉　1958 年，姚沅凤被新店公社评为优秀党员。1963 年，姚沅凤被江口县农校评为优秀党员。1999 年，朝阳村党支部获评 1997—1998 年度铜仁地区“五个好”党支部。2000 年 2 月，中共新店乡委员会、新店乡人民政府评定朝阳村社会治安综合治理单项为第一名。当年 6 月，中共新店乡委员会表彰朝阳村党支部为先进党支部、姚沅凤为优秀共产党员。2001 年，中共玉屏侗族自治县委员会表彰文国辉为优秀共产党员。2003 年 4 月，中共玉屏侗族自治县委员会表彰文国辉为先进村干部。2006 年 6 月，中共新店乡委员会表彰文国辉为优秀共产党员。2006 年，中共铜仁地委授予朝阳村党建示范村称号。2017 年 7 月，中共新店镇委员会授予朝阳村党支部先进基层党组织称号，中共玉屏侗族自治县委员会授予朝阳村党支部先进基层党组织称号。

朝阳村荣誉牌　（杨　婧　摄）

村民自治组织

村委会　1950 年 10 月，玉屏县取消保甲制度，废除保长、甲长，建立第十六村，管辖朝阳、大湾 2 个自然村，农民协会代行村长职责。

1951 年，土改工作结束以后，村级事务管理工作仍由村长负责。

1954 年，县委根据中共中央《关于发展农业生产合作社的决议》，以点带面，推广建立初级合作社，十六村建立初级农业生产合作社（简称初级社），文和友任初级社主任，杨祖烈任初级社会计。

1955 年，十六村朝阳片区建立朝阳村，大湾片区建立大湾村。十六村自然取消。朝阳和大湾开始分治。

1956 年，县委根据中共中央七届六中全会精神，举办高级农业生产合作社（简称高级社）。朝阳随之建立高级社，杨通伟任高级社主任，杨祖烈任高级社会计。

1958 年 10 月，朝阳高级农业生产合作社改为朝阳大队。杨通伟、文和友、姚源来、吴宗魁先后任大队长，文和友、杨祖烈、文国辉先后任大队会计。

1984 年 1 月，朝阳生产大队改称朝阳行政村，各生产小队改称生产合作社。朝阳行政村级组织由选举的村长 1 人和委员 2 至 3 人组成。

1990 年 3 月，朝阳行政村改称朝阳村民委员会，由主任、副主任和委员组成。村内各生产合作社改称村民组。

2007 年 7 月，新店乡推进村党支部书记、村委会主任“一人兼”和村支“两委”成员交叉任职，村党支部和村委会由 3 人至 5 人组成，朝阳村姚敦烈任村支书和主任，村支委兼村委会副主任，村委会副主任兼计生主任，另设不拿薪酬的村支“两委”委员。

2018 年，根据 2018 年修改的《中华人民共和国村民委员会组织法》第十一条，村民委员会每届任期由三年改为五年，朝阳村第十届村民委员会延期两年换届。

1990—2021 年朝阳村民委员会成员一览表

表 3

届次	年份	村主任	文书、副主任	村委委员
第一届	1990—1993	罗朝勋	文国辉	
第二届	1993—1995	文国辉	姚源超	
第三届	1995—1998	杨志文	姚敦楷	
第四届	1998—2001	杨志文	姚敦楷	
第五届	2001—2004	杨志文	姚敦楷	
第六届	2004—2007	姚敦烈	姚敦楷	
第七届	2008—2011	姚敦烈	吴召英	
第八届	2011—2013	姚敦烈	吴召英	
第九届	2013—2016	姚敦烈	吴召英	
第十届	2016—2021	吴　辽	姚伦胜	吴竹仙
第十一届	2021—	杨昌军	姚伦坤	刘　宏

注：表由县民政局、新店镇提供

村务监督委员会　2004 年冬，朝阳村召开村民代表大会，选举产生了村务监督委员会、理财小组。当年，村务监督委员会对村级财务、村民互助筹金的管理使用情况进行清理和整顿。此后，村务监督委员会将财务收支、救济粮款发放、人口与计划生育指标的完成情况等群众关心的热点问题作为村务监督的重点，督促村支两委每年进行公开。2011 年，根据修订后的《中华人民共和国村民委员会组织法》规定，朝阳村再次选举产生村务监督委员会。之后，村务监督委员会作为村级常设机构，通过建立健全长效机制，提高村务监督委员会成员的待遇，加强业务培训，有组织、有步骤、有重点地开展监督工作。2020 年，监委会由主任杨志文，委员吴宗槐、文愿军 3 人组成。

村级事务　1950 年 1—9 月，村级事务管理沿袭保长责任制，保长带领村民配合县、乡政府开展剿匪反霸斗争、征粮、生产度荒等工作。

1950 年 10 月至 1951 年 12 月，农民协会成立后，带领农民开展土地改革，捐款捐物支援抗美援朝战争。

1952 年 6 月，村长组织村民开展反贪污、反浪费、反官僚主义“三反”运动。同时，鼓励群众办学，提高村民素质。

1953—1957 年，开展农业互助合作，先后建立农业初级社、农业高级社、人民公社。贯彻国家粮食“三定”（定产、定购、定销）政策，发展农业生产。

1958—1960 年，大队党支部、大队部组织领导群众开展“反右倾”“大炼钢铁”，调集劳动力支援其他乡村兴修水利、除“四害”等运动。受“左”倾错误影响，加上经济困难，农业减产，农民生活艰难，出现断粮现象。

1963—1965 年，大队开展社会主义教育运动。在农业生产方面，落实“三包一奖 、四固定”政策，实行包产、包工、包投资，超产奖励，固定劳力、土地、耕畜、农具。

1966 年，在“抓革命促生产”的号召下，大队党支部、大队部带领群众开荒变土、旱土改水田，植树造林，推广杂交水稻、杂交玉米。除 1966 年大旱减产，其他年份依然有所发展。

1975 年，朝阳大队粮食总产量保持 102189 公斤，上缴国家 5776 公斤。

中共十一届三中全会以后，落实党的农业政策，发展农业生产，成为农村工作的中心。大队党支部、大队部组织领导村民推行各种形式的联产承包责任制，调动农民生产积极性、解放生产力。

改革开放以后，村务工作的主要任务是：贯彻落实党和国家的惠农政策，编制发展规划和计划，发展农业农村经济；协助乡镇政府管理和发展科技、教育、文化、体育、卫生事业；宣传宪法、法律，教育村民遵纪守法，维护集体、村民合法经济利益；控制人口增长数量，提高人口质量；组织领导村民抓生态环境建设、基础设施建设、和谐村寨建设。

进入 21 世纪后，村级政务工作开启新的局面。2002 年，朝阳村落实税费改革政策，削减农业税，减轻农民负担。2005 年，朝阳村农业税和一切涉农收费项目取消，开展新农村建设。

2012 年后，朝阳村实施脱贫攻坚，抓交通建设、公共配套设施建设、发展主导产业，实现农民增收致富。2018 年，朝阳村摘掉贫困帽，村级事务以巩固脱贫成效为主。

荣誉　1979 年，朝阳大队被贵州省体育运动委员会授予“贵州农村体育先进集体”称号。1994 年，朝阳村获得县级文明村寨称号。1999 年，获得 1997—1998 年度铜仁地区文明村寨称号、1998 年度县级文明村寨称号。1999 年，朝阳村人民调解

朝阳村所获奖牌　　（杨　婧　摄）

委员会被司法部表彰为“全国模范人民调解委员会”，朝阳村获得地级文明村寨称号。中共玉屏侗族自治县委、玉屏侗族自治县人民政府授予朝阳村 2001—2002 年度文明村寨称号，授予杨志文户 2002 年度“五好文明家庭”、2003 年度“金星”级文明户称号。中共贵州省委、省人民政府授予朝阳村 2003—2005 年度全省创建文明村镇工作先进村镇称号，全县仅此一村入选。2005 年，朝阳村被列为全县“四在农家”示范村。2007 年，朝阳村被列为全县社会主义新农村建设试点村之一。2011 年 12 月 20 日，朝阳村被中央精神文明建设指导委员会授予第三批全国文明村镇称号。2014 年 12 月，被评为玉屏侗族自治县“无毒害”创建示范村。2015 年 4 月，被批准继续保留全国文明村镇荣誉称号。2014 年，入选中国传统村落。2016 年，获贵州省少数民族特色村寨（侗族）称号。2018 年，获评贵州省森林村寨。同年 12 月，中共玉屏侗族自治县委、玉屏侗族自治县人民政府授予朝阳村 2017 年村干部专职化管理示范村（社区）称号。

民兵组织 1953 年，城关区人民武装委员会成立，乡村分别建立民兵中队、分队。其职能是保卫胜利果实，巩固新生的人民政权，维护农村社会治安。是年，建立十六村民兵连。

1954 年，进行组织整顿，分基干民兵和普通民兵，将 18 ~ 25 岁、政治纯洁（贫下中农身份）、身体强壮的编入基干民兵。凡要求参加民兵组织的青年，须经本人申请，小队审查，分队批准。

1955 年，朝阳与大湾分治，单独组建民兵连。

1958 年，“全县大办民兵师”，各村扩建民兵队伍，将 16 ~ 25 岁的男女青年编入基干民兵，31 ~ 50 岁的男性编入普通民兵。

1962 年，贯彻民兵工作“三落实”（组织落实、政治落实、军事落实）的指示，将符

干山坡生产队民兵排政治夜校遗址 （姚祖告 摄）

合条件的 16 ~ 30 岁男性公民、16 ~ 25 岁女性公民、40 岁以下退伍军人编入基干民兵；31 ~ 45 岁男性公民、26 ~ 35 岁女性公民编入普通民兵。

1963 年，民兵整编，朝阳大队民兵编制 22 个班、8 个排、2 个连。

1975 年，朝阳村有民兵 300 余人。

1976 年 8 月 30 日，朝阳村民兵连整顿为 15 个班。

1977 年，朝阳民兵连有民兵 200 余人。

20 世纪 90 年代后，民兵由复（退）军人和 18 ~ 35 岁青壮年组成，主要参与应急救灾、工程建设等。民兵连长由村支部书记或主任兼任。

群团组织

工会委员会　为维护外出务工农民的合法权益，2008 年 7 月 30 日，玉屏侗族自治县总工会批复朝阳村第一届工会委员会选举结果报告，主席由姚敦烈担任，副主席由文国辉担任，组织委员由吴继辉担任，宣传委员由杨志文担任，女工委员兼财务委员由吴召英担任。之后，未有换届和人员调整。

共青团　1955 年 5 月，组建新民主主义青年团十六村支部委员会。1958 年，设立中国共产主义青年团朝阳村支部委员会。20 世纪 60 年代，杨承超、吴继忠（1964—1965 年任职）先后任团支部书记。1977 年，朝阳村团支部有共青团员 27 人，杨明春任团支部书记，杨光荣、吴继昌任支部副书记，姚凤仙、杨先菊任宣传委员，姚茂春任学习委员，姚敦松任体育委员。1995 年 3 月 6 日，共青团新店乡委员会申报朝阳团支部为先进支部。2004 年，杨志文任团支部书记。2008 年，姚富成任团支部书记。2020 年，李培源任团支部书记。

二十世纪五六十年代，团支部组织开展植树造林活动。20 世纪 70 年代初期，村团支部协助大队党支部、大队部宣传落实党和国家方针政策，组织成立文艺宣传队，编排表演文艺节目，在文艺服务经济建设、服务贫下中农方面做了很多工作。1977 年，朝阳村团支部开展社会主义思想教育及作风整顿。二十世纪八九十年代，由于打工潮兴起，团的活动少有开展。

21 世纪初，村团支部以培养“四有”（有理想、有道德、有文化、有纪律）新人为己任，开展以爱国主义、集体主义、社会主义、民主法治意识、基础文明养成为主题的教育活动，提高青少年综合素质。组织青少年开展劳动技能培训，为青年提供就业信息服务，实施县委、县政府“雁归工程”计划，鼓励、支持打工青年回乡创业，带动乡村经济发展。

中共十八大以后，村团支部配合村支“两委”，带领青年男女决战脱贫攻坚，建设社会主义新农村，为智力扶贫、产业扶贫、教育扶贫等工作发挥作用。

妇女代表委员会　1961年，朝阳大队建立妇女代表委员会（简称妇代会），设妇女主任（又称妇女大队长）1名，第一任妇女主任为吴玉兰。各生产队设妇女代表小组，有代表小组组长（又称妇女队队长）。1984年1月，朝阳大队妇女代表委员会改称朝阳村妇女代表委员会。1989年11月，朝阳村有妇女代表15人，姚沅香任主任，吴仙凤任副主任。1990年，姚沅香为妇女主任。1998—2008年，腊树湾吴召英任朝阳村妇女主任。2003年，玉屏侗族自治县妇联表彰杨志文户为2002年度“五好文明家庭”、杨祖菊为2003年度“十大好婆婆”。2007年，吴召英任村妇女主任。2020年，吴有弟为妇女主任。

20世纪60年代初，妇代会的主要工作是宣传妇女政策，维护农村妇女合法权益，动员全村妇女积极参加大生产运动、扫盲活动。20世纪60年代后期至70年代，在农业生产实践中，妇女与男同志一样，也是生产队主要劳动力，大力发展生猪养殖。1977年，全社生猪存栏672头。

20世纪80年代中后期至90年代，农村实行家庭联产承包责任制以后，村妇代会积极响应县、乡两级妇联号召，组织妇女围绕“女性素质工程”“科技致富工程”“巾帼社区工程”“家庭文明工程”“双学双比”“巾帼建功”“五好文明家庭”四大工程三项主体活动，带领全村妇女积极参加改革开放和社会主义现代化建设，发挥“半边天”作用。

21世纪，村妇代会组织妇女投身于新农村建设、脱贫致富奔小康生产实践中。

◎农业生产

民国时期至1984年，朝阳村的农业生产以种植业为主，养殖业为辅。实行家庭联产承包责任制以后，种植业、养殖业、家庭副业齐头并进，农业经济实现快速发展。

耕地 朝阳村山高谷深，耕地相对较少。水田主要分布在河道两旁，旱地主要分布在山腰及山顶。土地改革前，朝阳村农户土地占有量没有资料记录，据年长的村民回忆，大多数田土被地主和富农占有。

1951年5月初，县土改工作队进村入户，领导农民开展土地改革运动，划分阶级成分，5月底结束。全村153户674人分到土地，划出地主成分3户11人、富农5户23人、中农29户152人、贫下中农119户563人。全村耕地面积716亩，其中水田面积47亩、旱地面积669亩，人均耕地1.06亩。

1964年底，全村耕地面积792亩。其中，水田381亩、旱地411亩，耕地面积增加原因是“农业学大寨”开荒山变梯土。

1970年12月，全村拥有耕地面积593.4亩。其中，水田面积299.9、旱地面积293.5亩。

1980年，全村耕地面积735亩。其中，水田333亩、旱地402亩。

2020年，全村实有耕地面积952.5亩。其中，水田422.25亩、旱地530.25亩。

农作物种植

粮食作物　粮食作物品种有水稻、小麦（又名浆麦）、大麦（又称老麦）、玉米（苞谷）、高粱、小米。水稻是朝阳村主要的粮食作物。由于田面积较少，杂粮种植较普遍。杂粮品种主要有红薯、马铃薯。

水稻　玉屏县解放初期，水稻品种有白谷（又叫盖叶粘）、麻谷、梅谷、胜利谷、白糯、麻糯。分早、迟两大类，早熟类生长期一般为100 ~ 120天，迟熟类一般要 140 ~ 150 天。这些品种的主要特点是适应性强、产量低、谷秆高、易倒伏。亩产 150 ~ 200 千克。据档案资料记载：1970 年，朝阳村种植水稻 308 亩，产量 8.2 万千克；1981 年，水稻种植面积 331.5 亩，产量 8.91 万千克；1990 年，水稻种植面积 320 亩，产量 12 万千克。朝阳的水稻主要沿小溪种植。

玉米　又称苞谷，旱地作物。春季种植，可套种绿豆、黄豆。1966 年，朝阳村种植玉米 33 亩。20 世纪 70 年代，种植面积开始增加。1970 年，播种面积 122 亩，产量 16689.5 千克。20 世纪 80—90 年代，推广玉米肥球育苗移栽法，亩产 63.3 千克。1981 年，播种面积 107 亩，产量 5220 千克。1990 年，种植面积 300 亩，产量 1.9 万千克。主要种植在向阳山坡土地，是朝阳重要的粮食作物之一。2020 年，仍有许多村民种植玉米。

红薯　旱地作物，也有白色品种，引进时间不详。20 世纪 60 年代，粮食作物产量报表中有记载。1970 年，种植面积 104 亩，产量 3.11 万千克。1977 年，种植面积 138 亩，产量 6.97 万千克。1981 年，种植面积 183 亩，产量 9.56 万千克。1984 年，产量 7.50 万千克。通常农历三月建苗圃，六月插条移栽，过完寒露，便可挖红薯深

玉米丰收　　（姚林屏　摄）

藏地窖。2020 年，红薯仍是朝阳重要的杂粮作物。

经济作物林木种植　传统经济作物以油料作物为主，品种有油菜、烟叶、葵花等，林木种植主要品种为油桐。1961 年 4 月，县政府规定生产队和社员向国家交售桐油、菜油、茶叶、烟叶等产品。1956 年，进入高级社以后，油菜和花生的种植面积由公社或乡镇下达任务，大队（村委会）每年报送产量，经济作物林木种植成为农民经济收入增长点。1970 年，全村油菜播种面积 32 亩，产量 945.5 千克；棉花播种面积 6 亩，产量 8 千克；烟叶播种面积 58 亩，产量 1740 千克。1975 年，油菜播种面积 129 亩，产量 3820 千克；油茶面积 110 亩，产量 5500 千克；油桐面积 4300 亩，产量 3450 千克。1984 年，油菜播种面积 264 亩，产量 7800 千克；油桐面积 11250 亩，产量 9000 千克。20 世纪 90 年代至 21 世纪初，新店乡政府支持和鼓励村民种植香瓜、西瓜、柑橘、天麻等，没有形成规模。脱贫攻坚期间，有大户尝试培植食用菌。

农业适用技术推广　主要是良种推广和种植技术推广。

“三杂良种”推广　“三杂良种”指杂交水稻、杂交玉米、杂交油菜。水稻良种推广：20 世纪 50 年代末至 60 年代初，推广的新黏稻品种有胜利谷、长沙谷、百日早、六十早、万龙 1 号、万龙 2 号、黔龙 5782 号等，亩产 250 ~ 300 千克。20 世纪 60 年代中期，推广部分粳稻，亩产 300 千克左右。60 年代后期，推广矮秆型的珍珠矮、广场矮等，亩产 300 ~ 400 千克，产量高，抗倒伏，播种面积达 60% 以上，但不宜在水田种植，朝阳少有种植。20 世纪 70 年代初，推广双季稻（早稻和晚稻），亩产 65 千克。20 世纪 70 年代末，推广杂交水稻和常规稻。其中，杂交稻有籼优 2 号、籼优 6 号、籼优 64 号，常规稻有桂朝 2 号、桂朝 13 号、双桂 1 号、双桂 36 号、三粒寸、海南糯、湘糯等。杂交水稻产量高，一季超过早稻、晚稻两季的总和，双季稻停种。杂交稻采用单株种植，适应性强，产量高，亩产达 500 千克以上。常规稻耐寒，适合朝阳、大湾一带种植，亩产 400 ~ 500 千克。20 世纪 90 年代，主要推广 2 优 63 号、籼优 63 号、籼优 64 号。

玉米良种推广　1991 年推广种植的玉米良种有中单 2 号、铜单，平均单产 156 千克。1992—1993 年，推广掖单 12 号、掖单 13 号、毕单玉米良种，亩产 318 千克。1998—2005 年，推广中单 9409、农大 108 等，亩产 234.2 千克。

油菜良种推广　当地品种有白菜型甜油菜和芥菜型苦油菜。先后引进品种有白菜型的鄱阳、七星剑，甘蓝型的胜利、黔油 23 号、黔油 306 号、甘油 2 号、甘油 5 号、云油 7 号、湘油 2 号等。其中，黔油 23 号、湘油 2 号良种不择土壤、抗病能力强，亩产 150 千克左右，深受农户欢迎。

种植技术推广　20 世纪 80 年代以前，粮食种植和经济作物种植采用传统耕作模式。20 世纪 80 年代后，农业适用技术推广主要体现在育苗技术和农作物栽培技术的革新。其中，杂交水稻采用两段育秧、旱育稀植技术，育苗效果好，保证苗齐、苗壮；杂交玉米采用肥球育苗，保证苗齐、苗全、苗壮；杂交油菜采用温棚育苗。玉米、油菜采用拉绳开箱移栽，小麦、红薯采用旱地分带轮作的栽培方法。

农业税费征缴　1961 年 12 月 30 日，朝阳队 153 户 654 人，上缴公余粮 65644 千克。其中，余粮 49877.5 千克，公粮现粮 15081.5 千克，公粮特产 685 千克。农业税是常年产量按正税 14% 计算，在 14% 基础上附加 15%。

1963 年，粮食产量实行大包干，粮食播种面积 669 亩，粮食包干产量 195241 千克，实际粮食产量 92719 千克。当年上缴国家粮食税 8500 千克，税率占实际产量的 9.17%。社员实际分配口粮 84219 千克。

1971 年，全村粮食播种面积 593 亩，粮食总产量 208648 千克。当年上缴国家粮食税 43500 千克，集体扣留 4374.25 千克。

1971—1975 年，国家粮食订购任务实行一定五年不变，增减只在农业费附加，不包括以增购抵尾欠。

1975 年，全村集体粮食总产量 102189 千克。当年国家征购 5776 千克，集体提留 30120 千克，社员实际分配粮食 66293 千克。

1976—1980 年，实行一定五年新任务。

1977 年，全村集体粮食总产量 246000 千克。当年国家征购 32750 千克，集体提留 54600 千克，社员实际分配口粮 158650 千克。

1980 年，全村集体粮食总产量 284220 千克，国家征购任务 12900 千克，当年分配给社员 220560 千克。

2002 年 4 月，县委、县人民政府按照中共中央、国务院及中共贵州省委、省人民政府关于加快农村税费改革的重要指示精神，在全县农村推行税费改革，减轻农民负担，主要内容是“三取消、两调整、一改革”。“三取消”为取消乡统筹费，取消屠宰税，取消统一规定的劳动积累和义务工。“两调整”为调整农业税政策，调整农业特产税政策。“一改革”即改革村提留征收使用办法。通过调查核实，朝阳村减少耕地面积 82 亩，确定计税面积 610.6 亩，人均减负 7 元。

2005 年，玉屏入选贵州省农业税费改革试点县。根据上级精神，县委、县人民政府取消农业税和一切涉农收费项目，朝阳村不再缴纳公余粮。

畜禽养殖 大牲畜养殖以生猪、耕牛、山羊、骡、马为主。1984 年，耕牛饲养权、使用权由集体转为社员所有。2007 年底，发展 30 头以上畜牧养殖大户 4 户，新建标准化圈舍 5 间，全村生猪存栏 1100 头，出售生猪 350 头，产值 35 万元；出售山羊 60 头，产值 1.8 万元。2015 年，成立朝阳村绿丰种养殖专业农民合作社，主要以发展种植、养殖等产业为目标。2019 年，朝阳鼓励群众自发组织开展形式多样的种养殖业项目，养殖户姚敦凯、杨志文等发展养猪 30 头以上项目，姚茂恒等发展养牛、养羊、养鸭、跑山鸡和小龙虾等项目。2020 年，全村有畜禽养殖规模户 1 户，农业企业 1 家，农民专业合作社 1 家，农民专业合作社成员 5 人。

生猪　当地生猪品种为黑白花猪，体形中等，长膘快，肉质细嫩、香浓，又叫萝卜猪。蔬菜喂养 1 年左右可以宰杀，粮食喂养半年左右能见肥壮，成年肥猪 80 ~ 100 千克。母猪 1 年产仔两胎，每胎 6 ~ 10 头幼崽。养殖方法为熟食喂养。

1950—1956 年，生猪养殖以农户私养为主。1956 年，中共玉屏县委向全县广大社员群众发出“大力发展生猪生产，到 1962 年实现每户养猪 8 头半的目标”的号召，激发农民生产积极性；朝阳高级社生猪养殖为全县树立典范。根据 1958 年 1 月 26 日《玉屏报》报道，1956 年，朝阳社养猪由每户平均 3 头发展到 5 头。1957 年，全社养猪 840 头，每户平均 7 头，提前十年超过全国农业发展纲要规定“每户平均养猪 2 ~ 3 头”的指标。1958 年 3 月 8 日，朝阳社办起集体农场，喂养生猪 36 头，副社长吴宗政兼任第一任农场场长。从那时起，生猪养殖由个体饲养向公私兼营并存转变。1961 年，国家对生猪收购实行奖励政策，收购 1 头生猪，奖售粮食 25 公斤，收购价每公斤 0.92 元。1962 年，收购 1 头生猪，奖励粮食 50 公斤。1970 年，全社生猪存栏 509 头。1975—1981 年，大队响应县委、县政府关于“生猪、粮食生产上纲要”的号召，大办集体农场，发展种植业和养殖业。1977 年，全社生猪存栏 672 头。

1981年，全社生猪存栏362头、出栏362头，其中向国家交售肥猪97头。

1999年，玉屏侗族自治县在朝阳村、大湾村、清水塘村、田坪村、庆寨村等，建立5个瘦肉型杂交仔猪生产基地，推广“检三食、过三点”仔猪时期断奶、提早补饲技术，强化母猪的饲养管理，以杜洛克种公猪为终端父本开展三元杂交，提高母猪品种质量。2000年，朝阳村饲养仔猪户数246户，母猪存栏238头，户均0.97头，配种342头次，产仔316窝，产活仔猪3065头。2001年，贵州省副省长莫时仁到朝阳调研后，协调资金从美国引进大约克种猪。2007年，全村生猪出栏1100头。

土鸡养殖　　（杨　锋　摄）

牛　有黄牛、水牛两种。黄牛占多数，为华南类型，具有耐炎热干旱、耐劳役等特点，适合山地驱役，可从事生产15年左右。水牛体形粗壮，耐粗糙饲料，挽力强大，毛色有铁青、青灰、白色。适合水源充足的平坝、丘陵、河谷地带，可从事生产18年左右。1970年，朝阳大队牛存栏461头。1976年，全大队牛存栏226头。其中，黄牛221头、水牛5头；从事农事生产的有148头。1981年，全大队牛存栏220头。其中，黄牛211头、水牛9头，从事生产的有159头。20世纪80年代末90年代初，农户开始饲养菜牛，牛肉进入市场销售。1990年，朝阳村牛存栏227头，牛肉产量1000千克。

山羊　有黄、白、黑、麻四种毛色。黄色品种为当地野生岩羊驯化而来。其余三色为外地引进品种，体形中等偏小，性情温和。以山区农户个体饲养为主，由于饲料资源缺乏，山羊发展缓慢。1970年，朝阳大队羊存栏226只。2000年，全村羊存栏115只。2007年，县民宗局帮扶朝阳村，投资2.6万元，购买山羊62只，支持群众发展养殖业。2016年，贵州省气象局帮扶村民吴继财2万元资金，用于盖羊圈，扩大养殖规模，当年山羊养殖收入1万余元。

骡、马　适合作为山地运输动力，20 世纪 70 年代以前，各生产队都有喂养。1966 年，朝阳大队有骡 75 匹。其中，下寨 6 匹、朝阳 20 匹、干山坡 6 匹、印家溪 6 匹、枫木坡 5 匹、茶油林 15 匹、文家 5 匹、尖坡 6 匹、老屋 6 匹。20 世纪 70 年代至 80 年代，马匹逐渐代替骡子。1981 年，全大队有马 10 匹。20 世纪 90 年代以后，各种车辆逐渐增多，村民不再养马，汽车运输逐渐代替骡、马运输。

林业生产　20 世纪 60 年代到 80 年代，县政府农业部门每年向公社（乡）下达植树造林任务，公社又将造林任务分配到生产大队。1975 年，朝阳大队植树造林 4190 株；当年生产队和大队采伐林木 14 立方米。1976 年，朝阳大队植树造林 2200 株，采伐林木 6 立方米。1977 年，全大队植树造林 4 万株，育苗面积 12 亩；生产队和大队采伐林木 25 立方米。1980 年，全大队植树造林（经济林）195 亩 17 万株，当年林果产量 19 担 1140 千克，出产油桐籽 78 担 4680 千克。1984 年，全村植树造林 630 亩。其中，用材林 330 亩、经济林 300 亩，含迹地更新 60 亩；封山育林 500 亩。20 世纪 90 年代后，造林任务逐渐增加，森林覆盖率逐年提升。2000 年 9 月，在全县林业用地分类分区中，朝阳属一般公益林区（限伐区）。2020 年，全村森林覆盖率 79.19%。

副业经营　农村把从事农业生产以外的行当称为副业，如木工活、泥工活、瓦匠活、骟匠活（劁猪、骟牛）、补锅、打铁、缝纫等。人们把从事木工活的叫木匠，做泥工活的叫泥瓦匠，补锅的叫补锅匠，劁猪、骟牛的叫骟匠，打铁的叫铁匠，从事竹具编制的叫篾匠。农村有“一劁二补三打铁”的说法，意思是劁猪、补锅、打铁是副业中生意好的行当，赚钱多。

副业分集体经营和个体经营两种，集体经营的有榨坊、碾坊、磨坊、压面坊、砖瓦厂、缝纫厂等，其他如卖草鞋、卖草药、卖家具等为个体经营。

据丙溪公社 1964 年农业生产计划统计表记载：朝阳大队有榨坊 1 个，从业人员 4 人；有碾坊 1 个，从业人员 1 人。榨坊年收入 150 元，碾坊年收入 100 元。同年，有木匠 9 人，人均年收入 300 元，每人每年向生产合作社交纳 240 元。改革开放以后，随着经济社会的发展和经济结构的变化，农村瓦匠、补锅匠、骟匠及一些手工作坊

捡瓦　　（杨　锋　摄）

逐渐退出历史舞台；泥工、木工在建筑行业依然比较吃香。据业内人士介绍，2020年，木工与泥工年收入在3万～4万元。

侗寨建设

随着时代的变迁，朝阳村民出行、通信方式发生翻天覆地的变化。早期，朝阳村基础设施落后，没有通村公路，照明多使用煤油灯，通信更是不便。

21 世纪后，村中基础设施建设加快，朝阳村容村貌日新月异。脱贫攻坚阶段，朝阳村按照“一达标、两不愁、三保障”的原则，对全村贫困户进行精准识别。2019 年，全村贫困户脱贫。经“四改一维一化”工程实施，朝阳村人居环境更加洁净、宜居。2020 年，朝阳村境内有县道 1 条、村道 3 条，通组路、连户路硬化率 100%；全村所有农户均接入国家农电网，农电网改造全面完成；全村实现移动、电信信号和 4G 网络全覆盖；有集中式安全人饮供水点 8 个；森林消防蓄水池 3 座。

◎基础设施

交通 20 世纪 90 年代以前，朝阳村没有通村公路，村民出行以步行为主，肩背行囊装干粮、衣褂，背雨伞；富裕人家坐轿，骑马或驴。货物运输则靠肩挑人抬、骡马驮运，也有少数用木轮包铁皮的独轮车运输。1996 年，修建丙朝公路，朝阳结束了肩挑背扛的历史。2020 年，朝阳村境内有县道 1 条、村道 3 条，通组路、连户路硬化率 100%。人们可从两叉溪、干山坡、尖坡入村。

县道 即丙朝公路，从新店丙溪村至朝阳村朝阳组，是朝阳重要的通村公路。全长 7.4 千米，沥青路面，绿化 5.6 千米。为国家部颁标准四级县道，线路编码号为 X6E5520622。1996 年，贵州银林矿产有限公司为方便开采重晶石矿，投资 47 万元，修建丙溪—朝阳的通村公路以及部分通组路，为泥石路面。2003 年，时任铜仁地委书记杨玉学赴朝阳考察，协调解决资金 28 万元，其中 22 万元用于 320 国道到朝阳的村道改扩建工程。2009 年，玉屏侗族自治县争取贵州省财政厅资金 400 万元，三

修路 （姚祖告 摄）

朝（三家桥—朝阳）公路铺设沥青路面，完成通村公路硬化。2015年，老寨—朝阳的通畅工程建设完工，丙朝公路再次完成沥青路面硬化。2018年1月，城市公交车开进朝阳村。

村道　共有3条。

朝干公路　即朝阳组至干山坡公路。水泥路面，总长4.627千米，养护里程4.627千米，绿化3千米。为国家部颁标准等外级村道，路线编码号为C100520622。

朝大公路　即朝阳组至大湾村委会公路。沥青路面，总长9.722千米，养护里程9.722千米，绿化8千米。为国家部颁标准等外级村道，路线编码号为C101520622。2017年10月竣工。

干沈公路　即干山坡至沈家坡公路。水泥路面，总长1.903千米，养护里程1.903千米，绿化1.903千米。为国家部颁标准等外级村道，路线编码号为C103520622。

通组路　2003年1月，铜仁地委党建扶贫工作队进驻朝阳村，6月协调资金2万元，修通枫木坡至干山坡约9千米的通组公路，修缮文家、干山坡、印家溪通组路。2003—2007年，自筹资金4万元，争取资金10万元，改造通组公路5千米，新修公路15千米。2012—2014年，先后投入资金170万元，修通干山坡、印家溪、枫木坡、尖坡、文家、茶油林通组公路14千米。2013年，新店乡争取“一事一议”财政奖补资金，硬化朝阳通组公路及部分连户路。2016年11月，实施小康路项目，

通组路　（姚林屏　摄）

通过“一事一议”硬化枫木坡至烂泥坳通组路。路长 805 米，宽 3.4 米，厚 0.15 米。总投资 15.1185 万元，其中群众投工 411 个，折资 4.11 万元，财政奖补 11.0085 万元。2017 年，全县实施乡村公路通畅升华“组组通”。2018 年，建设朝阳至尖坡、朝阳至干山坡、干山坡至花蓬坡通组公路共计 10.7 千米，实现全村民组“组组通硬化路”目标。各村民组通村公路硬化率、通车率、道路养护率均达 100%。

产业路　2017 年，投资 119.6 万元新建旅游产业路 4600 米，连接大湾村铜鼓塘组与朝阳村尖坡组。2020 年 10 月，投资 52 万元，修建枫木坡产业路 0.5 千米，路基宽 5.5 米，路面宽 4.5 米。2020 年，朝阳村内有产业路 32 千米。

连户路　2005—2007 年，争取资金 7 万余元，解决连户路 150 余户。2018 年初，完成干山坡、印家溪最后 2 个村民组连户路建设，实现全村 7 个村民组连户路全覆盖，彻底解决群众出行问题。

用电　20 世纪 70 年代以前，朝阳照明工具主要是煤油灯。1970 年左右，在朝阳组下寨柏梓岭山脚下的小溪沟上，修建了小型发电站。发电站每日蓄积溪水发电 3 至 4 个小时，为周边的村民供电照明和面房机器提供动力。发电站供电 10 余年。1985 年，新店电站建成，朝阳次年通电。2018 年，全面实施新一轮农村电网改造升级工程，村配变容量不低于农户的平均用电负荷要求，除枫木坡组外，全村农电网改造完毕，组组通动力电。2020 年，全村农户都接入国家农电网，享受全国同网同价电力资源，完成农电网全面改造。

电视　20 世纪 80 年代中后期，黑白电视机陆续进入村民家中。20 世纪 90 年代初，彩色电视机用户逐步增加。受地理环境影响，朝阳村不能接收玉屏县城电视差转台的电视信号。1995 年，村民曾经借助邻近羊坪镇石宝塘村一个电视差转台微弱的电视信号收看电视节目。一年过后，石宝塘村电视差转台停止运转，朝阳村村民有很长时间不能收看电视节目。2002 年 11 月，县民宗局向铜仁地区民族宗教事务局申请专项帮扶经费 3 万余元，为朝阳村 225 户村民安装 80 套卫星电视地面接收器及线路，村民可收看中央电视台 1 ～ 6 套、贵州电视台第一套、铜仁电视台、玉屏电视台等 9 个频道的电视节目。2017 年，随着 4G 网络覆盖，朝阳村实现网络电视全覆盖。

下寨变电器　　（姚林屏　摄）

新修 4G 信号塔　　（姚林屏　摄）

通信　2003 年 5 月以前，朝阳村没有移动通信信号，村民在家里不能用手机。同年 4 月，中国移动玉屏分公司投资 87 万元、玉屏供电局投资 3 万元，为朝阳村修建移动通信塔，覆盖朝阳、大湾、丙溪 3 个行政村，结束手机无信号的历史。

2017 年 9 月，中国移动玉屏分公司在朝阳村开展基站建设，可解决朝阳村 4G 网络差、广电网络弱等问题。2018 年，新增 4G 基站 2 座，实现干山坡、印家溪、枫木坡、文家、茶油林 5 个村民组 4G 网络全覆盖，极大提升农村通信网络覆盖质量。同时，加快实施农村“村村通”有线电视、电信宽带安装，解决农村信息服务“最后一公里”问题。2020 年，全村实现移动、电信信号和 4G 网络全覆盖。

水利建设

山塘　朝阳村地质环境以寒武纪硅质岩、砂页岩为主，不适合修建大型水利工程。农业生产灌溉用水靠人工引流，山坡上只有“望天水”。2005—2008 年，朝阳村争取资金 10 万余元，建设农业灌溉电提灌 5 个，可实现基本农业灌溉 40 亩；新建防洪河堤 170 米。全村没有较大的农田水利工程，蓄水工程只有两处山塘。

冲门治山塘　位于丙溪通往朝阳的公路旁，朝阳溪流汇入丙溪河的上游。2016 年 12 月，玉屏侗族自治县水务局投资 261.87 万元，贵州川江建设工程有限公司修建Ⅴ等小（2）型规模冲门治山塘。集雨面积 4871 平方米，上游设计洪水位 476.47 米，上游校核洪水 476.75 米，正常蓄水位 475 米。为浆砌石重力坝，坝顶高程 477.8 米，大坝高 14.9 米，坝顶长度 48.7 米、顶宽 2.5 米。

冲门治山塘　　（吴　娅　摄）

朝阳山塘　位于印家溪组，北纬 27°9'11"、东经 108°52'57"。2017 年 9 月，由玉屏侗族自治县水务局投资 148.5 万元修建，由贵州聚龙项目投资咨询有限公司设计，为浆砌石重力坝。集雨面积 1.53 平方千米，上游设计洪水位 548.31 米，上游校核洪水 548.66 米，正常蓄水位 547 米。坝顶高程 548.7 米，大坝高 14.5 米，坝顶长 27.7 米、顶宽 2.5 米。

人畜饮水工程　1983 年，县民宗局从民族经费中拨款 4800 元，给文家组购买输水管道，建蓄水池，引用裂缝水，解决文家组用水困难，后由政府出资在腊树湾重建水池作为水源，重新安装自来水。1987 年，朝阳组用石头和水泥修建水池，内径长 4 米、宽 3 米、高 1.8 米，接入自来水使用至今。1999 年左右，由政府出资，在干山坡修建水池，用塑料管接入村民家中。2005 年至 2007 年，争取上级资金，新建人饮工程水池 16 个。2010 年 4 月，县民宗局向上级争取项目资金 5.91 万元。其中，中央投资 4.73 万元，省投资 0.59 万元，地区配套 0.59 万元，新店乡人民政

便民饮水点　（姚祖告　摄）

府组织施工，建设完成茶油林自来水工程，月供水量 16.8 立方米，解决了 110 人的饮水问题。

2010 年后，朝阳村在村道旁边修建多处便民饮水点，方便行人进出村寨饮水。2017 年，投入供水管 6600 余米，水利设施资金 1.56 万元（饮用水消毒设备 2 台），蓄水池维修资金 3.25 万元，解决全村群众饮水安全问题。

2018 年 3 月，朝阳村农村饮水安全工程用水户协会成立，制定《朝阳村农村饮水安全工程农民用水户协会章程》《用水户协会供水管理制度》《用水户协会水费征收使用管理办法》《用水户协会财务管理制度》《用水户协会奖惩办法》，明确理事长、副理事长、秘书等协会班子职责，确定会员权利与义务。设理事长 1 名，由村委会主任吴辽担任；副理事长 2 名，由村民姚伦胜、吴竹仙担任；设秘书长 1 名，由姚伦胜兼任；设理事 8 名，由姚茂金、姚茂红、姚茂恒、姚伦鑫、吴继伦、吴继然、文维熙、吴宗槐担任。协会成员为全村用水户，共 194 户。

2020 年，全村有集中式安全人饮供水点 8 个，覆盖全村 7 个村民组所有农户。

森林防火蓄水池　朝阳村森林覆盖率高，是贵州森林村寨。2020 年 12 月，朝阳村修建了 3 座“以水灭火”森林消防蓄水池。蓄水池通过周边泉水进行蓄水，水源不断，一旦发生森林火情，可直接从水池抽水对周边进行扑救，为森林火情扑救争取时间。1 座位于枫木坡竹林冲，为长方体结构，外墙长约 12 米、高 2.6 米，是全村最大的防火蓄水池。1 座位于朝阳组上寨，外墙长 4 米、宽 4 米、高 2.5 米，一面靠山，临近上寨组人饮水池。1 座在茶油林腊树湾，大小与朝阳组蓄水池相近。

◎公共文化设施

村活动室 20世纪50年代，朝阳村活动室位于朝阳组上寨小溪旁，由搬迁户杨祖发家的木房改建而成，三开间，二层，青瓦顶。1996年，用原木房抵扣后，补助约1.6万元修建砖混活动室，面积约100平方米，二层，顶盖青瓦，每层4间，每间3.8米宽、6米进深。2016年拆除，暂借姚敦烈民居办公。2016年，在朝阳组下寨修建新活动室，2018年建成投入使用，投入资金180余万元。活动室两层，“U”字形木质结构，青瓦“人”字形屋顶，三面外环走廊。共12间，一楼7间，居中的5间为办公室、接待室、农家书屋，两边厢房各1间，两侧有楼梯，楼梯下设卫生间；二楼5间，二楼居中三间打通为会议室，其余房间为驻村人员住所。2018年，为方便枫木坡组村民集会议事，第一书记黄桔梅争取资金7万元，村民投工投劳，从石宝塘购买民居，在陈家湾修建了枫木坡组活动室。三开间，木质结构，青瓦盖顶，外环走廊，两侧有偏厦。

学校 朝阳早期的学校位于朝阳组上寨山坡上，6扇5间木房，建校时修建。2003年，在村活动室右侧投资9.8万元新建教室，共二层，为砖混结构。每层由2个大间、2个小间教室组成，中间有楼梯，2016年拆除。

农家书屋 2014年，朝阳村投资1.2万元，在村活动室，建立了农家书屋。2018年新活动室投入使用后，农家书屋设在一楼左边，有4张桌子。2020年，收藏图书1500余册。

乡愁馆 位于朝阳组柏梓岭上，以1栋干栏民居为基本框架建立。2017年5月建造，当年9月竣工，建筑面积200平方米，造价18.48万元。乡愁馆为2层，七柱七瓜，总高7.6米。外环走廊，木质结构，正屋三开间，右边配偏厦。“人”字形屋顶，两面倒水，覆盖小青瓦。一楼正屋高2.8米，由堂屋、卧房、厨房等组成，

朝阳村乡愁馆 （杨 锋 摄）

按当地侗族村寨民居布局，是乡愁物品的主展区。偏厦里间为火房，建有传统的灶台，有固定式木质楼梯可上二楼，从外环走廊可通往二楼各房间。一楼与二楼之间铺木质地板，可存放物品。乡愁馆收藏有床、火铺、木质太师椅、木质花台，摆放着各类生产生活用具。朝阳乡愁馆是地方侗族历史文化的缩影。

廊桥 位于朝阳组下寨，横跨于村活动室广场通往柏梓岭的荷花池上。于2018年建造完工，造价12万元，混凝土结构，桥长50米，由10对混凝土柱支撑桥梁。

廊桥 （姚祖告 摄）

中间有开放式桥亭1座，正方形，边长3米，高4米，两侧有美人靠，可供坐靠休息。单层亭顶，由4根赤褐油漆柱撑起，四角攒尖顶，青瓦覆盖。桥亭两侧有直线型长廊，宽2米，边上围护栏。

长廊 朝阳有长廊2座，均为后期修建。

休闲长廊 位于朝阳村活动室广场旁，沿荷花池而建。2017年修建完工，投入资金22万元，资金来源于少数民族发展资金。廊长30米，宽2.6米，高3米。一层开放式，仿木混凝土结构，青瓦顶。由2个长廊和中间廊亭构成。每边长廊8根柱，形如游廊，两侧有仿木栏杆和长条板凳，既可供行人躲避风雨、观赏休憩之用，又可作为开展义诊、村民议事之地。中间廊亭有两柱长开口，可从村文化广场进入长廊。长廊内梁及檐板两侧均彩绘“双龙戏珠”“双凤朝阳”等，附画祥云图案。

枫木坡长廊 坐落于枫木坡组烂泥坳的小山坡上，位于坳场旁，是赶坳时的休息场所。2017年建设，造价5.18万元。长廊为一层开放式，木质结构，红柱青瓦，由正方形廊亭和2个长廊组成。廊亭为正方形，高4.5米，内宽4米，无围栏，4层重檐亭顶，3柱两格。每边长廊有3间，二柱三瓜，长6米，外宽5米，内宽2.6米，两边有木质美人靠，2层重檐廊顶，两侧有短檐。

枫木坡长廊 （朝阳村 提供）

下寨文化广场　　（姚祖告　摄）

文化广场　朝阳村有 2 个文化广场。大的位于朝阳组下寨村活动室门口，于 2018 年修建，面积 600 余平方米。广场正前方是通村公路和小溪，小溪旁屹立着榨油坊、碾坊。正中间设立篮球场，每逢节日活动，村民在此组队竞赛。左侧的文化长廊是村民休闲、娱乐的场所，可坐观朝阳山水风光、感受侗族文化。长廊边就是荷花池，池子上有侗族特色的廊桥，廊桥连接着文化广场和柏梓岭上的鼓楼、乡愁馆。另一个文化广场位于朝阳组上寨，2016 年拆除旧的村活动室和对朝阳小学教学楼硬化扩建，面积 200 余平方米。2020 年，上寨村村民筹资安装篮球架，成为村民主要的活动场地。

干山坡运动场　位于朝阳村东北部干山组，运动场长 67 米、宽 20 米，由 1 个篮球场和 1 个乒乓球场构成。据村民回忆，场地始建于集体经济时期，最初面积较小，天然泥面，后经两次扩建。第一次由干山坡村民自发筹资，将地面硬化成水泥地面；第二次为政府出资，对场地进行扩建，将水泥地面与公路连成片。因场地有限，篮球架仅有 1 个，为木质结构。2014 年，政府出资更换为铁架，场地扩建后，

干山坡运动场　　（姚林屏　摄）

安装铁质篮球架 2 个，建成完整的篮球场。运动场周边有太阳能路灯 7 盏。篮球场南边有乒乓球桌 1 张，是场地扩建后与篮球架同时配置的。

篮球场旁南面有 6 棵枫香树和 1 棵朴树，呈北斗七星状分布。每年农历的六月初六，干山坡组村民欢聚于此，邀请周边县镇村群众举办斗画眉、唱山歌等民俗活动，或者开展传统体育赛事。

◎脱贫攻坚

识别与退出

在上寨村活动室前宣传退出政策　　（姚祖告　摄）

贫困户识别　2014 年，对全村贫困人口进行识别。农户年度人均可支配收入在国家当年扶贫标准线以下，未实现“两不愁三保障”（指不愁吃、不愁穿，义务教育、基本医疗、住房安全保障），同时按照精准扶贫“四看法”综合评估分值在 60 分以下的，通过识别程序审批后确定为贫困户。识别步骤：农户申请→村级初审并入户调查→村民代表大会评议并公示（纠错）→乡镇核查并公示（纠错）→县级审核并公告（纠错）后批复→签字确认→录入系统。每年对贫困户进行动态调整，精准识别查漏补缺。

2014 年，全村有建档立卡户 37 户 142 人，贫困发生率 16.14%。致贫原因主要为缺资金、因病、因学、因残、缺劳动力。

2017 年，全村建档立卡户中，因病致贫 7 户 30 人，因学致贫 5 户 20 人，因残致贫 3 户 11 人，因缺劳力致贫 2 户 3 人，因缺资金致贫 20 户 79 人。未脱贫贫困户 7 户 25 人。

2018 年底，全村有建档立卡户 37 户 141 人。

2019 年底，全村有建档立卡户 37 户 142 人。第二季度减少 1 户 1 人。年度自然增加 2 人、自然减少 1 人。

2020 年 10 月，全村有建档立卡户 37 户 140 人。其中，因病致贫 5 户 24 人，因残致贫 4 户 14 人，因学致贫 4 户 14 人，缺劳力致贫 5 户 7 人，缺资金致贫 19 户 81 人。

贫困户退出　以户为单位，户年人均可支配收入稳定超过国家扶贫标准，不愁吃、不愁穿，义务教育、基本医疗、住房安全有保障，精准扶贫“四看法”综合评估分数值在60分以上（含60分）的，通过退出程序审批后认定为脱贫。按照“三评议两公示”程序退出贫困资助，即贫困户主动申请、村民组评议、村民代表大会评议、村级公示、乡镇政府评议、乡镇公示、县级扶贫部门批准。朝阳在“五个一批”（发展生产脱贫一批、易地搬迁脱贫一批、生态补偿脱贫一批、发展教育脱贫一批、社会保障兜底一批）工作法推行下，村民逐步实现脱贫。在实施脱贫“摘帽”后，政府按照“摘帽不摘责任，摘帽不摘政策，摘帽不摘帮扶，摘帽不摘监管”的方式进行持续扶持，确保贫困户脱得出、稳得住、可致富，防止出现返贫现象，切实做好贫困户退出后的监管和巩固提升工作。

2014年，基本条件较好的贫困户开始脱贫，年度脱贫3户14人。

2015年，全村脱贫1户4人。

2016年，全村脱贫2户12人。

2017年11月，村级脱贫攻坚入户核查小组成立，核实拟定脱贫的贫困户“一达标、两不愁、三保障”情况。当年，贫困户主动申请脱贫“摘帽”达到历史最高，脱贫24户87人。

2018年10月17日，国务院公布全国85个脱贫摘帽贫困县，玉屏位列其中，朝阳村整村脱贫。

2019年，全村脱贫7户24人，全村贫困户脱贫，贫困发生率降到零，脱贫攻坚工作转向成效巩固。

帮扶队伍

脱贫攻坚实施后，玉屏坚持因村制宜，精准选派帮扶队伍。朝阳村建立1名县级领导、1至2个帮扶部门、1支驻村工作队和每个村民组2名干部包保的工作体系，数名干部职工结对包保帮扶所有建档户。因朝阳村是一类贫困村，2015年，下派第一书记1名，加强驻村工作力量。

联系县领导　2013年，朝阳村联系县领导由县委常委、县委宣传部部长陈丽玲担任。2014年起联系县领导，调整为县人大常委会主任张运祥。2017年是脱贫攻坚的关键时期，联系县领导调整为2名，分别是县委副书记杨宏，县委常委、县人民政府副县长黄桔梅，黄桔梅担任驻村工作队长。2019年，因杨宏工作调动，联系县领导调整为县委常委、县委政法委书记毛权民。2020年，联系县领导减少1名，县委常委、县委政法委书记毛权民不再联系。联系县领导主要职责是带领联建部门、村“两委”、驻村工作队谋划村级发展，帮扶村民脱贫致富。

2018年1月，县委常委、新店镇党委书记田登伟（前排右一），县委常委、联系县领导黄桔梅（前排左一）一行，凝冻天气走访群众　（新店镇　提供）

联建部门　2013年，由县科协联建朝阳村。2014年开始，帮扶力量加强，联建部门调整至2个，分别为贵州省气象局、县民宗局。

联建单位县民宗局帮扶干部合影　（杨　锋　摄）

驻村工作队　主要由联建部门和新店政府选派人员组成。2015年，增加了驻村第一书记，第一书记兼任工作队队长（组长）。2018年，脱贫攻坚的冲刺阶段，根据县委、县人民政府工作部署，从各单位抽调人员加大驻村工作组力量，在原有基础上，每个村民组配备包保干部2名。2019年，人员有所减少。

2013—2020 年朝阳村驻村工作组人员一览表

表 4

年度	组长	第一书记	队员
2013	宋开岳		陈昌新、张顺清、刘泽俊、张杨、刘波、吴宗生、彭茂根
2014	穆仕超		潘水才、李林甫、李明、文永泽、杨跃
2015	姚伦强	姚伦强	李林甫、彭国防、姚军、文永泽
2016	熊方	熊方	姚茂进、李林甫、姚敦伦
2017	黄桔梅	黄桔梅	杨远俊、李培源、姚伦强
2018	黄桔梅	黄桔梅	杨远俊、李培源、姚伦强、钟娟、姚伦胜、周围、杨理华、黄梅菊、姚茂进、姚红霞、龙建国、罗涵、郑洪元、姚敦伦、张顺新、林丹
2019	黄桔梅	黄桔梅	杨远俊、李培源、姚伦强、杨昌军、吴辽、钟娟、姚伦胜、彭国防
2020	黄桔梅	黄桔梅	杨远俊、李培源、姚伦强、杨昌军、吴辽、姚伦胜、彭国防

注：表由县委组织部提供

培训与就业 县、镇两级人民政府、村“两委”重视朝阳村劳动力就业培训和转移输出，拓宽贫困群众就业渠道。2016—2020 年，朝阳村共组织劳动力 67 人次，分别参加县扶贫办、县农牧科技局、县就业局主办的各种技能培训班 20 期。其中，参加农业适用技术培训 2 期 8 人，参加家政服务培训 6 期 23 人，参加养老护理培训 4 期 16 人，参加驾驶技术培训 3 期 3 人，参加电工培训 3 期 13 人，参加特种养殖培训 2 期 4 人。

在精准技能培训基础上，依托玉屏就业政策，朝阳村通过开展调查摸底、宣传推荐就业岗位、动员参加招聘活动等方式，帮助村民就业稳岗。2017 年起，县、镇两级人民政府解决朝阳村公益性岗位 18 人，其中河道员 2 人，每人年薪 9600 元；调解员 1 人，年薪 3600 元；保洁员 7 人，人均年薪 6000 元；护路员 6 人，人均年薪 6000 元；护林员 2 人，人均年薪 9600 元。2020 年初，村内建档立卡 15 户 49 人，有劳动力 78 人（含搬迁户），其中就业 49 人，除特困户、无劳动力户，均实现“一户一就业”。2020 年，根据新冠疫情防控需要，设村级消杀员 1 名。

产业发展 朝阳依托“10113”产业分红全覆盖利益联结，实现建档立卡户户均分红 3000 元以上。“10113”，即以每户 10 头生猪出栏、1 亩油茶或 1 亩黄桃、1000 棒食用菌为基本单位，为贫困户办理覆盖 3 项产业的社员证、股权证，实现建档户户均年增收 3000 元以上、村集体经济增收 16 万元以上。依托全县油茶产业发展模式，在朝阳村干山坡组设立朝阳村油茶种植基地，基地规模 117 亩，农户“四旁”计划种植面积 184.6 亩。

金融帮扶

“精扶贷” 2016 年开始实施，是专门为农村贫困农户提供的信贷产品，对无经营能力、无发展项目的贫困户，鼓励以自愿入股公司的方式按年分红入股金，贫困农户在不承担经营风险的前提下，每户每年可获得入股分红 4000 元。即由建档立卡户申请 5 万元贷款，入股龙头企业，村集体和贫困户按年度保底分红，每户每年保底分红 4000 元，解决 1 人就业，村集体根据入股户数，每户每年保底分红 100 元，3 年“精扶贷”期满后由企业负责偿还本金。入股分红分 3 次发放，2016 年下半年首次发放入股分红，每户共发放 1.2 万元。朝阳村申请“精扶贷”贷款 160 万元，受惠建档立卡户 32 户，共发放分红资金 38.4 万元。

“小康贷” 2017 年开始实施，对象为 2014 年、2015 年的脱贫户，共 4 户。脱贫户申请 5 万元贷款，入股龙头企业，贫困户按年度分红 3000 元，村集体根据入股户数，每户每年保底分红 1000 元，3 年“小康贷”期满后由企业负责偿还本金。

“三保障”

教育保障 建立镇级教育帮扶机制，保障贫困生“学有所帮”，做到“精准资助，应助尽助”，按奖、贷、助、补、免等资助政策给予多元资助，不让一个学生因贫失学，不让一户农户因学返贫，阻止贫困代际传递。全村义务教育阶段无辍学情况，建档立卡学生全部在校就读，享受“两免一补”“营养午餐”“国家助学金”等国

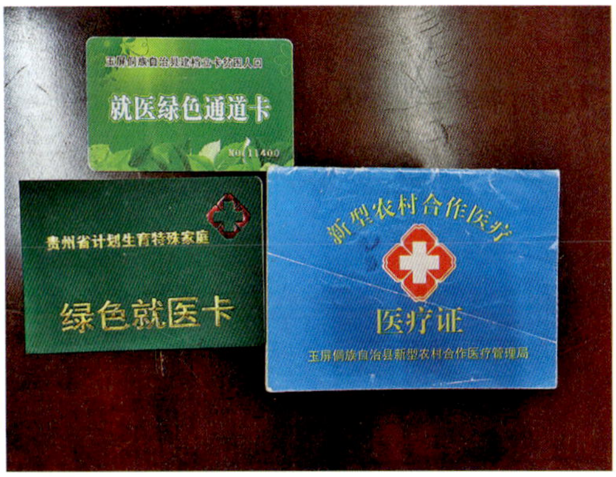

医疗保障相关证件　　（姚祖告　摄）

县中医院在朝阳村义诊（来源于《玉屏网》）

家贫困学生兜底资助。

医疗保障　实施“1333”（一资助、三提高、三取消、三兜底）为主要措施的健康医疗扶贫模式。一资助：2017 年后，建档立卡人口参合个人应缴纳参保费用协助县级财政资助统筹全额代缴。三提高：提高建档立卡人口基本医疗报销比例，符合省级 36 种疾病住院报销比例在县级基本医疗报销比例上提高 10%，在镇级基本医疗报销比例上提高 5%；提高普通门诊封顶线 100 元。三取消：取消建档立卡人口县内住院及县外经转诊住院起付线（含新农合政策规定不需转诊的）；取消 7 类 13 种疾病在省级定点医疗机构住院转诊备案制度；取消大病保险补偿封顶线。2017 年，实行“一站式”便民服务，建档立卡人口在县域内全面推行“先看病、后付费”诚信医疗服务，出院结算享受“四重医疗保障”（新农合补偿、大病商保、民政医疗救助、医疗扶贫扶助）系统一站式补偿。2017 年，朝阳村建档立卡户因病住院 17 人次，住院费报销 136285.54 元，补助交通费 7150 元，补助生活费 10250 元。县镇村三级医疗保健机构医护人员组建医疗服务团队，按照网络格式化分片包干、统一管理的模式，对建档立卡户患者全面开展一对一精准家庭医生签约服务。2020 年，朝阳家庭医生服务团队人员有县中医院临床医生罗伟、护士吴明星，镇卫生院临床医生唐大品，乡村医生姚茂宁。建立一户一册的精准健康档案，对建档立卡人口逐一开展免费健康体检筛查。协调财政资金对朝阳村卫生室进行标准建设和设备配置。全村办理慢性病卡 4 人。其中，2018 年办理慢性病卡 3 人，2019 年 1 人；高血压 3 人，糖尿病 1 人。

住房保障　危房改造全面解决住房最危险、经济最贫困的建档立卡户、农村特困供养特困人员（五保户）等重点对象及“非 4 类”重点对象最基本的安全住房。2017—2018 年，全村实施“四改一维一化”项目，完成房屋维修、厕所修建等 190 余户。落实通组路绿化亮化工程、院落硬化美化工程，全力建设美丽家园和花果飘香农院。根据村民意愿，全村易地扶贫搬迁 40 户 167 人，其中贫困户 22 户 93 人。2016 年搬迁 14 户 64 人，2017 年搬迁 15 户 62 人，2019 年搬迁 11 户 41 人。丙溪安置点安置 7 户 28 人，皂角坪新区安置点安置 24 户 95 人，沪昆高速公路旁安置点安置 9 户 44 人。

2016—2019 年朝阳村易地扶贫搬迁一览表

表 5

村民组	户主	是否贫困户	实际享受搬迁政策人口数（人）	安置点
枫木坡组	文金花	是	3	丙溪安置点
尖坡组	吴继刚	是	5	丙溪安置点
尖坡组	吴继平	是	5	丙溪安置点
尖坡组	吴继涛	是	3	丙溪安置点
文家组	文维平	是	5	丙溪安置点
印家溪组	杨祖川	是	3	丙溪安置点
印家溪组	杨承美	是	4	丙溪安置点
枫木坡组	杨祖全	是	6	火车站片区沪昆高速旁安置点
枫木坡组	罗朝钧	是	4	火车站片区沪昆高速旁安置点
干山坡组	吴宗坤	是	7	火车站片区沪昆高速旁安置点
尖坡组	吴配荣	否	3	火车站片区沪昆高速旁安置点
文家组	文愿标	否	3	火车站片区沪昆高速旁安置点
尖坡组	吴继恒	是	7	火车站片区沪昆高速旁安置点
尖坡组	吴继财	是	6	火车站片区沪昆高速旁安置点
文家组	吴宗贤	是	3	火车站片区沪昆高速旁安置点
文家组	杨兰香	是	5	火车站片区沪昆高速旁安置点

续表 5

村民组	户主	是否贫困户	实际享受搬迁政策人口数（人）	安置点
朝阳组	杨承芝	是	4	皂角坪街道新区安置点
朝阳组	姚云	否	4	皂角坪街道新区安置点
枫木坡组	杨志超	是	4	皂角坪街道新区安置点
枫木坡组	罗开学	否	5	皂角坪街道新区安置点
干山坡组	吴配军	否	5	皂角坪街道新区安置点
干山坡组	吴继明	否	4	皂角坪街道新区安置点
干山坡组	吴宗永	否	3	皂角坪街道新区安置点
干山坡组	吴继登	否	4	皂角坪街道新区安置点
干山坡组	吴配才	否	4	皂角坪街道新区安置点
尖坡组	吴宗超	否	3	皂角坪街道新区安置点
尖坡组	吴配哲	是	3	皂角坪街道新区安置点
尖坡组	吴宗军	否	3	皂角坪街道新区安置点
尖坡组	吴配格	否	4	皂角坪街道新区安置点
尖坡组	吴继辉	否	5	皂角坪街道新区安置点
尖坡组	吴继祯	否	5	皂角坪街道新区安置点
尖坡组	吴配忠	否	5	皂角坪街道新区安置点
尖坡组	吴配海	否	5	皂角坪街道新区安置点
文家组	文国勋	是	3	皂角坪街道新区安置点
文家组	文愿然	是	3	皂角坪街道新区安置点
文家组	吴宗儒	是	4	皂角坪街道新区安置点
文家组	文愿滔	是	3	皂角坪街道新区安置点
文家组	文愿发	是	3	皂角坪街道新区安置点
印家溪组	文才明	否	4	皂角坪街道新区安置点
印家溪组	文才钱	否	5	皂角坪街道新区安置点

注：表由朝阳村提供

◎人居环境提升

农村环境综合整治 2016年，铜仁市生态环境局玉屏分局实施朝阳村、大湾村传统村落农村环境综合整治项目，项目总投资280万元，朝阳村140万元，资金来源于省级环保资金。新建一体化MBR生物反应器生活污水处理系统1座，用于处置朝阳村区域生活污水；新建排水主管1440米、排水支管1800米、入户收集管216米、户用化粪池54座、收集池108座、检查井16座，用于收集生活污水。新建容积2.5立方米封闭式移动垃圾收集箱1座、公用垃圾箱11个、户用垃圾箱54个，购买垃圾清运手推车3辆、垃圾清扫工具3套、自卸式清运车1辆。2019年，项目通过竣工验收。

2020年11月，《玉屏侗族自治县乡村生活垃圾和生活污水治理条例》实施，对乡村垃圾和污水处理提出了具体要求和措施，为朝阳村环境保护工作提供了法治保障。

千山秋色　　（杨　锋　摄）

“四改一维一化”工程实施 “四改一维一化”即改水、改灶、改厕、改圈，室内和房屋维修以及房前屋后地面硬化。2017—2018 年，玉屏侗族自治县实施“四改一维一化”，农村民居改水、改灶、改厕、改圈“应改尽改”，通村、通组、联户路硬化畅达千家万户全覆盖，实施乡村绿化、亮化、净化、美化工程，农村人居环境更加洁净、宜居、美好。朝阳村实施“四改一维一化”，共实施改水 76 户、改厕 174 个、改灶 31 个、改圈 42 户、房屋维修 185 户、房前屋后地面路面硬化 177 户，总投入资金 695.92 万元。

2017—2018 年朝阳村“四改一维一化”一览表

表 6

项目		文家组	朝阳组	印家溪组	尖坡组	干山组	枫木坡组	茶油林组
改厕	数量（个）	20	40	23	21	23	22	25
	金额（元）	123913.8	265076.55	158563.5	147538.5	141442.9	156735.15	148838.55
改灶	数量（个）	5	7	1	2	6	2	8
	金额（元）	11500	16500	1500	5000	14000	5000	18000
改圈	数量（户）	8	3	5	3	13	6	4
	面积（m^2）	104.44	43.44	30.38	106.96	93.52	90.12	68.32
	金额（元）	60183	26064	18228	64176	50397	54072	40992
改水	数量（个）	4	16	21	5	22	7	1
	金额（元）	461.3	1988.48	3116.95	526.58	6387.8	624.5	40
房屋维修	数量（户）	22	48	22	21	25	22	25
	金额（元）	460622.65	619364	477535.55	457731.65	347234.75	389293.15	603814.6
地面路面硬化	数量（户）	21	36	26	20	25	22	27
	面积（m^2）	3303.22	4512.67	6928	3818.9	6648.97	3708.63	3344.97
	金额（元）	198193.2	270760.2	415680	229134	398938.2	222517.8	200698.2
其他	数量（个）	9	18	12	10	16	17	7
	金额（元）	6387.5	23503.3	7244.6	14108.7	17084.84	18958.1	29313.5

注：表由新店镇提供

保洁员打扫卫生　　　　（姚林屏　摄）

“五员”岗位设立　“五员”，即护林员、护路员、河道员、保洁员、调解员。2017 年开始，朝阳村依据玉屏侗族自治县开设“五员”岗位的政策，以村组为单位，聘请以贫困户为主的村民担任“五员”，按区域定人定岗定责，负责管理维护农村基础设施和公共环境卫生，引导村民群众“自我管理、自我服务”，有效推动人居环境管理规范化、常态化、长效化。2020 年，朝阳村有护林员 2 名、护路员 6 名、河道员 2 名、保洁员 7 名、调解员 1 名。

村内亮化　因地制宜选择公共照明系统，在村庄主要通道、文化广场等公共场所共安装太阳能路灯 294 盏，进行功能性照明亮化，建立健全可持续公共照明管护机制。

文物胜迹

朝阳村矿产种类丰富，重晶矿含量多且集中，采矿遗址展示了玉屏重晶石矿采矿技术和丰富的文化内涵，是朝阳村新的人文历史景观。特殊的地理环境造就了朝阳村为自保修建的囤，从一个个“坐囤”故事反映了该时段玉屏的历史。

侗族建筑，称得上艺术瑰宝，以侗族民居、鼓楼、寨门、凉亭、花桥为代表的民族建筑工艺精湛。这些建筑全用杉木穿榫构筑，不用一钉一铆，充分反映了侗族人民擅长木结构建筑的特点和相当高的工艺水平。朝阳村侗族民居和吊脚楼最具特色，是玉屏侗族文化的代表之一。朝阳村侗族多从湖南省新晃侗族自治县搬入，建筑风格和建造习俗与新晃侗族自治县相似。截至 2020 年底，朝阳村有干栏式民居 192 栋、吊脚楼 6 处、鼓楼 1 座、长廊 2 座。民居大多因地形而建，充分体现了侗族“天人合一”的观念。

◎遗址遗迹

重晶石矿遗址 朝阳村富藏重晶石，曾是玉屏侗族自治县出矿量最高的村，已停止开采。重晶石矿遗址成为朝阳村独有的历史痕迹，大小不一的矿洞向后人展示着朝阳村曾经蕴藏的宝藏，深浅不一的矿道呈现了朝阳村民采矿时的艰辛。勘探时留下的印迹遍布朝阳村，矿洞分布在崇山峻岭之中，洞口大小不一，洞中怪石嶙峋。

朝阳村重晶石矿主要集中在朝阳村浩林山，矿洞集中在山东北半坡和山南半坡，少量矿洞分散在枫木坡组、集美岔、下头塆。

浩林山东北面半坡，即朝阳村下寨组活动室后的半坡上，为主要开矿带。有露天矿开采区 2 片，矿洞 16 个，多个矿洞已坍塌。在露天矿周围分散着 7 个矿洞，其中 2 个洞直穿浩林山通到山南洞垴上。露天矿区之上，5 个矿洞呈线状横列。沿东 50 米，鱼塘之下左右路两边各有 2 个矿洞。洞口大多呈拱形，宽 1.2 ~ 1.4 米，高 1.4 ~ 1.7 米。一条 3.8 米宽的砂泥路直达矿洞，矿石由货车运输。

浩林山南面，即上寨洞垴上，为第二集中开矿带。矿洞 11 个，主要分布在山腰中部、中上部，山脚有小溪流经。洞口大多呈拱形，宽 1.2 ~ 1.4 米，高 1.4 ~ 1.7 米。地势较低的洞口有地下水流出，个别矿洞口被泥土、矿石掩埋，可见其轮廓。山沟小溪有一条马车道盘桓而上，路宽 1.7 ~ 2 米，由矿渣、泥土建成。车道向东

洞垴上重晶石矿山运矿遗址洞（杨　锋　摄）

重晶石矿山矿洞　（杨　锋　摄）

有两个岔道，分别通往不同的矿洞，主道途经矿洞直通山顶，向下通往山东北矿洞。山腰处有垂直而下的山沟，沟宽 2 米，矿渣多从此处倒下，矿带中央，不通马车的矿洞旁边，遗留有运输矿石的索道，曾将矿石传送到离矿洞口有 30 米远的公路上。为确保周边村民及家畜安全，矿洞口用水泥板封住，按顺序用红色油漆在板上标注“朝阳①”“朝阳②”等字样。

地质遗址 朝阳村地质构造独特，有多处天然裸露地质断层。根据 2016 年玉屏侗族自治县旅游资源普查，发现地质构造点和朝阳断层点。

地质构造点 位于朝阳村北部 200 余米，南北向沟谷东侧边坡上，洞坳上公路旁，北纬 27°9'10"、东经 108°52'73"。沿沟谷有一条近南北向的逆冲断层，构造点位于该断层东盘，发育尖棱、箱状褶皱构造，为南北向的主力挤压形成一对共轭褶曲构造，呈南北向对向挤压，北为尖棱褶皱，南为箱状褶皱，北边尖棱褶皱两翼产状分别为 268<25°、76<40°，东面产状 20<5°，南边箱状褶皱两翼产状分别为 55<45°、115<30°，应受由南向北的作用力形成。

朝阳断层点 位于朝阳村南 50 米，北纬 27°9'19"、东经 108°52'57"。两盘地层为灰—深灰色中厚层状细—粉砂岩夹灰黑色薄层状粉砂岩，断面产状 135<60°，沿断层面发育 8 ~ 15 厘米厚断层泥，断层破碎带宽 1 米左右，破碎带中发育方解厂脉（细脉）和断层角砾，断层上盘（南东盘）发育牵引褶皱，指示上盘上升的逆冲特征，推测断层为先张（方解石张性角砾）后压的逆冲断层。该点露头较好，性质特征明显。

囤 朝阳村有 2 个囤，即下寨囤、尖坡囤，始建时间不详。朝阳村的囤建于离村寨较近、地势险要且易守难攻的山顶，四周用岩石砌成高墙，内挖战壕，用作防御。囤内面积不大，可防守又可居住。墙内囤积粮食、水、土炮、火药等。玉屏坐囤（短暂居住在囤内）的历史始于清朝，沿至民国。根据村民回忆，当地人据囤之险，坐囤防范土匪和“抓兵”。民国时期，周边匪患猖獗，相邻村寨以敲锣鼓等方式相互报信，村民带上一家老小、担起粮食，到附近坐囤，待土匪离开后再回到家中。中华人民共和国成立后，国泰民安，囤失去了原有价值，未进行修缮、维护。

下寨囤 位于朝阳村朝阳组下寨浩（hào）林山顶，站囤中可观朝阳全貌。村落

尖坡囤所在山顶远景　　（姚林屏　摄）

囤坡外墙（吴　娅　摄）

呈梨形，东窄西宽，东西长 25 米，南北最宽 10 米。三面为悬崖，一面为山脊，易守难攻。南北两面地势险峭，环山顶而建的石墙已塌垮掉落。东面为 10 余米的悬崖，是天然屏障。西面坡度较缓，15 米长的弧形石墙环顶而建，外墙最高 1.7 米，墙宽 0.74 米。囤内中间略高。

1939 年 3 月，朝阳、大湾村民反抗兵役，玉屏县长刘汉彝令自卫队队长杨国秀，带领镇远师管区派来的部队及县保安队 300 余人伏于囤坡，村民用 5 门自制抬炮向囤坡进行轮番轰击，政府当局见武力难以慑服，遂与之谈和。

尖坡囤　建于朝阳村最高的尖坡组尖坡山峰上，西南临湖南省方向，陡峭难行，东北方向山势较缓。囤分为上下两层。上层依山顶地势而建，呈不规则圆形，周边略高，中间内凹，形似一口锅，直径约 5 米。下层为长 4 米、宽 2 米半的圆弧，从东北方向围山顶半周，外筑高墙防御，墙高 1 米，内修战壕。尖坡囤海拔较高，曾是瞭望点，与大湾村狮子岩囤互为“通信点”。

水井　水井是村民生活中必不可少的基础设施，是朝阳村民生活用水的主要来源。朝阳村依山而建，村落隐于群山之间，植被茂盛，天然泉眼较多，基本上均为裂缝水。多数水井位于自然形成的寨子内，相邻的几户共同使用一口井，也有一户一井的。村道路旁边也有水井，为方便过路的人们取水而设。水井一般不深，在泉眼处挖坑周围筑墙形成，井壁、井沿用一块块光亮的石头堆砌而成。井的形状不一，早期多为露天的竖井，后来为了改善水质，多修有井盖，称“鸽笼井”。水泥普及后，用水泥对水井进行改造，铺成干净卫生的水泥水井。

实施人居饮水工程后，出水量大的水井被改造成高山水池，安装管道引为入户自来水。部分水井或干涸或因无人使用而荒废，也有因建设需要而被掩埋的，如村活动室旁的水井。

千山坡水井　位于千山坡组，是整个村民组的饮水来源，现仍在使用，保存较好。因水井海拔较高，当地人称之为“天井”。泉为上升泉，泉水四季变化较小，流量有1～2升/秒，水质较好。水井由青石板建成，后改为水泥结构。由1口井和3个洗池构成，呈“一”字排列，井口长1米、宽0.8米、高0.8米，洗池长2米、宽1.5米。

千山坡水井　（朝阳村　提供）

枫木坡水井　位于枫木坡组竹林冲，曾是竹林冲的主要水源点，据村民回忆，此井有100余年历史。原为露天水井，后用石头、水泥改造，修建井壁、拱形井顶，井口用水泥抹平。井宽约1米，深1米，井口高0.6米。水井旁有水池1个，长3米、宽1.2米，为竹林冲自来水池，通过水管将井水引入水池。

缸子岭水缸　坐落于北纬27°8'32"、东经108°52'59"，位于枫木坡组竹林冲后的缸子岭山顶上，居于条形山顶中间，嵌于泥土中间。水缸由5块正方形石块建成，

枫木坡水井　（吴　娅　摄）

缸子岭水缸　（吴　娅　摄）

缸口四方正对应东南西北四方，不依山顶地形修建。缸为正方体，边长 0.7 米，内径为 0.6 米。据竹林冲村民回忆，缸中水为天然水，无水源点，常年有水，旱情严重时曾有村民到此取水。修建此缸主要是为了积蓄森林火灾灭火用水。

万人碑 在朝阳组上寨鼓楼旁的小河上，曾建造石桥一座，仅一拱，桥长约 4 米，宽近 3 米，两侧无护栏，石头上钻斜形条纹以作装饰和防滑，是朝阳通向外面的主要通道。由朝阳村众人筹资共同建造，为记录捐资历史，将捐资人姓名均刻于桥头石碑上，村民称之“万人碑”。后因开采重晶石矿修建通村路，拆除原石桥，万人碑随后被毁。

观音庙 最早的观音庙位于朝阳组下寨通村公路旁，后因改造公路，迁移至临近村活动室旁的荷花池边、通村公路旁。庙整体呈正方形，坐东朝西，背山而坐，面向河流。下部由混凝土组成，庙顶为木瓦结构。长宽约 3 米，高 2.5 米。庙内供奉观音像，庙前立有两只宽 0.1 米、高 0.2 米的金色石狮。观音庙是当地村民求子、保平安求富贵的重要场所。

观音庙　　（杨　锋　摄）

◎侗寨民居

朝阳村依山傍水，聚族、聚姓而居，少有单家独户者。过去，村民利用自然资源，就地取材，建房材料以木材为主，木柱、木壁，甚至房顶盖的也是杉木树皮，也有用毛茅草盖顶的。因朝阳村坡度较大，房屋主要建于斜度较大的山坡上或高坎的河道边，多为一半靠坎着地、一半则以木柱作为支撑木楼悬空而立的吊脚楼房。正屋必须全部实打实地落坐在平整的地基上，而吊脚楼相当于“厢房”或“偏厦”，一般不超过两层，一楼为居住生活之用，二楼则为客房或仓库之用。在工艺上都是采用穿斗式的技艺，不用铁钉也十分坚固。朝阳村吊脚楼散布在山腰、溪旁，错落有致，周围植有风景林、果木林及花草等，屋中配有火铺、土灶、碗柜、水缸等生活用具，既美观又实用。

2000年以后，一些年轻人外出务工返乡后，利用现代建材对自家的房子进行不同程度的改建或在交通便利处新建砖混房屋，家资丰厚的村民在县城自建高级住宅

坐落于半山上的民居　　（姚祖告　摄）

或购买商品房，房屋内部装潢讲究，用铝合金做门窗，砖房壁贴瓷砖，高级地板砖铺地，内部刷漆等。2020 年，朝阳村有木瓦房 192 栋、砖木房 8 栋、砖混房屋 11 栋，在县城购置土地自建住宅 48 户，在外购买商品房 58 户。

干栏式民居群 朝阳村民居为侗族干栏式，每个村民组均有分布，主要集中在朝阳组、茶油林组、尖坡组，少量集聚于干山，构成了朝阳干栏式民居群。木质结构建筑是朝阳村的传统民居，历史悠久，最早建于清朝，保存较好，至今仍在使用的百年民居有 7 栋，分别是干山坡组吴继槐户、尖坡组吴配英户、枫木坡组杨志文户以及朝阳组姚敦林户、姚沅科户、姚沅高户、姚敦烈户。传统民居大多修建于 1950 年以后，1970—1990 年较多，修建得较为高大。2000 年以后，新建传统民居较少，以现代化的砖混结构住房居多。

朝阳村整体布局随山形就势。自然村落主要为山脊型、山麓型，大多因地势而建，层层延伸，错落有致。空间院落随机组合，有着尊重自然、融于自然的朴实空间观。整个村落掩映在群山之中，若隐若现。朝阳村的村寨多建于翠绿青山的斜坡，民居周边风景幽雅，多种植树木、竹子。朝阳村的民居为干栏式，以木质框架为主，木

百年吊脚楼　　（姚林屏　摄）

质材料做墙体，覆以青瓦，俗称青瓦房。朝阳村民居是标准的、典型的侗族民居，“人”字形屋顶，正屋多为三开间并列。民居多为一层平屋，也有二层的，后期修建的民居多为二层，外环走廊。年代久远的民居逐渐变为黑色，每隔几年，用自榨桐油刷油保养，防潮防虫。干栏式民居靠山而建，大多坐北朝南，依具体地形稍微调整朝向。建房材料大多就近取材于山间杉树，防虫防腐防潮效果好。正房前两侧或一侧建吊脚楼，中间为院坝，合院结构大多没有院墙，只是通过台地、正房、厢房构成。

民居布局 朝阳村的传统民居通常由正屋、偏厦、厢房构成。若宅基地宽敞，还会在正屋两侧修建专厩，在屋后建有拖檐。

正屋是传统民居的核心建筑，是家庭活动的主要场所。正屋居中的一间为中堂，俗称堂屋，通常为正方形，屋顶不铺设地楼板，其正壁设供奉神位和祖先的神龛，摆有正方形木桌及凳子，供议事、祭祀、待客之用，是正屋中最大的一间。堂屋前板壁内缩一柱形成“吞口”，称之堂屋门口，也统称阶檐（当地读为 gāi yán)，进深由房子大小而定，七柱七瓜以上的大房可摆两张餐桌，一般为休息、待客和办理婚丧的地方，有些可在两侧设门，作为进出左右开间的通道。若正屋二层有外环走廊，则无堂屋门口。堂屋后间屋叫弄堂，长方形，面积较小，通常内置火铺，火塘中架放铁三脚架，是四季烩膳和冬天取暖的地方，也有将楼梯设在此处的。堂屋左右开间为房间，从中间断为两间，也有因弄堂较窄而将火铺设在开间的，一般铺有楼板

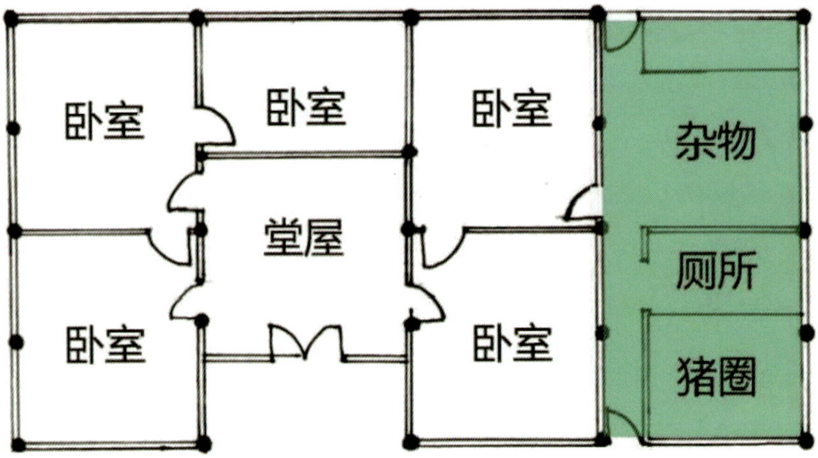

“一”字形民居常规用途示意图　　（张育齐　绘）

“U”字形民居　　（杨　锋　摄）

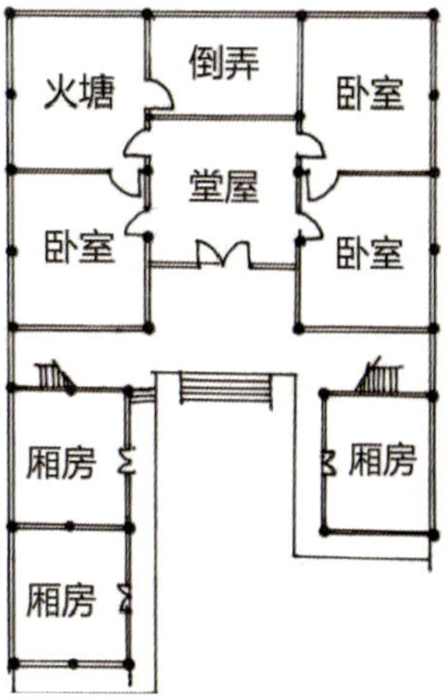

“U”字形民居示意图　（张育齐　绘）

防尘保暖，楼上的空间多作为粮仓，也有放绣架作为绣房的。

正屋两侧借正屋墙体，修建进深与正屋相同长度，高度略低于正屋的专厥。也可在正屋两侧或专厥两侧搭建单面倒水的偏厦，做火房，牲畜圈。若屋后有空间，可搭建拖檐，用于圈养牲畜或堆放杂物。人口较多的人家在正屋前配厢房，因相对正屋是横着排列，也叫横屋，可住人也可置物。若厢房基面坡度较大，建成的厢房为吊脚楼。横屋与正屋之间有一条过道，方便往来行走。

朝阳村的建房有“前怕牛栏后怕仓”的讲究，认为屋前有圈不吉利，屋后有仓不安宁，一般将猪、牛栏设在正屋两侧，仓储建于屋前一侧或正屋阁楼。

民居样式　从民居构成来看，朝阳村的传统民居均有三开间正屋，根据宅基地情况，可在正屋两侧配高度略低于正屋的专厥，可在正屋两侧配偏厦，或正屋后配拖檐，还可在正屋前左右两边配与正屋垂直的厢房。朝阳村民居多配单边偏厦或厢房，整个民居呈“一”字形或“L”字形。少数人口较多、经济条件较好的村民，左右两侧均有厢房，构成“U”字形民居。由于宅基地限制，基本没有“口”字形民居。

朝阳村的民居式样多为开口屋，有少量伞形屋。开口屋瓦顶水步（水步即相邻檩条间的距离）前少于后，顶面长度前小于后，前檐口高后檐口矮，形似一张巨型虎口，故又叫抬头屋、虎口屋。也有传言说，从前侗族居住之地老虎多，侗族先辈设计了比老虎口还要大的虎口屋，以压制老虎保平安。开口屋堂屋前留有长方形槽门，似吞食东西的大口，俗称吞口屋，也是朝阳居民对这种类型民居的常用称法。开口屋光线强，屋内透光度好，选择此类型的村民较多。伞形屋瓦顶平面前后长度相同，水步数量一样，前后檐口高度一致，从侧面看，形状如撑开的伞，伞形屋也因此而得名。伞形屋内结构一致，大小相同，整齐大方，被人们所喜爱，朝阳现存部分这种样式的传统民居。

民居主体构架 朝阳村传统民居主要由立柱、穿枋、斗枋、纤子、檩条构成，均取材于当地盛产的杉木。立柱承重，由地面直立至房顶。各柱之间由穿枋将排柱串联在一起，是重要的拉接构件之一。两柱相隔较长，不利用安装檩条搭建屋面，在两柱之间增加短柱，称之“瓜”，支撑脊檩的短柱也叫瓜，不落地，立于楼枋或穿枋之上，直达屋顶，瓜与立柱之间用穿枋串联。立柱、穿枋、瓜形成朝阳民居的横向构架。通常正屋由四扇构成三个开间，两扇之间用斗枋联络，屋顶用檩条固定在柱头承载屋面，形成整个民居整体构架。在柱与柱之间增加楼枕，铺上地楼板，将民居分成上下空间。

二层以上的民居主体构架方式基本相同，只是构件大小不同。多层民居的立柱较高且大，足以撑起整个房屋，通过增加楼枕分割楼层。厢房的主体构架与正屋基本相同，在立柱、穿枋、斗枋、纤子、檩条数量上较正屋少。

房屋的大小有不同规格，与立柱和瓜的数量息息相关。柱和瓜的数量越大，房

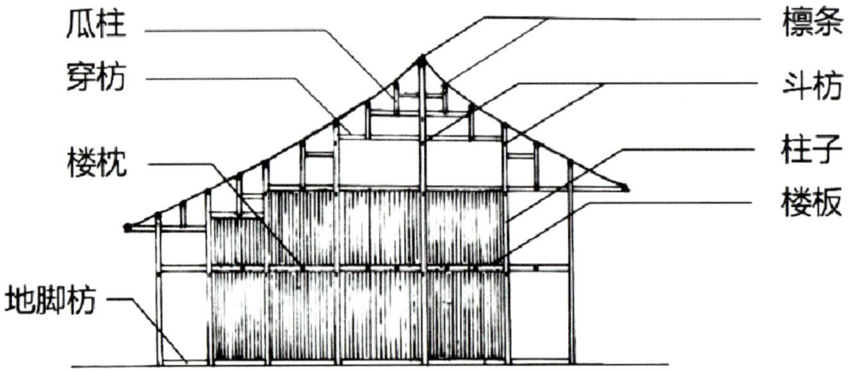

民居木构架侧面图　　　　（张育齐　绘）

民居屋顶　　（姚祖告　摄）

屋就越大，所以房屋的大小通常用“几柱几瓜”表示，如常见的“五柱七瓜”表示有五根立柱和七个瓜。小一点的有“三柱二瓜”屋，大一些的有“五柱六瓜”“五柱七瓜”屋。朝阳村现在的民居多为“五柱屋”。厢房为“三柱二瓜”，地基不平坦遇斜坡陡坝，在“三柱二瓜”前面加吊柱形成的厢房，也就是吊脚楼。

经排扇、立柱、上梁后，架檩条、钉椽皮、盖小青瓦，房屋主体建成。再安装壁板、门窗，铺设天楼地板，一栋民居就建成了。

建造技艺　朝阳民居没有建房设计图，一切设计都在掌墨师傅的大脑里。掌墨师傅会提前查看了解地势、宅基地大小、民居主人的建筑意图，在脑中构思民居能落几间几柱几瓜，估算材料，最后与民居主人充分协商后确定。民居多沿袭“要想发，不离八”的古习，房屋进深、开间、高矮尺寸都尽量套上八，整数无法套上，必在零数用上吉利数字。正因对民居尺寸上的特殊要求，掌墨师傅的每一次下料都必须精准，卯榫嵌合后让屋主满意。掌墨师傅以独具匠心的设计、简便的手法，以普通的建筑材料，创造了美观宜居的特色艺术品。

朝阳民居建筑全凭凿孔与锯榫头连接嵌合，不用一钉一铆，通过榫头榫眼衔接及杠杆力学原理支撑。这种木楼民居结构严谨、工艺精细、美观大方，充分反映了侗族人民擅长于木构建筑的特点和相当高的工艺水平。其精湛的工艺、优美的造型、独特的风格，既符合美学规律，又有较高的艺术欣赏价值。

重要组件 在朝阳民居中，门、窗、楼梯是不可或缺的部分，既有特殊的寓意，又展现侗族人对美的追求。

门 朝阳民居的门，由外至内可分为院门、腰门、大门、角门、后门。其中，大门、角门是每户民居必有的，院门、腰门、后门则根据宅基地大小及主人需求设立。院门是进入民居的第一道门，一般为两扇对开。有一种比较特殊的院门，两侧有内窄外宽木质板壁，呈“八”字形，称为“八”字彩门。腰门，又称矮门、避窃门，少数民居会在大门外镶嵌两扇小门，由门框加几根木条构成，高度刚好到成人的腰部，平日里不必紧关大门，既可防止小动物窜进屋内偷吃食物、弄脏地面，又能防止幼儿随意翻爬出门，一般外廊式民居多有此门。大门是进入堂屋的门，在所有门中占有最重要、最特殊的地位，是迎接重要客人的正门。大门由两扇木门中间对开，布置在堂屋正中间，上楣高于角门，比角门更显大气。角门是连通房间与房间、房间与外界的通道，通常设在房间的边上，为单扇木门。后门属于角门的一种，是房间通往屋后的门，因设在房屋的后面，称为后门。朝阳民居的门下均有门槛，可挡风防尘拒虫。

窗 朝阳民居的窗是洞察外界的“眼”，通过窗能探查到屋外情况。朝阳传统民居的窗都为木制窗，向外平开，也有上下开的。窗多为两扇，由窗框和穿插的木条构成，形成通透的花格窗，图案精巧，雕刻精细，皆属精品。在大门的上方板壁上，通常会开较大的高窗，一般为固定的，不能外开，主要用于改进堂屋内的通风和采光条件。为防风挡虫，会贴上窗花纸，现在有的人家用透明的塑料膜或玻璃代替窗花纸。

楼梯 楼梯是通到二层的主要构件，有固定在一个地方的，也有可移动的直梯，

正屋堂屋门口的门、窗 （姚祖告 摄）

民居楼梯 （姚祖告 摄）

木质结构。朝阳村楼梯的布置比较自由，大部分民居楼梯布置在正屋两侧的偏厦开间内，入口位置设在正屋山墙面，梯段多采取固定的形式，坡度一般比较平缓，也有可移动的直梯。也有设在正屋弄堂或火铺间的楼梯，一般二层楼板开一个洞，用直楼梯上下，往往做成鱼脊形的独木梯，造型饶有风趣，移动也方便。通往厢房的楼梯设在正屋与厢房的通道上，有固定式的，也有可移动的。

火铺　火铺是朝阳人必不可少的生活设施，是朝阳人接待客人、烤火取暖、烧饭炒菜、进餐、家人团聚的地方。传统的侗家院落，屋内均建有火铺。

传统的三列式侗家民居中，火铺大多安放于正屋开间前间靠山头和晒壁的角上，有的置放在堂屋板壁背后的弄堂，也有的设在开间后间。火铺一般两侧靠墙，上方不封楼板，便于炊事时油烟流通。

火铺的规格很讲究，高要有“6”，以示炉火兴旺，长、宽要有“8”，以示主人发财。高 60 ~ 80 厘米，方便成人上下。火铺面形状均是矩形，根据屋内场地大小确定长宽，面积多为 6 ~ 8 平方米。除火炉膛外，火铺全用木料做成。在地面竖立四根直径 20 厘米左右的木墩，安装火铺板，火铺板两侧面制成榫槽，互相衔接，搭建火铺平台。火炉设在火铺中间偏一侧的地方，用木材以榫卯结构制成 1 平方米

火铺上用餐　　（杨　锋　摄）

左右的正方形斗柜，里面用泥土填上并压实，再安上耐高温的火坎岩，炉膛外围垫放外框架，与火铺齐平衔接。讲究的侗家人会用桐油在火铺面上漆一层油，光可照人。

建成后的火炉称“火坑”，是烧柴的地方，中央较低，立有三脚架，铁架上放置铁锅、鼎罐等器具，用于煮饭、炒菜、烧水等。火坑上方，从天花板垂吊下来的木架，称为“炕”，大小根据需要而定，专用于熏腊肉、血豆腐、干豆腐、干豆豉等。炕上腊肉等腊制品的丰富，反映出主人家境的富足。

火铺的四个方向，各有用途。离火炕最近、不靠墙的一方，叫“火铺边”，两者间仅有一块木枋相隔，距碗柜较近，是主人站在地面炒菜、煮饭的地方。另一方不靠墙、靠近门口的方向，称“柴尾巴”，可坐 2 ~ 3 人，下方堆放柴火，是帮助炊事打杂、烧火的座位，家中的中年人一般坐此，客人不坐此处。与柴尾巴相对、靠墙的一边，唤作“火铺里头”，是老人的位置，客人多时也可坐此。与火铺边相对、靠墙的一边，叫“大火铺”，宽敞且安全，可坐 6 ~ 10 人，靠墙放置四脚木凳或小方桌，是客人、小孩落座、就餐之地。

吊脚楼 吊脚楼是朝阳村的特色建筑，是玉屏最具代表性的民居形式。因其精湛的技艺和优雅别致的造型，被人们大为赞赏。

曾经朝阳村家家户户均有吊脚楼，多为厢房，大小根据地势而定。因地势局限，朝阳村的吊脚楼一半靠坎着地，一半则以木柱为支撑，木楼悬空而立，似吊着的脚，故得名“吊脚楼”。朝阳村的吊脚楼只是将房屋的一边伸出悬空，基本上都是单吊式，俗称“一头吊”。

吊脚楼围栏 （姚祖告 摄）

吊脚楼造型雅致，有走廊，还有带座的靠背栏杆；多为青瓦屋顶，木质结构。与正房一样，主材为杉木，采用榫卯嵌合方式，将柱子、枋子相互连接，构成整体框架，装上板壁和门窗，安装走廊和带座靠栏。吊脚楼多为厢房的一部分，是正房的附属，其高度须低于正房高度。

吊脚楼多为一层，也有两层的。悬空的楼上通常作为闺房，未出嫁的姑娘居住，侗族姑娘多在房内或在靠栏处做手工活和休息，也有作为客房和仓房的。楼下若斜坡较大，一般空置，如临院坝，行走方便，可作为碓房、磨房、柴房等。

姚敦林户吊脚楼（杨　锋　摄）

多数吊脚楼下坡度较大，厢房下的岩土易塌。近年来，人们为了安全，在吊脚楼下用石头水泥砌成堡坎，为吊脚楼加了“脚”，不再能看出吊脚。朝阳村完整保存下来的吊脚楼有6处，分布在朝阳组姚敦林、姚凤英、姚敦烈、姚茂银户，枫木坡组杨志文户，干山坡组姚沅科户。其中，百年以上的有4处。

代表民居

杨志文户民居　位于枫木坡的一处半山腰上，是朝阳村修建历史悠久、保存较好、建筑配套齐全、建筑功能明确的民居，是侗族民居的代表之一。正屋建于1953年，五柱七瓜，三开间，木质结构，青瓦“人”字顶屋，供主人居住。堂屋前面板壁有对称木质窗户，对开式，格子花形，大门上方有宽度略小于大门的高窗。两侧开间前板壁上下两层均安装有窗户，式样与堂屋的一致，比堂屋略宽。正屋两侧配以专厫，五柱七瓜，高度比正屋略低，进深与正屋相同，左边作为房间，右边用作火房。

专厫前方有两层木质结构厢房，厢房正面和前面配有木质走廊，安装流线型美人靠。左边厢房3间，通常作为客房。右前方厢房2间，是整个民居建造最早的建筑，修建时间不详，据户主回忆，已有7代人居住于此。原为吊脚楼式厢房，六柱五瓜，前端配有朝阳村比较少见的披檐，后锯断吊脚柱子修建堡坎。借助专厫与厢房的山墙，有两面倒水的偏厦，左边供堆放柴草，右边主要饲养牲畜和摆放农业生产用具。木房黝黑傲然挺立，透露着浓浓的历史气息。

杨志文户民居　　（朝阳村　提供）

姚敦林户民居二楼粮仓　　（吴　娅　摄）

姚敦林户民居　位于朝阳组上寨，原村活动室对面的半坡上。据屋主姚敦林回忆，他家这幢吊脚楼有近100年历史，在他祖父辈就已经存在，该房屋无安全隐患，每年定期进行维护修缮，保存较好，是朝阳村侗族民居代表之一。民居正屋三开间，木质结构，七柱七瓜，青瓦顶。最中间的房梁由瓜承重，而不是常见的由柱承重。堂屋前有内缩吞口，屋内按传统布局，门窗保存较好。右侧有专厫一间。专厫右侧有“人”字形屋顶偏厦，偏厦与正前方吊脚楼厢房共建屋顶，构成“一”字形。

姚敦林户吊脚楼是朝阳村保存完整性较好的吊脚楼之一，四柱四瓜，共三层。一层、二层屋顶外三面有短檐，为吊脚楼遮凉避雨。第一层低于正屋水平面，连户路横穿楼下，楼柱立于路旁，顶封土楼板。二层与偏厦位于同一水平面，木板隔成两间，外间三面敞开，仅有柱子及木质围栏，是观景、休闲阳台，里间装板壁，形成独立的房间。三层与厢房第二层连通，外间是比二层略小的阳台，里间为房间。

偏厦空间较大，共两层。一层偏厦有两间，第一间下挖地窖，有1.2米宽楼梯通往第二层，第二间为火房。二层布局保存完整，与吊脚楼三层贯通，有约2米宽

姚敦林户民居入户厢房　（杨　锋　摄）

的走廊，是通往正屋二层、粮仓以及吊脚楼三层的通道。二层按传统侗族民居布局，有房间、粮仓各 2 间，房间粮仓交替排列。房间与粮仓同高，约 1.6 米，宽约 3 米。粮仓封闭，仅有门可入。房间有门、窗，刷桐油保养，木板光亮。房间两侧悬挂木质椎体灯罩，造型别致。

吊脚楼与偏厦间的过道是进出的通道，通道上扎地楼板，将吊脚楼三层与偏厦二层连接。在吊脚楼及厢房外搭建小偏厦，分成三个空间，两侧用于堆放柴草和杂物，中间安装大门，成为正屋院门。

◎其他侗寨建筑

鼓楼 鼓楼是侗乡的标志性建筑，是侗族人唱歌、集会、议事的重要场所，有保佑村寨平安的寓意，是“侗”文化的一个象征。

鼓楼（朝阳村 提供）

朝阳村的鼓楼坐落于朝阳组上寨柏梓岭上。2017 年 5 月开始修建，7 月竣工，造价 93 万元。建筑面积 120 平方米，共三层，楼高 15 米。鼓楼骨架为水泥仿木结构，结构精巧，造型美观。歇山式四角楼形，檐为四方倒水立面，楼冠为五角攒顶，尖顶塑饰宝葫芦，以象征吉祥。小青瓦檐面，赤褐漆壁、柱，青石板地坪，无浮雕图案，尽显大气、简约之感。一层高 7 米，沿外柱有美人靠，四方各有出口，中间楼梯通二、三楼，楼梯宽 1 米。二层檐柱有走廊，沿四周而建，以“万”字格为栏，人可环行四周，中间留空，呈正方形，与一楼相通。三层有走廊与二层相通，可环行，中堂设正方形“金殿”，边长 2.6 米，有门一道。

花桥 朝阳村内，溪流交叉公布，为便利生产生活，村民遇水搭桥。朝阳有天然的树根桥，也有独具一格的花桥。因桥可避风雨，又名风雨桥。花桥是侗族优秀文化的代表之一，是吉利的象征，是侗族群众对外交流的通道。

朝阳花桥位于朝阳组上寨小河之上，现村活动室旁。与两座水车一同修建，投入资金 50 万元，来源于县民宗局少数民族发展资金。2010 年 4 月初动工，8 月 8 日竣工。桥身长 20 米，宽约 2 米，木瓦结构亭阁 1 间，长廊 2 间。桥身混凝土结构，由四组两根平行的水泥桥墩支撑，水泥桥面，木质桥廊，顶盖小青瓦，两面倒水。桥中间建四方形亭阁，边长 3.5 米，高 5.3 米，沿边柱高 2.5 米。亭顶为三层重檐，重檐翘角层层而上，四方倒水立面，单冠亭冠。亭檐悬挂黄底红字“朝阳花桥”，字体以青色菱形底衬托。亭内置桌凳一套，供行人歇息。桥亭两侧两间长廊衔接，中间柱高 3 米，沿边柱高 2.5 米。桥亭、桥廊溪两侧铺有凳枋，凳枋沿河边有格子纹路护栏，供行人乘凉歇息。河岸绿树成荫，桥上侗家女儿倚栏而靠。2020 年 6 月 9 日，朝阳村普降暴雨，导致山洪暴发，花桥被洪水摧毁。

朝阳花桥　　（朝阳村　提供）

寨门 位于上寨丙溪至朝阳公路上，是村寨主要出入口。旧时的寨门主要用来防范猛兽、防范匪盗入侵。朝阳村的寨门则是节日活动时迎宾送客的场所。建于2014年12月，次年1月完工，投入资金15万元（源于少数民族发展资金），古牌坊式仿古门楼，四柱三门，红褐色石柱石板扦插结构，门顶高6.5米。挑檐式青瓦门顶，人字形倒水，飞檐翘角。门楣雕梁画栋，彩绘双龙戏珠图，辅以各种彩色祥云。中间门洞净高3.5米，净宽5米，可通车辆。两侧门洞较小，主要供行人进出。中间门楣有黑底黄字行草匾额，门柱有风格一致的楹联映衬。进入村口，“北侗之源”寨门匾额映入眼帘，四字概括了朝阳侗族文化，“人游画境和谐风貌漫新村，景胜桃源淳朴民情崇侗寨”楹联，道尽朝阳无限优美风光，述说古朴风土民情。离村时看到寨门上“生态朝阳”匾额，门柱上“乘国运宏开百姓幸福门，顺民心铺就新村致富路”楹联，完美诠释了朝阳村人民欣欣向荣、脱贫致富的奋斗历程。2018年，因扩建通村公路，寨门拆除。

寨门　　（朝阳村　提供）

凉亭 是行人歇脚休息、乘凉躲雨之所。朝阳村凉亭坐落于朝阳组上寨，原村委会对面，小溪和通村公路旁。建于2016年，为开放式六柱全木结构，赤褐油漆柱，柱间设木凳和护栏。两层小青瓦六棱形重檐，亭檐歇山式，六角高翘。单冠亭顶，5个宝葫芦攒尖高高耸立。2020年6月9日，凉亭因山洪暴发被洪水冲毁。

榨坊 面坊 碾坊 榨房是朝阳村民榨取桐油、菜籽油、山茶油的生产性建筑，通过人力持木楔撞击榨楔，挤压槽内排放着的油料，从而榨出油汁。面坊是将谷物制成面粉的主要建筑。碾坊是利用水力带动碾子将谷物脱皮去壳、磨面粉等农用性建筑。

20世纪60年代，建榨坊、碾坊、面坊位于朝阳组下寨，现活动室对面，以水力为动力来源。沿河而建，河东为榨坊，河西碾坊、面坊依次排开。归集体所有，明确专人管理，收取粮食或钱币作为加工费。包产到户后分配到人，随着农用加工器具电气化，传统加工作坊弃用。

2010年，在朝阳村下寨原址修建榨坊、面坊、碾坊，位于河西，建木房三间，五柱七瓜，建筑面积90余平方米。榨坊中有传统木榨，木榨长3米，由横开槽、横榨楔、悬吊槌组成。居中的面坊，有石磨和灶。碾坊有碾子，碾砣和碾盘组成碾子。

凉亭 （姚祖告 摄）

油榨房 （姚祖告 摄）

水车 （杨 锋 摄）

碾砣为圆形石板，半径约 0.7 米。碾盘承载碾砣，圆形石槽镶嵌结构，半径 2.5 米。水车和碾砣之间传动连接，水流冲击水车转运，通过传动轴带动碾砣运转。

水车 在朝阳组上寨和下寨溪流边，各有一座水车，2010 年与朝阳花桥同时建造，木质结构，主要用于观赏、美化环境，后因洪灾被毁。

风土民俗

朝阳人喜食酸辣，美食特产丰富多样，伴随传统节日应运而生。其中，侗家腊肉，肉质透亮有光泽，香味独特，腊香醇厚；腤（ān）汤，酸咸适度，醇香可口；社饭，清香可口，油而不腻。这些美食常使得品尝者流连忘返。

在长期的生产劳动实践过程中，朝阳人形成了富有地方特色的民间习俗。重要节日里的礼仪习俗体现了朝阳人热爱生活、积极乐观的生活态度。朝阳人对婚丧嫁娶、立房造屋等习俗有诸多讲究，现虽都简化，但仍保留着一些彰显独特风格的传统习俗。

◎传统饮食

盘子粉 因做盘子粉用的器皿，是用铁皮做成形似盘子大约长 60 厘米、宽 40 厘米的长方形模子，故而做出的粉称为盘子粉。盘子粉色白透明，细腻柔软，是朝阳人逢年过节必不可少的食品，也是现在人们的早餐主食之一。

做盘子粉称为“攮 (音 nǎng 方言， 摊的意思) 粉”。好的盘子粉要攮得薄而均匀。主要做法是：先把大米浸泡约 10 小时，捞出淘净，加水磨浆，在粉模盘里刷油，将米浆舀入粉盘里，双手摇晃粉盘，将米浆均匀地攮在粉盘里，攮至 1 ~ 2 毫米厚。将攮有米浆的粉盘上蒸笼用大火蒸，大约 1 分钟粉即熟。取出粉盘，把粉盘扣放在竹竿上，轻轻地将盘子粉顺势揭下晾在竹竿上。如此反复，攮出一张一张的盘子粉。朝阳人在年节和办喜事时，喜欢在米浆里掺些食用颜料，做成五颜六色的盘子粉，再把盘子粉切成约手指宽的粉条，晾晒成干粉，可长时间存放。

盘子粉可热吃，也可凉吃。热吃时，将切好的粉条放入沸水锅中烫热，如是干粉需煮软，舀入碗中，加入不同的汤和佐料，如牛肉粉、肉末粉、脆哨粉、三鲜粉等，即可食用；还可以加佐料炒来吃。凉吃时，就用刚出笼 (或重蒸) 的热盘子粉弄成大块装碗，依其口味配以红油、酸菜、豆芽、折耳根、蒜汁、姜、葱、醋等佐料，其味香醇，风味独特。小孩们将刚攮出的大张盘子粉直接卷入佐料，拿着吃。

社饭 是侗族祭祀社稷的一种食品。在朝阳村，每到春社日这天，家家做社饭、吃社饭，以祈年景顺利、五谷丰登、家运祥和。社饭，其味鲜美，芳香扑鼻，油而不腻，松软可口，老少皆宜。

社饭原材料有糯米、黏米、腊肉丁、干豆腐丁、血豆腐丁、黄豆、花生、大蒜、蒿菜、野葱等。按其制作过程不同分为木甑蒸制和铁锅煮制，但前期准备一样。做社饭，首先将鲜嫩的蒿菜（香蒿、青蒿）、野葱洗净晾干，切碎后反复揉压冲洗，沥出苦汁，到水变清为止，用文火焙干蒿菜里的水分，起锅备用。将洗净煮熟的腊肉、干豆腐、血豆腐切成颗粒。根据喜糯程度，将糯米、黏米按照比例混合。木甑蒸制，

社饭制作食材及成品　　　　　　　　　　　　　　　　　　　　（杨　锋　摄）

需先将米用铁锅煮至六成熟，沥出米汤捞出后与适量的蒿菜、野葱、腊肉粒、干豆腐、血豆腐粒和食盐搅拌混合。待铁锅里的木甑内冒出热气，将混合后的材料放入木甑大火蒸熟。铁锅煮制，直接加水煮沸后放入糯米、黏米混合，煮开后盛出米汤，放入炒好的蒿菜、野葱、腊肉粒等配菜及调料，搅拌均匀，堆成一个小山形，均匀插孔通气，盖上锅盖，用纱布封好边缘焖制。

做好的社饭就可当主食食用。朝阳人喜欢加少量食用油，小火翻炒，配凉拌折耳根等小菜食用，别有一番滋味。

腊肉　是将鲜猪肉腌制、柴火熏炕而成的肉制品。炕制好的腊肉肉质透亮有光泽，是朝阳人过年必备的年货。因其保存时间长，香味独特，是家中招待客人的首选菜品，更是身在外乡的朝阳人倍加珍爱的家乡美味。

每年的农历腊月，朝阳村基本都会宰杀一头自养的肥猪过年。炕腊肉，可以长久保存猪肉，因此朝阳村民常将大部分猪肉炕成腊肉。其制作方法主要是腌制和熏炕。将新鲜猪肉砍成每块 5 斤左右的条形，用高度白酒抹均，把混合炒热的食盐、花椒粉均匀抹在猪肉上，装入大缸或大盆里加盖，就完成了腌制。腌制 7 天左右，将肉块用以粽叶扭成的绳套串起，悬挂在火塘上方的吊炕上，利用冬季火塘的生活用火产生的烟与热进行熏炕。肉离火塘高度在两米左右为宜。熏炕过程中，要适当调整腊肉位置，让每块腊肉均匀受热，确保熏炕质量。熏炕过程火苗不宜过大过急，防止外熟内生。通过一至两个月的熏炕，肉块逐渐失去水分变干，颜色由白转褐红色，此时即可食用或者下炕贮藏。

食用时，先将腊肉表皮放到火上烧成金黄色，以去掉表皮上的残存猪毛，放热水里稍作浸泡，用刀刮去烧焦的皮质。再把洗干净的腊肉用清水煮开，直到用竹筷能够轻易插穿肉块就煮熟了。煮好的腊肉香气怡人，可趁热切片吃，也可用蒜薹、干辣椒或与折耳根、蕨粑等食材一起炒制，鲜香可口。而腊猪脚与干笋子、干豇豆、干萝卜等干菜混炖更有特色，口味独特。

血豆腐 是朝阳人过春节时，家家户户都要做的一种特色食品。它是豆腐、猪肉和猪血混合成型后，熏炕的腊制品，具有色质鲜嫩、香味浓郁、口感软绵的特点。

制作方法是先将新鲜水豆腐捏碎，放入纱布里沥水，掺入剁碎后的肥猪肉增加血豆腐的黏合度与柔软性，适量加入鲜猪血染色，充分搅拌混合，再加花椒粉、清油、食盐、五香粉等配料拌匀。将血豆腐泥捏成如馒头般大小的团块，放入竹筛内，稍稍晾干水分后，将竹筛置于火炕上的炕架上面熏烤，熏至血豆腐表层呈棕黑色，质地变硬时即可。

制成的血豆腐外表呈棕黑色，内呈淡红色，其吃法基本和腊肉相同。食用时，先把熏炕的血豆腐用水洗净，放入锅中与腊肉、香肠同煮，熟后切成薄片装盘即可。也可将血豆腐切成丝或切成丁，加芹菜、蒜苗和辣椒等炒着吃。煮熟的血豆腐，食之不腥不腻，软绵中兼有豆香与肉香，真可谓是色香味俱全，为春节时待客之佳品。

糍粑 是朝阳人过年必备的主要年货，更是朝阳人拜年不可或缺的礼物。糍粑的味道清香纯正，糯软绵柔，爽滑细腻。洁白的糯米糍粑、金黄色的小米糍粑，细腻瓷实的质感，圆的外形和大红的粑印，象征着团圆、圆满。

糯糍粑　　　　（姚林屏　摄）

糍粑不添加任何配料，用纯糯米或糯小米制成。制作糍粑的过程，当地叫打糍粑。先把糯米或糯小米筛选干净，除去杂质，淘洗干净，用清水浸泡 3 ~ 5 小时（小米要泡久些）左右，沥干水。在灶台大铁锅里置一木甑，待锅里的水烧开后，再将米舀进木甑，用旺火蒸煮 40 分钟左右，即可蒸熟为米饭。随即将熟米饭倒入抹了熟油的粑槽里，用粑槌击打，直至完全均匀地把饭粒打烂。将黏糍的粑坨取出放在案板上，搓揉成型。双手抹熟油免粘手，掐出一个个拳头大小的小粑坨，拍压成扁圆形，置风干燥处晾干。糍粑定形后，用刻有吉、福、喜等字的章模（俗称粑印），蘸上粑粑红（如果是有白喜的人家，三年内粑粑上印绿色或黄色字），在糍粑一面的正中盖上红红的象征喜庆吉祥的粑印，糍粑就打好了。20 世纪 80 年代以前，会将最后剩余的粑团做成一个直径在 8 寸左右的大糍粑，叫作当家粑或坐家粑，不能用来拜年，而且是所有糍粑吃完后，最后再吃当家粑。待糍粑晾干后，将其放入大缸、大盆等大容器，浸泡在洁净的清凉水里，时常换水，能长时间保存。

糍粑的食用方法较多，可煎、可炸、可烤，外脆里糯；可切块与其他食材一起炒或煮，绵柔爽口；也可切成小块代替汤圆与甜酒一起煮甜酒糍粑，香甜糍滑。

菜菜粑 也叫“绵菜粑”。绵软柔糯，白蒿幽香，风味独特，是朝阳人在年节时必备的食品，也是走亲访友的馈赠礼品。在清明节，朝阳人常做菜菜粑，作为祭祖的供品之一。

制作菜菜粑的方法较为讲究。首先将糯米、黏米分别淘洗干净，用温水浸泡（糯米约泡 2 小时，黏米约泡 4 小时）后，捞起滤干，磨成米粉，将过细筛筛的细粉混合拌匀待用。将从野外采的白蒿清净去杂质，切成细末，用力搓揉、捏挤，再用清水漂去苦水后，沥干水分，倒进锅里煮沸成稀粥状的白蒿汤。倒入1/3的混合米粉与白蒿汤不停地搅拌，称为打芡。待芡熟后，铲出倒入剩余的米粉中，慢慢调和，揉搓成团。然后将揉好的芡团，像做包子似的分成每个约三两重的坯料，包入各种馅料捏圆压扁。菜菜粑的馅可以是糖馅、肉馅（鲜肉、腊肉、火腿均可）、菜馅，有的不包馅。在菜菜粑外包一层桐子叶（或柚子叶、芭蕉叶），上蒸笼蒸40～60分钟即可食用。冷却后的菜菜粑可以放入蒸笼里蒸热食用，也可以放在柴火上慢烤变软后即食。

菜菜粑　（姚林屏　摄）

灰碱粑　又叫碱粑、米豆腐。因用草木灰的碱水浸泡大米做成而得名，是朝阳人非常喜爱的地方特色食品。

做灰碱粑的主要原料是大米和草木灰。先将草木灰经筛子筛去粗渣后，将大米与细草木灰按1：1的比例，混合后倒入大桶或大盆中，加水浸泡一天一夜。等到大米通过草木灰碱水的浸泡，变成黄色后沥出大米，在清水里淘洗掉草木灰，并把泡好的米加适量的清水磨成米浆。将米浆倒进大锅里，用小火边煮边不断搅拌，到基本煮干、浆体非常黏稠的时候，将其盛入盆中，揉捏成0.5～1千克一个的椭圆形团块，再上蒸笼大火蒸40分钟左右即熟，取出放在筛子里冷却晾干，澄黄发亮的灰碱粑即做成。

贮存时，将晾干的灰碱粑放入瓷盆或瓷缸内，倒入清凉水漫过即可，只要经常换水，可保存1～2个月，因而成了朝阳人生活中离不开的方便食品。

灰碱粑的吃法较多。一般是像吃面条似的，先把灰碱粑切成小条，下锅在开水中煮熟后，捞出放入碗盘中，依口味加汤和各种臊子，以及葱花、香油、味精、酱油、花椒、辣椒等调料便可食之；也可切成小片、小条、小块等形状，加入菜、辣椒和葱、姜、蒜等佐料炒着吃；还可像烧烤肉串似的烤着吃。

豆腐笋 是朝阳人立夏必备的特色主菜。豆腐笋的制作考究，选料精良。同等分量的瘦猪肉丁、油炸豆腐丁、鲜嫩竹笋粒、嫩豌豆粒、嫩蚕豆粒、鲜蒜薹丁加油炒好，与炒制后的干板菜末、干椿芽末混合，加油再炒，并加入适量黄酒、油辣椒和胡椒粉调味，待香味阵阵时取出即成。

豆腐笋的吃法也别具一格。将鲜嫩莴苣菜叶或生菜叶洗净去筋，撕成 4 厘米大小的方形放于盘中，置于桌面紧挨豆腐笋。在吃的时候，用筷子夹一片菜叶放入碗中，将适量豆腐笋置于菜叶中，包裹后连同菜叶一起食用，味道鲜美，酥香可口，百吃不厌。

豆腐笋制作　　（朝阳村　提供）

脂汤 脂，当地发音 ān。脂汤是朝阳最具特色的传统美食之一，用青菜与玉米浆等发酵制成，颜色淡黄清透，气味有点像臭豆腐。口味酸咸适度、醇香可口，是朝阳人特别喜爱的醒酒、解腻、解暑的特色食品，四季皆宜，也是居家必备、常年储存的独有饮品。

青菜、糯米、玉米、花椒、食盐、二道淘米水（或井水）是做脂汤的主要原料。把糯米炒黄炒香，做出来的脂汤味道更鲜美。制作方法：将青菜洗净后，晒干表皮的水分。一层菜一层嫩玉米浆装入带沿的坛内，注入清水，淹过菜面。发酵半年以上，即得脂汤母子。再往坛中加清水和花椒、生姜、大蒜、食盐、打细的米粉等，加盖密封继续发酵 15 天左右直至脂香味出，即可取食。制作时，有老汤菜做“引子”就更好更快。为保持鲜浓美味，做好的脂汤须经常取出食用。每隔一段时间，要添加洁净山泉水，同时要经常添加花椒、姜蒜、木姜子、适量炒米等佐料，可增香提味。平时可将豇豆、辣椒、脂头、黄瓜、青菜等新鲜蔬菜放入。如果脂汤太酸，可加入少许生石灰水或食用碱。脂汤只要料理得好，可以保存十几年，而且脂汤保存的时间越久越好，腤味越浓香。

食用时，一般是将腤汤舀出像喝茶那样喝，也可在夏天加几段鲜辣椒、食盐泡冷饭吃，还可以用腤汤炖肉煮菜等，其味鲜美。也有将白菜、莲花白、红玉荷、青菜、萝卜、野葱等加入腤汤坛中，泡上十天左右就可取出食用。腤制过的蔬菜，酸香脆嫩。腤菜可以放些糊辣椒面凉拌吃，也可以炒来吃。炒腤菜时，以茶油、菜油为宜，放油要多。先将腤菜切碎挤净水分，将切碎的干辣椒放入热油稍稍炒香，随即将腤菜倒入锅中爆炒，也可与肉末炒，加入佐料即可。

侗酒 酒是朝阳人日常生活待客的重要饮品，几乎每家每户都酿制。朝阳村遍野青山，水质优良，粮食优质，烤制出来的酒味道纯和、醇香爽口，度数较低，男女皆宜饮用。按其酿制的原料不同，有黏米酒、糯米酒、高粱酒、苞谷(玉米)酒、麦子酒、红薯酒等。米酒，是朝阳常见的侗酒。

侗酒一般在农历九月烤制。此时，农作物已丰收。多年制酒经验表明，九月酿酒出酒多、酒质好。制作侗酒的原料有当地产的大米、糯米、高粱、苞谷(玉米)、麦子、红薯等以及烧酒曲。如果以红薯为制酒原料，也可加入适量谷壳、米糠等辅料，以免黏成团。

先将谷物等制酒原料，用水淘洗干净(红薯要切成块)，放入锅内煮熟。煮料时要注意翻动，以免粘锅煮煳。待谷物等原料外形涨开，即为煮熟，从锅里舀出，沥干水，摊晾在干净的竹篾席上，熟料冷却至30℃左右，加入烧酒曲拌和均匀，装入大土缸等容器，密封保温发酵。

烧酒曲的用量，一般是50千克原料，用500克烧酒曲，产酒40 ~ 45千克。发酵时间的长短，根据季节而定，一般需7 ~ 10天。发酵时间越长烤制的酒就越醇香。当谷物原料发酵成酒糟并溢出酒香味后，上甑烧烤蒸馏。

烤酒时，先将发酵好的酒糟舀进灶上的大锅里，上覆盖酒甑，酒甑内正中悬置一竹枧，接向酒甑外。酒甑上安放一口大铁锅，称为“天锅”，天锅底部中心正对竹枧。天锅里盛满冷水，四周密封压实，不能漏气。烧火加热，通过蒸烤把酒糟中的酒精、水等蒸发为蒸汽。蒸汽上升至天锅底部遇冷凝结成蒸馏水，滴到竹枧里，通过管子向外引流进酒坛，蒸馏酒即成。因热酒挥发性大，酒坛插入管子须盖好。

烤酒　（姚林屏　摄）

在烤酒过程中，适时更换天锅，把锅里的热水舀出来，换入冷水，冷却水温度控制在50℃，才能使酒水均匀，口感更佳。

烤酒一般烤“三锅水”为宜，就是将天锅里的水换三次。第一锅水烤出的酒称“头锅酒”，度数高，酒性最浓烈。第二锅水烤出的为上等酒。第三锅水烤出的酒，酒力醇度稍差。三锅水之后接的尾子酒一般不再饮用，用来酿醋食用。

烤酒时须把握好火候，灶里柴火要烧大，火力要均匀，但不能烧得太猛，否则会烧糊酒糟，蒸馏出来的酒也带有糊味，影响酒质。为防烧伤人避免发生火灾事故，不能随便打开放置在灶边接酒的酒坛，因为热酒挥发性强，酒精燃点低，极易接火燃烧。

◎节令习俗

春节 俗称“过年”。朝阳过春节，从年三十到农历正月十五日。朝阳村外出的人，无论离家远近，都要在年三十赶回来，与全家团聚吃“团圆饭”。

为了过好春节，朝阳人在腊月中旬开始筹办“年货”——打糍粑、做红粑、做灰碱粑、攮粉、烤酒、酿甜酒、杀年猪、腌制腊肉、做血豆腐、买糖果糕点、给老人小孩做新衣等。腊月下旬，各家各户就要“打阳尘”（打扫室内外卫生）、洗衣被、洗碗盏行头（餐具）等迎新年。腊月二十七八，家家杀鸡杀鸭。

年三十这天，家家户户贴春联、挂灯笼，清早开始蒸蹄髈、蒸粉蒸肉、煮腊肉、炖鸡鸭、煎煮鱼等，准备年夜饭。下午四时左右，在堂屋八仙桌上摆一只整鸡、一个“刀头肉”、五个酒杯、五双筷子及一些糖果。酒杯斟酒后，村民燃香烧纸，向神龛三作揖，将香插入神龛上的香炉内，祭祀祖先。而后祭土地，祈其保佑家宅吉祥、出入平安。

挂灯笼过春节　　（姚林屏　摄）

村民到猪圈门、牛圈门上香、烧纸，祭掌管六畜的四官神，保佑来年六畜兴旺。到出堂屋的左檐柱缝里插香敬保宅土地神，保佑新的一年五谷丰登。再用煮熟的稻谷拌肉作为“牛饭”来喂牛，敬其一年到头的辛苦，默默奉献。用煮熟的米饭拌肉作“喂狗饭”喂狗，感谢其对主人的忠诚。祭祀敬奉完毕，便放鞭炮，全家人吃“团圆饭”，即年夜饭。朝阳人的年夜饭，不仅菜品丰富，饭菜分量还十足。吃完年夜饭要留“年庚饭”在新年里吃，寓意粮丰人俭、年年有余、样样有余。在朝阳有“三十夜的脚洗得好，在新的一年里运气就好”的说法。所以，吃了年夜饭后，人人都要好好地洗洗脚，洗脚必须洗到膝盖以上。朝阳人三十夜的火烧得很是红旺，期盼来年家运就像火一样的盛旺。家家通宵灯火，一家人围坐在烧着熊熊大火的火铺上扯家常守岁，长辈向未成家的晚辈发压岁钱。午夜十二点，家家户户燃放鞭炮，送旧迎新。十二点的鞭炮声持续而响亮，五彩烟花璀璨而耀眼。

正月初一，朝阳人都要穿新衣、“开门爆竹”和“捡财喜”。起床的第一件事就是开门放爆竹迎新，出门捡柴进屋，大声喊道“进财喽”。随后在神龛上装香、烧纸、敬茶。在年初一这天禁动刀具，忌扫地，饭菜都是热吃头天年夜饭留下的。午后，全家去祖坟上祭祖。从三十夜到正月初一，一般都不外出，青年们在寨子里打“闹年锣鼓”，增添节日喜庆气氛。正月初二这天，女婿带全家携带礼物到丈人家拜年，恭贺新年。初三起，亲朋好友间开始相互拜年，并持续整个正月。

过春节，朝阳人必会敲锣鼓、扎龙灯闹新年。在正月初，龙灯还未出灯前，村里的青年们抬着寨上所有的锣鼓行头，到别的村寨去，比哪方的人多、气势大、节奏准、耐力强，尔后互请吃“锣酒”。正月初七起，开始玩龙灯。龙灯每天晚上走村串户，风雨无阻。龙灯玩至正月十五，焚化龙灯，送龙王升天，也叫“化灯”，玩龙灯活动自此结束。

春社日 朝阳人保持着过春社的习俗。春社日，是立春后的第五个戊日，正值春分前后。春社到，表示一年的春耕大忙时节已经来临。这天不下地动土，男人们检修农具。未婚的青年男女结伴到皂角坪街道铁家溪禾梨坳坳场赶坳对歌，认识朋友，寻觅知音。画眉爱好者则手提鸟笼，登坳参加斗鸟竞赛。过社这天，朝阳人一定会做社饭，要用社饭、米酒祭祀土地神。邀请三朋四友吃社饭，喝社酒。吃社饭时，不能泡汤。虽是禁忌，也不过是因为吃社饭泡汤冲淡了社饭的美味而已。

朝阳人过社还要挂社坟。春社这天，朝阳人会带上酒肉，邀集亲朋好友，到三年内去世的亲人坟上挂社坟。先要整理坟茔，摆放祭品，鸣放爆竹，焚化纸钱进行祭奠，最后席地而坐饮酒吃社饭。

清明节 是祭祖扫墓的日子。朝阳人跟所有的玉屏人一样，称为“挂清”。清明节当日，称为“正清明”。正清明前三天可以开始祭扫祖坟，以正清明最为热闹，正清明后三天止。朝阳村有“清明香，月半纸”的习俗，挂清时的香较其他节日量大。扫墓时，各家带上铲锄镰刀等物品上山，必先整修坟墓，清除杂草，培添新土，以示对亡人的孝敬和关怀。在坟头上插一枝条挂上纸剪成的纸串，俗称“坟飘纸”。在墓碑前摆放好祭祖用品，如刀头肉、水果、醮粑和米酒、米饭等，燃烧纸钱、香烛，向祖坟跪拜磕头。新丧人家还要给故去的亲人“封包”“烧包”。所谓“封包”，就是将纸钱、冥币用白纸包好，写上亡人名讳，在祭祀时烧化。祭祀结束后，主人邀众人就地吃清明饭。下山前，安排人燃放鞭炮，并检查安全了方才离开。旧时，挂清必燃烧纸钱、香烛，放鞭炮，现在以鲜花代替，文明祭祀。

节前有做清明粑的传统，分绵菜粑和白米粑两种。绵菜粑用大米与野白蒿做成，内可包馅。白米粑，又称醮粑，专为祭祀而做，大米粉加适量糯米粉做成，不包馅，大的如馒头，小的如汤圆，表面用食用红色素点三至四个小红点。在挂清用的祭品中，以肉和醮粑最为讲究。祭祀用肉只能是新鲜猪肉，忌用腊肉、牛肉等。醮粑要质白、形圆和个匀，摆放时要四个为一组，下面三个上面一个，叠成小山形状。

立夏日 是朝阳儿女相约于坳场对歌谈情的日子，也是朝阳老人赴约赏斗画眉之日。白日里，朝阳的烂泥坳热闹非凡，歌声、鸟声、欢笑声此起彼伏，相互交织。朝阳有“立夏不吃肉，瘦得光骨头；立夏不吃蛋，瘦得不好看；立夏不吃笋，走路尽打滚”的民谣。晚餐，朝阳家家户户必要吃肉、吃蛋、吃鲜嫩竹笋。当日，会给小朋友们每人一个蛋，还要做豆腐笋。鲜嫩竹笋制成的豆腐笋不但美味，更是立夏日朝阳人的必备菜肴。“立夏不下，犁耙高挂”。立夏这天，耕牛不能下地耕作，期盼有雨。

端午节 分小端午和大端午。小端午为五月初五。是日，各家打扫庭院，门上挂菖蒲、艾叶。中午，用菖蒲、大蒜汁水遍洒室内外，用百草煎水洗澡。午餐吃粽子，喝雄黄酒，制雄黄肉。大端午为五月十五日，是楠木坳的赶坳日，朝阳人会梳妆打扮前去赶坳。

无论是大端午还是小端午，朝阳人都要包粽子，以赠亲友。粽子要选优质糯米，淘净后加适量的碱，用苇竹叶包裹、捆扎而成。朝阳人包的粽子是角粽，四个角，一角特尖，个重八十克左右。根据颜色不同，分为白粽、花粽、黑粽三种。

中元节 俗称“七月半”，又叫“鬼节”，素有“阳人过春节，阴人过月半”的说法。人们出于对祖先的虔诚敬奉而重视此节日，朝阳过中元节是过农历七月十三。每到中元节前几天，朝阳村家家户户烛燎烟绕。当日清晨，烧香纸，倒净茶，供油茶，迎祖人入堂供奉。下午，堂屋祭桌上陈列猪肘、鸡、水果、香茶，荤素兼备，烧香纸祭祀先祖。夜幕初降时刻，给先祖上供化财，俗称“烧包”，这是中元节祭祖十分庄重肃穆的仪式。朝阳人封包，按照亲疏关系，分别给每个逝者包 6 个、12 个、24 个纸包。晚上 7 点以后，将写好死者姓名的包封，置于庭院（在家中正常故去的）或河边（在外意外身亡的），按照每个故去的亲人分堆，彼此支撑摆放，点火焚烧。

中秋节 清早，青年男女盛装结伴到铁家溪村禾梨坳赶坳对山歌找伴侣，爱鸟人士则聚会赏鸟斗鸟。旧时，朝阳难以买到月饼，多是自家用新米打粑、制粉，用新黄豆制豆腐。晚上，全家吃团圆饭后，家家户户团聚在庭院里，摆上方桌，点燃香纸蜡烛，放置香茶、月饼等祭品，对着月亮拜上三拜，然后在庭院纳凉吃月饼、赏月。明亮的月光则是小孩子们最好的照明，三五成群到野外“偷月亮菜”，村里的树上成熟的柚子，地里冬瓜、毛豆都是他们下手的目标。得手后，孩子们从家里拿出铁锅，带来菜油、食盐，到河滩田坝，用几块大石头垒起，架上铁锅，一些洗

2018 年，朝阳村重阳节文艺演出（杨　锋　摄）

菜一些烧火，简单的快乐就随着锅里溢出的香味而四处飘逸。玉屏县解放后，吃月饼赏月的人家逐渐增多。随着时代的进步、娱乐活动越来越多，“偷月亮菜”的习俗渐行渐远了。

重阳节　农历九月初九为“重阳节”，正值朝阳村尖坡坳赶坳。登上尖坡坳场，青年男女三五成群，分散在树荫下、花丛边对唱山歌，交换信物。20 世纪 90 年代后，朝阳人在重阳当天开展活动，庆祝节日。当日，朝阳人多以烹鸭、舂米粑为食。鸭子炖板栗，是过重阳不可缺少的菜品，也是一道很好的季节性药膳。人们将新米舂成粑，象征性地堵塞房前屋后石窿岩缝，叫“塞岩窿”。相传，重九期间，蛇虫渐蛰，堵之以防复出。

◎礼仪习俗

嫁娶 一般婚姻，大体上分讨媒、订婚、结亲三个阶段。

讨媒 男女找对象，可由父母寻访，或是亲友介绍，还有男女双方通过走亲、赶场、赶坳、玩山、唱歌等互相结识。旧时，无论是何种方式，基本都得听“父母之命、媒妁之言”。男方家找一与女方有关系的人，请做媒人，带猪肉、糕点等礼信，去女方家说明来意。如果女方不喜欢这门亲事，常以“我们家下贫寒，搭配不上”“请另选高门”等言辞表示拒绝，并退还媒人带去的礼物。如果女方父母有意，而第一次媒是不会立即应允的，只将礼物收下，借词与某某商量商量。媒人二次上门，礼品比头次多加猪肉或一两段衣料，如果女方不同意，便将礼物退还。如果同意收下，便回给男方一些礼物如袜子、手帕、毛巾之类。若女方对男方家不大了解，提出“看人家”，男方则须准备一番，约选时间让女方亲属来家，观察审视。

订婚 朝阳人的订婚有“讨口气”和“放炮”两个程序。“讨口气”，就是男方委托媒人和代表，带上礼物到女方家中商量订亲事宜。女方请来嫡族至亲，设宴款待，若觉得合适，给男方确切的口气，初步认订亲事。正式订婚，叫“放炮”。经媒人联络，约定一吉日，男方家备上猪肉、白酒、糕点、米粑、衣料、首饰等正礼，若干份肉、粑、糕、饼等“节礼”，由男方家代表随同媒人，将礼品请人挑或抬往女家，大放鞭炮报喜。礼品重量、数量取双数，包、贴红纸，正礼给女方家，节礼送给姑娘的本家叔伯及舅父、外婆、姑、姨等至亲。由女方家德高望重的长者安排人在神龛前摆供品、敬茶，插香烧纸燃烛，告知先人，两姓联姻定亲。设宴款待，喝定亲酒。男方返程时，女方在每挑担子里放手帕、毛巾等小礼物作为回礼。至此两家婚事取得公认，并结成亲家往来。

结亲 结亲有“讨八字”“修舅公”“哭嫁”“过礼”“接亲”“过门”“回门”七道程序。

“讨八字”，即男方委托媒人到女方家读取姑娘的生辰八字，将写了姑娘生辰的红纸庚帖取回，交予算命先生合八字，择定吉日良辰结婚，报送女方“报日子”。

女方认可后，双方即可发请帖，各自通知有关亲友族人，置办嫁妆，准备婚礼。

“修舅公”，即确定婚期后，男方要带上钱、肉及酒送给女方舅父，一是报告舅公外甥女要出嫁了，二是上门致歉。旧时，在朝阳，对于姑家的女儿，舅父儿子有优先择偶权，甥女外嫁，舅父家失去了优先择媳权，男方要登门表达歉意和谢意。

“哭嫁”，是朝阳古老的婚俗。在姑娘出嫁前，以歌倾诉对家人、对寨邻亲友不舍之情。哭嫁的时间多为十天半月，少则三五天。出嫁前三天，姑娘的好友前去陪哭、陪唱，叫“伴嫁”。

在婚期前三天，男方家要将原议定的彩礼及常规的礼物送到女方家，叫“过礼”。旧时，男方的彩礼主要是姑娘的四季衣、鞋及梳子等用品，还有女方办酒席所需的肉、酒、糖、烟、红粑等，后增加礼金、首饰等。早上去，中饭回，进寨出门放鞭炮。

“迎新”，是婚礼前一天。男方请的“迎亲客”，手持一对贴有喜字的“马灯”，手捧拜匣，内放迎亲、催妆、请皇客等大红书帖，抬着花轿，吹鼓师一路吹鸣，到女方家放炮“接亲”。马灯，旧时为油灯，从男方家出门开始，经常加油，不能熄灯，直到回到男方家让其自行熄灭。接亲当日，新娘经过开脸、吃离娘饭，就到了出门前的盛大宴席，称之“花筵酒”。在婚期当天天未大亮之时，新娘即洗澡换衣，梳妆打扮，胸前佩戴一面铜镜，在堂屋拜辞祖先和爹娘、哥嫂等亲人，然后搭上头帕，由兄或弟背上花轿。上轿时，新娘的脚忌碰着堂屋的门槛。轿内放火斗，生上炭火。正式发亲。男送亲客骑马走在花轿前，女送亲客坐小轿在花轿后，紧紧护卫着新娘。

朝阳村村民外出接亲　　（朝阳村　提供）

迎亲队伍一路鞭炮不断地放，吹吹打打，到男方家去。

“过门”，也就是结婚庆典，是男方家最热闹的三天。迎亲、送亲队伍至男方家大门前，要暂时停轿，举行“回喜神”。迎接新娘进屋，男方父母回避，叫避热脸，以免今后婆媳不和。新娘进屋之后，新毛巾打湿后，在新娘和全家人的脸上抹一下，叫洗笑和脸。有的是在新房内拜完花烛与合卺酒一起吃。向房客讨取钥匙后，接着请命好体面的人为新人铺床、挂帐，边铺边讲吉语。之后，新人摆茶，每桌摆糖果、花生、瓜子，新人手捧茶壶，每人斟上一杯。喝了茶每人要丢茶钱，多少不定。吃完茶，举行拜堂仪式。堂屋中摆上香案，点起大蜡烛，新郎新娘先拜天地，后拜祖宗，再拜父母。接着拜客，受拜之人要赠送拜钱，有嫁鞋的加倍送钱。拜堂后，吃正酒。每次开席都要放炮，无铁炮的放鞭炮。男方宴客3天。第一天进门酒，又叫迎亲酒、下马酒。第二天正酒，必吃大髝。第三天起马酒，为房客践行。酒席由族中一位德高望重的老人主持，叫掌席公。掌席公致开宴辞，客人也互为唱和，反复劝菜、唱歌敬酒。朝阳人有夜筵习俗，在正酒当天的晚上，如同白天一样坐席吃夜筵。吃夜筵多是行酒令、唱酒歌、一对一答，有的吃到天亮。当贵客在吃夜筵时，一部分青年男女朋友在新房里向新娘要糖果吃，新娘会提前准备烟、茶糖果瓜子之类。青年们给新娘新郎出难题、开玩笑、打闹、讲四言八句和唱歌等。

结婚第三天，吃完“起马酒”，送亲客返程。新郎、新娘携带礼物，婚后第一次娘家认门拜亲，叫“回门”。回门忌宿娘家。

随着时代的发展，朝阳人办喜事就不像上述这样繁琐。只要男女双方同意，就到相关部门登记，领取结婚证书，选择一个吉日结婚。接亲不再是抬轿，而是用轿车接送，但是办酒席、过衣等习俗仍沿袭着，酒席档次不断提高。

丧葬 在丧葬习俗方面，朝阳人从始至终体现一个“孝”字。中华人民共和国成立后，随着经济和社会的进步，废除了一些封建的、迷信的内容，较之以前有很大的进步。旧时丧葬，主要程序如下。

殡殓 人弥留之际，家中对其后事要预安排。亲属，特别是子女，要日夜守候送终。临终前，男性被抬到堂屋，坐在事先卜好的箩筐上，女性坐在房里或火铺上。长子或长女拉着亡者的手或抱着死者，其余子女、亲属跪在左右两旁，静听遗嘱，依依泣别。人断气后，烧落气钱，放炮三响，向寨邻报丧。将死者停放在堂屋的灵床上，男性放左边，女性放右边，面部盖上白纸，门前挂“望丧钱”。

人死之后要小殓，即男性要剃头，女性要梳妆。两人从井里取清洁泉水，忌单人挑，烧热，视死者性别，请忠良、厚道的男女老人为亡者擦洗身体。洗身水倒在堂屋四角，不倒在露天坝。死者着寿鞋，戴寿帽，穿寿衣，捆寿带。寿衣裤是三层、五层、七层，宜单忌双。寿衣裤为棉织品，忌化纤品。寿带由青纱、白纱各半编成，纱线数按死者的年龄算，每岁一根，再从总数中减去六根，“六”谐“禄”，意在把禄留给后人。而后进行大殓。棺内放筛过的石灰或草木灰，用小碗舀入，碗数和寿带数相等。再铺稻草或灯草，垫上兜单，置鸡形枕。到吉时，将死者平放于棺内，用其生前穿过的衣服扎紧脚手，亦可用白纸包些木炭放于棺内两侧，盖上寿被。寿被除盖儿子的外，女婿必送，有“养女争口气，一床寿被同棺祭”之说。最后，盖上棺盖，棺盖暂不封闭，待出殡前亲属开棺向遗体告别。棺木停放于中堂，冬春垫板凳高放，夏秋置木枕低放。

治丧　派人带上孝帕孝带到死者生前至亲好友家报丧，又叫送信。至亲好友得知丧信后，带上钱纸来灵前悼念，安慰死者家属，帮助料理丧事。孝家要将开吊、安葬日期告诉亲友，并嘱按时前往参加葬礼。

治丧先设灵。在棺材前竖一块大门板，用白纸写上：西逝上寿某公某某之灵位，贴于门板上。将死者生前半身照片放大至一尺左右，置于灵位前，谓之大灵。大灵两侧挂白布帷幔，把孝堂分隔为内堂和外堂。用竹子、柏枝、猴子草和各种纸花扎成牌坊，灵堂庄严肃穆。大灵前设一灵桌，又叫香案，供有用红纸折成如信封形、书写有与大灵字样相同的小灵。在香案上燃点香烛，供上糖食果品。棺底下或一侧，用桐油点上“地府灯”，罩上竹篮。堂屋门口用晒席或油布搭成敞篷，供祭奠及陈列各种吊挂、奠品之用。

大殓之后，亲属按照与死者关系的亲疏穿上不同的孝服，叫成服。直系亲属穿白布毛边长衫，头戴三沭冠，脚穿稻草鞋或白布毛边鞋，手拄孝棍。三沭冠，用白布折成长尾式样，用麻系在头上。孝棍，又称哭丧棒，长两尺左右，父亲去世用桐木，母亲去世用竹子，用条状形的白纸包裹制成。旁系亲属包孝帕、捆孝带。戴孝之后要忌荤。

开路是朝阳人对死者的一种哀悼，是表达孝意的一种方式。开路的主要程序有立坛、上孝、禀圣师、诣灵、上冥香、献茶、献酒、开通五天道路奉请五方引魂童子接亡、颁读通关路引牒文等项，每个程序完毕都有吉语。在灵前的地上摆一簸箕或筛子，供上刀头肉和白酒，烧香点烛，孝子执引路(魂)幡，随同阴阳先生跪拜念唱。

停棺在堂期间，早晚要上供哭灵。远亲近戚和族间纷纷前来灵堂悼念，给死者敬香烧纸，有的还烧赠用锡箔纸制成的金条银锭。男客在灵前跪拜作揖，孝子在帷布内还礼。女客在内堂哭灵，哭诉死者的身世和对自己的教诲，以示哀悼。之后，安慰孝家。还会敲锣打鼓，做些游戏性的活动，如猜谜语、下棋、打牌等，从晚直到天明，俗称“坐夜”或“陪灵”。

出殡前一两天晚上，挽歌郎在灵前击鼓唱孝歌，也称挽歌或丧堂歌。歌郎唱歌有请歌、接歌、对歌、盘歌，从晚一直唱到天明送歌为止。内容多为《十二孝》《封神》《三国》《水浒》等，也有即景生情即兴发挥，围观者甚众。

祭奠是丧葬仪式中较为隆重的一环节，多在出殡前一天举行。仪式分为家祭和客祭，一般先祭家祭，后开客祭。开祭前，在堂屋门前摆一张大桌子，在院坝里摆三张以上的桌子，作为设席。待牌位、告文写毕就绪后，桌上焚香、点烛，司炮、司乐。家祭开始，堂屋门前桌子两边分别坐上通赞、引礼、歌赞、陪赞四位先生。通赞主持，其他引礼。孝男至灵柩位前跪听设席礼，行穿席绕堂礼，孝子等复外位行排班礼，孝媳出帏至灵柩位前行三献礼。礼毕，献哀言，读祭文。客祭，是死者生前的亲朋好友，为缅怀情谊而进行的一种悼念形式。参加客祭的是死者的晚辈。客祭的程序与家祭相似，但也有不同的内容。

祭奠仪式结束当天，孝家设宴酬谢宾客和帮忙治丧的人，俗称吊礼酒。席上须有一大盘粉蒸肉为头菜。粉蒸肉是用猪肉切成手掌般大片，掺加小米或米面和红糖蒸制而成的。上菜时，先上头菜，再上冷盘和其他炒菜。如遇八九十岁老人去世，吃酒的人可以将酒桌上的碗带走，有“偷其福寿，可以长命百岁”之说。

在出殡前的晚上，男性死者要绕棺，女性死者要踩灯。由先生或道士领头，孝男孝女及歌童数人，手持一炷点燃的香，围绕棺材和事先点好的数十盏灯有秩序地循环转，边走边唱《正气歌》等。

掩殓由“阴阳”先生主持，亲属最后向死者告别。为了等待亲属，一般在出殡前举行。掩殓时，揭开棺盖，亲属倚棺而立，向死者敬言，孝男孝女泣不成声。掩殓后，进行封棺，即用石灰、豆腐粘长条形的白纸封住棺口周围。

安葬　在朝阳村，对安葬尤为重视。由“阴阳”先生根据死者、孝子的生辰八字，选择龙脉山向，确定葬地，定向、斩草、打井，择定出殡安葬日期和时辰。

在出殡前一天下午，请抬灵柩的人吃便饭，绑扎抬灵柩的杠子。杠子绑好后，用熟的“刀头肉”及白酒、香纸祭祀。掩殓结束后，“阴阳”先生进行简单的仪式荐灵，亲朋、寨邻拆去棺前大灵及搭建的祭棚。荐灵之后发丧。由“阴阳”先生点燃一把事先准备好的竹扫帚，并口念经文，念完将竹扫帚扔出大门外，帮忙的人传扔几下，希望扔得越远越好。“阴阳”先生点燃一个火把，绕棺一周，丢出大门外，用尖刀打破一个碗，大唱一声“起”，抬丧的人把棺材抬出门外，放在事先摆好的凳子上，进行绑扎。棺材抬出门外，孝男孝女环跪灵柩前，等待抬丧。绑扎好棺材，在棺材上覆大红毡毯或大红纸，系上跳井公鸡(有的罩棺罩)，排列花圈、幛对、吊挂、敲锣打钵等，在前开路。一路燃放鞭炮，将灵柩抬到山上。女孝和幛对只送到半路，男孝及花圈、吊挂等须送至葬地。

下葬的棺材抬到墓地后，歇于坑旁，放跳井鸡入坑。待鸡跳井时，即把棺材放于坑内，“阴阳”先生用罗盘正方向。所有戴孝帕的人由随行送葬的亲朋等将长披改为短包。先生再赐给孝子福禄米，掩土。挖起的第一锄土先盖在棺材上，并用吉语恭贺孝家。随后由孝子背朝“井”穴向后铲三铲土入“井”中，抬灵柩的人、送葬亲朋、寨邻等掩土垒坟。完毕，孝子及送葬的人回到家里，要先洗手，摸一下秤、捡一根柴(财)进堂屋去，表示大家从此清洁纳财。

安葬后的第三天，孝家要准备酒饭，请人到墓地垒坟复山，邀约亲朋好友到山上去吃。死者安葬之后，“阴阳”先生在山上“安龙谢土”，在家里“安家先”“打扫房屋”，经过“孝子开荤”“洗孝”“谢孝”，请亲友吃“孝饭”，丧事才算终结。

生育　生日

打三朝　即吃三朝酒，又叫粥米酒。小孩出生第三天，由婴儿的祖父或伯父挑上 1 只鸡和若干红蛋到外婆家报喜。生男孩，挑公鸡；生女孩，挑母鸡。红蛋则根据外婆家亲属多少而定。每户至少两个，多则不限，但必须是双数。外婆则要去女儿家洗三朝。在亲族中邀约三五个妇女，带上甜酒、鸡蛋、婴儿尿布及两只鸡，随同报喜人来到女儿婆家向亲家贺喜，给外孙洗澡，教给女儿一些婴儿护理知识，并商定打三朝的日期。打三朝一般男婴在出生后的前 15 天，女婴在出生后的后 15 天内进行。届时，亲友家的妇女带上糯米、甜酒、布段、鸡、蛋等物前去贺喜。外婆家的礼物最重，除猪腿、鸡(蛋)、甜酒、糯米、红糖等食品外，还有送给外孙的衣服、布段、巴盖、背带、小棉被、鞋、帽、银饰等。在酒席上，外婆备受尊重，主人和其他客人都向她敬酒，并唱酒歌酬谢，以表木本之情。宴庆多延续两三日始散。婴儿满月之日，接外公吃满月酒，外公提雄鸡 1 只前往。满 40 天，产妇背婴儿回娘家拜望外公外婆。

生日　新生儿满周岁，要办周岁酒，也叫“请抓周”，外婆家及至亲好友要来祝贺。其间，还要给小孩“剃头”“开荤”“抓周”等。剃头，是请外公或舅为其剃头，有不忘木本之情之意。开荤，一般在男婴 4 个月、女婴 6 个月时开荤，有“男开四季，女开六合”的说法。由长辈喂小孩少许肉荤，说些吉语，此后方可吃荤。抓周，是在小孩面前摆放笔、书本、算盘、尺子、食品、酒杯、玩具等，视孩子所抓东西预期其今后的前程、性格、爱好等。朝阳在小孩办了“周岁酒”后，一般就不再办生日酒了。侗乡有“家里有老人，晚辈不办生”和“做九不做十”的习俗，不论有多大年龄，家里只要还有长辈健在，就不能办生日酒祝寿。因而成年人，如家中无长辈健在，也不能在 60 岁做寿，一般从 59 岁或 61 岁起开始办生日寿酒，届时至亲好友前往祝寿。

建房　起房造屋被朝阳人看作是“万载兴隆，百事顺遂”的根本，对择基、动土、发墨、立屋、开门、进住等程序和礼仪格外讲究。

择基定向　地理先生根据房主的生辰八字和罗盘看“风水”择宅基地，定屋向。一经确定后，在宅基地的中央前后各打上一个木桩作为屋向标记，丝毫不能移动。如看中的宅基地是别人的，房主主动上门去商量，以地换地。宅基地是岩山去石挖平，是池塘、洼地则运土填平。动土时间是地理先生择定的吉日良辰，从动土之日起，连续开挖，中途不得中断，如有特殊情况，也得早晚挤一点时间动一动土。

伐木“偷梁”　伐木日期是择定的吉日。朝阳人一般在自家山林中取材建屋，通常为杉木。堂屋两根中柱，砍伐时必须要往上坡倒，不能往下坡倒，通常请有伐木经验的人砍柱头。房屋中堂中柱上横架着那根木称梁木，朝阳人把梁木视为主宰房屋的当家木，看得十分重要和珍贵，有“偷梁”的习俗，取“进财赐福”之意。当房主看中梁木后，深夜一点左右，邀请 4 个身强力壮的年轻男子同往。负责砍树的人找到事先确定的梁木，口念吉语，开始砍伐。第一块木渣要用口袋接住，不能掉地上。树砍倒后，剔树丫，掐一点树梢放进小口袋。两人抬木，另外两人则把准备好的小红包放在被砍的树墩上，算是赠给树主的“利事”。树主发现树木被人偷去做梁木后，也不去追究偷伐的责任或去索价，只是一笑了之。

发墨开工　发墨既是造屋的开端，也是房主与木匠师傅达成建房协议的一种形式。发墨必须提前定好日期和时间。当日，木匠师傅准时到房主家，在选定的两根中柱上各弹上一根墨线，作为整栋房屋的准绳。发墨时，房主要准备香纸等物品，让掌墨师祭祀鲁班，以示开工顺利，大吉大利。

立屋上梁　是立屋的重要环节。到了房主择好的黄道吉日，开始立屋上梁。立屋先从房屋坐向大手(左边)第一排立起，后立小手(右边)第一排，左右两排间柱头上以木串和前中后的照面枋连成一体，再立大手第二排和小手第二排，后上梁木和檩子，房屋整体框架安装完毕。上梁时，在梁木的正中间锉一个小孔，放一点银器入孔内，补平小孔，以五色线捆紧两支新笔、两锭新小墨和一本皇历书，用一块红布把梁包起来，小钱订固四角，贴上红纸写好的“紫微高照”四个大字。房主净身更衣，秉烛焚香烧纸，跪于梁木之下，口中念念有词，作揖磕头，祭拜梁木。房主在两根中柱上各捆上一根红布，给木匠搭红，桌上放上稻谷一斗、猪头一个、大公鸡一只、红包等，作为木匠的“利是”。上梁时刻到，屋内香火通旺，在大小炮响声中，两边屋顶上的人，缓缓将梁木拉到中柱上安装，在两头梁木上摆好酒肉、粑粑。木匠师傅慢慢登上屋去，每上一步，讲几句吉语，恭贺房主。木匠登上屋梁饮酒用餐后，房主面朝门外跪于堂屋正中，由两人牵着一张被单于房主背后，木匠从梁上拿着坐梁粑，一个一个地掷于被单内，每掷一个讲几句吉语，接着把抛梁粑往东南西北地面丢，让看热闹的人争抢。上梁完毕后，帮忙主屋的人便订椽皮、盖瓦。

开财门　房屋立好后，木匠会加班加点地赶制神壁。装神壁忌木板颠倒。之后安装财门。财门是两扇大门的别称，不能颠倒不露缝。财门未经开财门，任何人不

立屋　（胡攀学　摄）

准从财门进出。开财门是主家为了讨吉利，须选择吉日吉时。开财门时，由一个能说会道又有福气的人扮财帛星，站在财门外，掌墨师则扮成鲁班站在堂屋。经过一番活泼有趣的问答，鲁班师才把门闩拉开。财帛星君立即用手推开财门，财帛星刚一进屋，屋主满面春风地迎上前来，财帛星取出红包递给屋主，谓之“进财”。屋主恭请财帛星和鲁班师到堂屋中入席就座，吃“富贵酒”。

入住请酒　新屋板壁、栅楼板等装修装饰完毕后，新居正式建成。择黄道吉日，入住新居。族亲好友前往祝贺，送钱、米、酒、彩、匾对联等。家族或舅父姑父等至亲还会送神榜。房主设筵席款待去祝贺的亲友，有的办上几桌，多的几十桌。

◎生产习俗

朝阳村为群山环抱，村民以农耕为主。勤劳的朝阳人在长期征服自然和改造自然的生产劳动实践中，形成富有民族特色的生产习俗，成为悠久的民族文化。

接春 朝阳村有接春的风俗。每年立春后，送春人走村入户，将印有二十四节气、全年天气与农情预测和农业小常识的“春单”送到农家。接春的人家会给送春人一红包或一碗米等，送春人送上一张春单后并道一声：“春来了！”

开秧门 主家邀约亲朋好友，帮忙栽插稻谷秧苗。第一天，在扯水稻秧苗时，由主人先下秧田扯第一手秧，有的还要在秧田边烧香纸、摆供品祭拜后才下田，俗称“开秧门”，然后其他人才下田扯秧。栽插时，先由一个插秧能手在稻田中央插五兜秧横竖都很直的直行，叫“拉直行”，其他人则傍直行栽插。插秧期间，主人热情招待帮忙的亲朋好友喝“栽秧酒”，一日四餐。栽秧时遇到下雨，也不会停歇，至今朝阳都还流传“栽秧莫躲雨，打谷莫歇凉”的俗语。

撵山 是朝阳人的狩猎习俗。解放前，对专业猎人称“撵山的”，对擅长击杀虎豹的称“打虎匠”。撵山，必备土法制作的猎枪，牵猎犬（“撵山狗”）。猎人多单独活动，以网扣、药毒、枪击、物诱等手段捕获猎物。最主要的撵山是群体狩猎，多在隆冬进行，以野羊、野猪为主要捕猎对象。进山狩猎时，猎人先上香烧纸敬山神。对所获猎物就地分红，头给枪手，脚给追踪人，内脏给猎狗，其余部分按“高坡撵羊，见者有份”的规矩平分。这一活动延续到20世纪80年代，随着民间猎枪的收缴和国家出台了野生动物保护政策，撵山活动亦停止。

◎民间技艺

编织草鞋 俗称“打草鞋”，就是用稻草、麻等为材料编织的鞋子，朝阳人的一项传统技艺。过去，朝阳物资贫乏，布鞋的成本较高，不少人一年四季常穿草鞋。草鞋既经济实用又轻便防滑，无论是天晴落雨，甚至冰雪天都能穿。早期，朝阳村的成年人基本上都会打草鞋，纵然有个别不会打的，也不用买，常以互换劳力的方式，找寨邻帮助打草鞋穿。打的草鞋多是自给自足，有的人也打些草鞋在赶场时拿去卖，换些盐巴、火柴用。

打草鞋的材料主要是稻草和麻等，或在稻草里掺一些旧布条，这样打出的草鞋更结实耐用。打草鞋的工具简单、易操作，通常一个草鞋耙子、一个用弯木或厚竹板做的腰弓、一个圆木锤就能打出一双草鞋。艺术熟练的师傅不用什么工具，一根木棍当草鞋耙子，一根绳子拴在腰上当腰弓，坐在草地上，双脚伸直蹬着牵有草绳的棍子，就可打草鞋了。

打草鞋的方法简单易学，主要有三个步骤：捶草搓绳、编织鞋底、修整穿耳。捶草搓绳是打草鞋的第一步，将在水里浸泡过的稻草用圆锤捶软备用。搓绳是为了制作打草鞋用的筋，取几根稻草分成两份，用手搓成绳，绳粗与筷子相近，长度在1.6米至1.8米，根据草鞋大小适当增减。编织鞋底较有难度，先将草绳对折成两根，通过草鞋耙子和腰弓固定，以单根稻草来回编制鞋鼻子，再将草绳分成四份，编制船形鞋底，在适当的位置每边安上2个草鞋耳子，最后编鞋跟。修整草鞋主要是用剪刀将鞋子周边的稻草头、毛边等稍作修剪整理，用细绳将鞋鼻子、耳子、后跟串起来，形成鞋带，一双草鞋制作完成。

竹编 就是把竹子划出篾片或篾丝，编织各种用具和工艺品的手工艺。

朝阳出产的竹子种类较多，资源较丰富，有南竹、金竹、苦竹、水竹等。竹编工艺在朝阳村历史悠久，有许多传统的竹编名器，也有许多工艺精湛的竹编艺人。

侗家竹编品种众多，用途多种多样。生产用具类竹编主要有箩筐、簸箕、米筛、糠筛、晒席、撮箕等；生活用具类竹编主要有针线篮、菜篮、斗笠、背篓、烘笼、饭篓、蒸笼、筷子篓、炕篮、花篮、梢箕等；关栏动物用具类竹编主要有鸡笼、鸭笼、猪笼、野鸡笼、画眉笼等。特别是朝阳的竹饭篓，有底有盖，在出远门或上山干活时，用来装饭菜，不漏汤，也不易变馊。

竹编制作的工具主要有锯子、篾刀、刮刀等。竹编制品一般有划篾和编制两个环节。划篾从选料开始，要根据编制的东西选择竹子的种类，竹龄在三年以上的老竹子，将竹子劈成两半，劈成适当的小篾条，用刀把竹子的内节削平，再按照竹编器物的需要，将竹子加工成篾片或丝。竹编的编织方法很多，有垂直经纬编、六角六方编、转角立体编、回旋还原编等，基本以经纬编织法为主，并充分交叉利用疏、偏、插、穿、锁、扎、套等多种编织技法，千变万化，花样丰富。编织结束后，要对编织物进行收口，其收口的编法很多。

木雕 朝阳村的木雕有两种。一种常见于朝阳的传统民居，主要装饰于房檐、门、窗、吊柱和部分家具。技法有浮雕、镂空雕、圆雕等多种。图案主要为人物、花草、竹木、虫鱼、鸟兽。朝阳民居的吊柱和走廊栏柱的柱头，常有圆雕图案，圆形、方形各异。还有一种就是根雕，顾名思义就是在树根上雕刻。原材料取材于朝阳山中的树根、枝、枝瘤等，依据树根天然形态，通过构思立意、艺术加工及工艺处理，创作出摆件、器皿艺术形象作品。茶油林组村民吴继中是根雕爱好者，自学根雕技术，他家里摆放了许多根雕作品。

木雕　　（姚祖告　摄）

烧瓦 朝阳村的民房基本都是盖瓦，多为木瓦屋，后来才陆续有了砖木结构的瓦房等。在蜡树湾、干山坡、印家溪、枫木坡和尖坡都有烧制砖瓦的作坊。直到

20 世纪 70 年代后，随着道路交通的发展和建房理念的改变，该项活动终结。

朝阳的瓦窑作坊，一般主要由工棚、土场子、泥塘、窑子组成。也就是在平整的大块黄土地场子，在一侧搭遮雨的简易木工棚，旁边就是泥塘，不远处拱筑一口烧瓦的窑子。砖窑是拱圆竖形，多建在高土坎边，窑高 4 ~ 5 米，内圆直径 3 ~ 4 米。窑壁周围用黏土砖坯堆砌至顶，顶部宽约直径 2 米，有四个烟囱口，底部有一个宽约 80 厘米、高约 2 米的拱形门，窑门内留面积 1 平方米的燃烧室，其余为比燃烧室高约 40 厘米的平台。

做瓦坯用的瓦桶是用弧形木条串联而成，手柄处一分为二，可以随意分合，瓦桶上下口径约按 8.5 ： 10 的比例，做成底大直径约 26 厘米、顶小直径约 24 厘米、高约 18 厘米的桶状，桶外体上有四条突出的凸棱分瓦线，每桶四张瓦，每张瓦高约 16 厘米、下宽约 16 厘米、上宽约 15 厘米、厚约 0.5 厘米；瓦桶布就是套在瓦桶外的布套，起到隔离泥瓦坯与瓦桶的作用；转盘是以一根高约 1.2 米的竖立圆木为轴，上面托一个直径约 30 厘米可以转动的木圆盘，圆盘中间是能使瓦桶套上操作的凸起圆台；拍板是一块与瓦片一般大小的木板，在木板的一面中间安一个手持柄，用于在转盘上拍打瓦桶外的泥坯。

经过平场、练泥、做砖坯、晒砖坯、做瓦坯、晒瓦坯、装窑、烧窑、冷却、出窑等工序，瓦就做出来了。朝阳的瓦窑已基本废弃，需要的瓦主要从外购买。

泥瓦制作　　（杨　锋　摄）

◎称谓礼仪

每个民族都有自己的称谓体系，朝阳人在称谓上方言较重。由于汉族文化渗透较早，受汉文化影响很深，在亲属称谓体系中，表现为男女有别，长幼有序，宗族有别。这里主要介绍朝阳家庭关系中亲属称谓。

父系

父亲　俗称“爹”，也有称“伯、崖 (yá)、嗲”的。或小孩八字大克父，而称“耶耶 (yēyē)”或“满满”或“伯伯”等。

父亲同辈　父亲的哥哥称“伯伯”“爹爹”。父亲的弟弟称“叔叔”，排行最小的称“满满”。其配偶称为“伯妈”“大伯妈”或“大妈”“二妈”及“满娘 (niāng)”等。父亲的姐姐称“姑妈”，父亲的妹妹称“娘 (niāng)”，称其丈夫为“姑爷”或“姑爹”。排行最小未出嫁的妹为“小娘 (niāng)”。

祖辈　祖父称为“公”，祖母称“婆”，其他祖辈按排行称“大公”“大婆”“二公”“二婆”“满公”“满婆”等。

太祖辈　太祖父称为“太公”，太祖母称“太婆”，或通称“太、太太”。

母系

母亲　称“妈”，有的因小孩八字大而称“娘 (niāng)”。

母亲同辈　母亲的哥哥、弟弟称“舅”，按排行称“大舅”“二舅”，最小的称“满舅”。舅的配偶称“舅妈”“舅娘 (niāng)”或“满舅娘 (niāng)”。母亲的姐妹称“姨妈”或“姨娘 (niāng)”，最小的妹妹称“满姨”。姨的配偶称“姨爷”或“姨爹。

外祖辈　外祖父称为“嘎公”，外祖母称“嘎婆”。其他外祖按排行称，如“大嘎公 (婆)”“二嘎公 (婆)”或“满嘎公 (婆)”。

太外祖辈　太外祖父称为“太嘎公”，太外祖母称“太嘎婆”，或通称“太嘎嘎”。

同辈

哥　称“哥”“大哥、二哥、三哥”等，有的称“大”“大大”。

弟　称为“毛弟”，如“大毛弟、二毛弟、小毛弟”等。

姐　称为“姐、大姐、二姐等”。

妹　称为“妹、大妹、二妹、小妹”等。

若双方辈分相当，男性互相称“伙计、老哥、老弟”，女性互相称“姊妹”。

其他

丈夫称妻子为“屋头的”或“你妈、他妈”。

妻子称丈夫为“外头的”，或“你爹、他爹”。

老夫妻之间，则互称“老崽崽”“老巴巴”。

父母称儿子“崽”“伢崽”。

父母称女儿为“女”“姑娘”“丫头”。

男子称岳父母为“亲爷”“亲妈”。

丈夫称妻子的兄、弟及妻为“舅佬官”“舅佬”“舅母娘”。

妻子称丈夫的兄、弟及妻等随夫称。

姐妹间的丈夫互称“姨佬”。

兄弟间的子女，为堂兄弟、堂姐妹，按排行称哥、弟、姐、妹。

兄弟与姐、妹的子女间为“姑表”，互称“老表”，对称表兄(弟)、表姐(妹)。

姐、妹的子女间为“姨老表”，互称“老表”，对称表兄(弟)、表姐(妹)。

与舅舅的子女为“血老表”，互称“老表”，对称表兄(弟)、表姐(妹)。

对拜寄的干爹、干妈称“寄爹、寄爷”“寄妈”。

年长者称不相识的年轻人为“老弟”或“小妹”，如身边带有小孩，就以小孩的口吻称“叔叔”或“娘娘(niāng)”。

结为异姓兄弟或姊妹，即“打老庚”，俗称“打同年”，二人之间互称“老庚”，其子女互称对方为“同年爹”“同年爷”“同年妈”。

◎民俗信仰

干山坡福音堂 中华人民共和国成立前，居于朝阳村西南方的干山坡村民多是基督教的信徒。1921 年，湖南省新晃县（现新晃侗族自治县）凉伞基督教会组织的布道队到玉屏、羊坪一带巡回布道，宣讲教义，散发《圣经》单行本和《劝世良言》等小册书籍。干山坡杨再献和羊坪石宝塘吴开绪听了布道队的宣讲，得散发的《圣经》等书籍，经传教亲戚杨学文讲解信教意义及《圣经》，于 1922 年入教，开始在家族和亲戚中传教。朝阳村干山坡及周边的信徒人数不断增加，绝大多数是杨、吴两姓之人，包括邻近的石宝塘和沈家坡两个侗族村寨的信徒。由于礼拜日到县城教堂参加礼拜活动的路途太远，1946 年秋，玉屏基督教会决定，在干山坡借用吴志辉的房屋，设立玉屏基督教会干山坡福音堂，由杨再献、杨通箴担任义务传道员，负责主领礼拜，玉屏基督教会专职传教士定期到堂点辅导，共有男女信徒 60 余人。据《玉屏侗族自治县志》记载，1949 年，全县有信徒 140 余人，其中 40 余人家住干山坡。1951 年，教会关闭，宗教活动停止。据《玉屏文史资料》记载，1982 年干山坡信仰基督教的群众恢复宗教生活，有男女信徒 70 余人。人人都备有《圣经》《赞美诗歌》，订阅有关宗教知识的书报和《天风》杂志。集体过宗教生活和进行学习，农闲时每月一次，农忙时三个月一次，在学习中结合《圣经》教训，进行“爱国爱教、荣神益人”的思想交流。干山坡信仰基督教之群众，相继三四代人，后期的信徒都是原老信徒的后裔。如今，福音堂早已不在。

敬观音 民间敬观音活动多在观音菩萨生日当天开展，据说农历三月十九日、六月十九日、九月十九日分别是观音菩萨出生、成道及出家的日子。当日，人们置办糖果等物，朝山进香，供奉神佛、虔诚祈祷，祈福免灾，事后还愿。在朝阳组下寨有观音庙 1 座。

祭祖敬神 朝阳村有吴、姚、杨、文四大姓氏，朝阳均未建有宗祠。杨氏宗祠在湖南省新晃侗族自治县扶罗镇归贤村，分祠位于大龙镇南宁村。朝阳人堂屋都设有神龛，供奉祖先。逢农历初一、十五日要摆净茶、烧香纸。逢年过节，将年猪完整的猪头和猪尾（没有年猪的，用一个“刀头”代替）、整只公鸡及一块猪肝煮至半熟捞出，大木盘装好，与一把刀、五个酒杯、五双筷子，摆在堂屋正中的八仙桌上，神龛上燃香三炷，神壁下、阶檐门口的檐柱上、土地处各燃一炷香，在神壁下、檐阶门口、土地各化一锭冥纸。回到堂屋，面向神龛，鞠躬作揖三次，并做祷告许愿，再跪下磕头三次，再转身向外，鞠躬作揖三次，再跪拜三次。同时要以酒肉、糖果、油茶供奉，并敬奉财神、四官神、五谷神、灶神、土地神等，感谢各路神赐予福禄寿禧、衣食住行。

神龛　（吴　娅　摄）

拜寄 在生产力极度低下的时候，由于生存环境险恶，人们自身的抵抗能力非常弱，为保全新的生命，不得不向强大的自然力量求助。朝阳人取名时，要请人测八字，如有金、木、水、火、土“五行”不全，就要用“拜寄”的方法来填补。除拜寄别人认寄爹、寄妈外，水井、古树、石崖等都是拜寄的对象。有的通过取名来补缺，缺什么补什么。

侗族文化

侗语、侗歌、侗族服饰，使得朝阳人的侗族文化大放异彩，深深浸透着侗族文化特色。

朝阳村民多数从湖南省新晃侗族自治县迁入，故而语言与之同属侗语北部方言第二土语。随着历史的推进、汉文化的不断深入，现朝阳村已无人能说侗语，只有部分年长的老人能听懂侗语，但不能使用侗语对话。侗族无处不飞歌，朝阳村作为典型的侗族聚居村寨亦是如此。其山歌常在山坡上、劳动和行路途中见景生情，即兴编唱；旋律较为独特，音域一般比较宽广；歌词注重情味，意境优美。山歌以情歌比重最大、流传最广，无不凸显了朝阳人民内心深处的浪漫情怀。在与外界汉族文化的长期交融中，朝阳村的民族服饰与汉族服饰差异不大，但从老人到小孩，男男女女各有不同，还保留着特有的民族风情，使得朝阳村的传统民族服饰别具一格。

◎赶 坳

由来 朝阳人热爱唱歌，男女老少，无人不歌，无处不歌，无时不歌。自古蔚然成风，世代相传，习习相因。传统的赶坳歌会，是群众性传统文化娱乐活动的定期大会演，是朝阳歌手在赛歌场上当众展示歌才的竞技活动，也是朝阳男女青年结识朋友、谈情说爱、追求自由婚姻的一种活动。

赶坳，作为朝阳的传统歌会，其历史渊源可追溯到西周。《周礼·地官》载："仲春之月，令会男女。于是时也，奔者不禁。若无故而不用会者，罚之，司男女之无夫家者而会之。"这与朝阳赶坳的习俗相合。随着时间的推移，民族的迁徙等历史、地理诸因素的变迁，形成了人们自发在山坳上进行集会这一独具民族、地域特色的歌会形式。

关于赶坳的来历，朝阳地区至今还流传着一个悲情、美好且浪漫的传说，一位聪明美貌的侗家姑娘在财主逼婚期间，通过山歌结识了心仪的青年男子，二人趁机而逃并殉情跳坳。侗家后生与妹子为了纪念他们，就在坳上用歌声来表达怀念之情。

赶坳 （杨 锋 摄）

年长日久，形成赶坳歌会，代代相传。于是，未婚男女青年每逢一定的日期，就到山坳上赶坳对歌，谈情说爱，父母不但不干涉，还带着画眉来坳上斗鸟，与青年们共度节日。

坳场　赶坳是朝阳人在长期的农耕文化中逐渐形成的一种民俗活动。坳场，即是赶坳的地方，往往选在竹树苍翠的山坳间，常有古木、清泉、草坪、花丛。每逢赶坳这天，侗家青年都会穿上美丽的节日盛装，撑起花伞，成群结队汇集在山坳上，唱着动听的山歌，寻找对歌人。老年人则手提鸟笼来到场地里，将鸟笼摆成一圈，一起观赏和斗画眉。这时的山坳上，歌声飞扬，画眉啼鸣，一片欢乐的气氛。

坳场，一般在风景优美、空气清新的山坳处。朝阳人常去的坳场，多与该村相邻，分布在与朝阳接壤的平溪街道、湖南省凉伞镇、镇远县石宝塘等地，主要有禾梨坳、尖坡坳、冲首溪坳、烂泥坳、楠木坳、大草坪坳、娅叉坳、灯草坳等，以禾梨坳、尖坡坳、冲首溪坳、烂泥坳、楠木坳较为有名。最为热闹的要数平溪街道铁家溪村的禾梨坳，本县和邻县方圆数十里的男女青年身着盛装成群结队前往，赶坳的人达数千人之多。朝阳有两处比较有名的坳场，一处为尖坡坳场，另一处是烂泥坳场，都有固定的赶坳时间。

尖坡坳场　位于尖坡组尖坡坳，在湘黔两省分界之地，东边是湖南省凉山镇梭溪，西边是朝阳村尖坡，是湘黔边境有名的坳场之一。坳场风景优美，空气清新，立于坳场，周边群山尽收眼底，一览众山小。每逢农历的九月初九，尖坡周边的朝阳青年，身着节日盛装，相聚在坳场，围在杉木大树周边，以对唱山歌的形式，寻找恋人，表达爱情，以求盟定终身、鸾凤和鸣。坳场中间有两棵古杉木树，两树相距 1.6 米，枝繁叶茂，长势喜人。据尖坡村民回忆，两棵杉木自开始赶坳后就一直存在，估计有 200 年树龄，见证了无数男女的爱情故事。较大的一棵直径 0.85 米，高约 30 米，冠幅约 4 米，似伟岸的侗家男人。略小的一棵直径 0.76 米，高约 28 米，冠幅约 4 米，宛如羞涩的侗家女儿，相伴在心仪的男士身旁。两树边各有一块平地，面积约 20 平方米。一块作为美食区，摆满了罐罐油茶、粉面、酒水等侗家特色吃食，以供赶坳的人们果腹。一块作为娱乐区，周边小树枝叶相交，形成天然遮凉伞，人们聚于树下斗画眉。

尖坡坳场远景图　　　　（姚祖告　摄）

20 世纪 90 年代以后，当地政府大力支持民俗活动，赶坳活动由原来的村民自发开展变为由村民委员会组织，场地从尖坡转到交通便利的村活动室，尖坡坳场渐渐淡出视野。

烂泥坳场　位于朝阳村枫木坡组罗家旁边的山坳上，是玉屏朝阳人赶坳的主要坳场之一。早期的坳场为泥地山坳，县民宗局拨款 3 万元修缮了坳场。坳场东南面与黔东南苗族侗族自治州镇远县羊坪镇石宝塘村相邻；西南面为枫木坡组；东靠小山，山底开辟有 100 余平方米的水泥地面；西面为约 10 米高小山坡，有水泥步道通往山顶长廊。坳场交通便利，3 条公路交会于此。东北方向可下枫木坡组，到达朝阳组，于 2016 年修建；西北可通干田坳山坡；西南可出县到达石宝塘村。山底的水泥地面、公路、小山坡是主要的赶坳场地。坳场风景优美，凉风拂面，周边绿林成荫，两棵富有年代的丝栗树在坳场南、北两侧遥相呼应。南边的大树高约 15 米，冠幅约 6 米，直径 0.3 米，饱经风霜后一半树干已空。

坳场有固定的赶坳时间，每逢立夏，朝阳周边的人们多汇聚于此，男女青年以歌传情、借歌交友，中老年朋友用斗画眉的方式交流情感。随着时代变迁，到此开展的赶坳活动逐渐减少，唯有斗画眉亘古不变。每逢农历的初五和二十，画眉爱好者相约于此。

坳期 每个坳场的赶坳时间各不相同，每个坳场都沿袭着固定的赶坳时间，到期不约而至，风雨无阻。固定的赶坳时间，均为阴历时间，多选在民间传统节日。禾梨坳赶四大土王戊日，即立春、立夏、立秋、立冬前的第十八天，朝阳的尖坡坳赶九月初九日，冲首溪坳赶八月十五日，烂泥坳赶立夏日，楠木坳赶五月十五日（大端午）。其中，最重要的坳期是“四大土王戊”。过去老人有“头戊敬天、二戊敬地、三戊敬阳春、四戊敬自己”的说法。每次赶坳为期一天，赶坳的活动均在一天内完成。当朝阳周边有临时举办的民俗活动时，朝阳的人们也组队参加赶坳活动，如玉屏侗族自治县十周年庆、二十周年庆等活动。

赶坳活动 每逢赶坳这一天，方圆数十里的朝阳人民就像过节一样，特意收拾打扮，呼朋唤友，共赴坳场。坳场之上，老少云集，人山人海，歌声飞扬，画眉啼鸣，锣鼓喧天，铁炮震山。浓郁的民族风情，独具魅力的传统民族文化生活，深

斗画眉 （姚林屏 摄）

深地吸引着络绎不绝的省内外前来采风的媒体和观光游客。赶坳，最主要的活动就是对歌、斗牛、赛马、斗画眉。中老年人的赶坳活动是斗画眉，他们将鸟笼摆在一起，围成一个圆圈，让画眉一对对进行较量，斗得十分激烈，最后胜者的主人披红挂彩，得到大家的赞扬。

对歌　赶坳这天，姑娘们打着花伞，装扮得格外漂亮，男青年也身着盛装，显得更加英俊。大都男女各两人一伙，手搭肩膀，相互对歌。歌词内容有古歌、盘歌和情歌。一般先由男方用山歌邀请女方，如果姑娘们答应男方的请求，就把伞打开，用歌回答，假如没打开伞，那就表示不同意，男方就离开另邀别的姑娘。

对歌开始，先唱“上坳歌”。互问姓名后，男方就可以唱“借带歌”，向女方“借”东西，又叫“分花”“借把凭”，这是向女方求爱的方式。

赶坳结束时，双方唱“下坳歌”“分离歌”，依依惜别，并约定下次见面的地点和日期。而下一次他们在一起聚会，叫“玩山”。通过玩山，双方进一步增进了解，便可确定恋爱关系，以至结成终身伴侣。如果感情破裂，就将把凭退还女方，以示绝情。但绝情并不一定绝交，到女方出嫁那天，男方还要赶来唱伴嫁歌，这才不再往来。

在赶坳对歌中，水平较高的男女歌手，还要诵“垒”。“垒”也叫白语，穿插在对歌中，这种“垒”字数、句数不定，比喻生动，语调悠扬，如精美的散文诗，表达双方爱慕之情，又含蓄有味，具有较高的文学价值。

斗牛　是朝阳人民喜爱的一项大型传统民俗活动，源远流长。民间传说牛是龙的化身，它有强悍的肌体，硕大的牛角，是朝阳高贵、倔强的精神象征。于是杀牛祭神、缅怀先祖、祛灾祈福等，都要把牛角留下，挂在凉亭中间的大柱上，以示对其尊重。杀牛前，往往驱牛搏斗，胜者为“王”，败者为“祭”。朝阳人斗牛，多选择在每年的九月初九，放牛大打三天。斗牛前，东道主到临寨送帖请战，俗称“打牛亲家”。斗牛场大都选在寨子边较宽广的田坝里。斗黄牛一般每个寨子选派三头以上参赛，一直斗到分出输赢为止。

斗水牛，一个寨子只选派一头本寨最厉害的“牛王”参赛。斗到即将见胜负时，双方的壮汉就要进场用粗绳套住牛腿用力将牛拉开，因为水牛有不置对方于死地不罢休的秉性，斗红了眼，无法阻挡。斗牛结束，人们给得胜之牛披红挂彩，主寨请

斗牛 （杨　锋　摄）

客赴宴，欢度节日。

2000 年左右，朝阳村在朝阳组举办民俗活动，将斗牛作为重要的活动之一。2018 年重阳节，朝阳村在文化广场举办民俗文化节，斗牛民俗活动再次呈现。

赛马　赛马是朝阳坳会活动中的内容之一。朝阳的侗乡赛马，与比赛赛马不一样，是以鉴赏为主的评马赏马。马是山区侗家人的重要帮手。朝阳村山高坡陡路远，一些笨重的生产生活资料等，人力挑抬极其困难，一般靠马来帮人驮运。因而侗家人爱马、惜马。朝阳人的赛马，一般是在传统的民族民间歌会“赶坳”时，在山上“赶坳”的坳场周边进行。

坳场赛马的区域，在坳场周边，赛马场有一条依山而成的百来米长、三五米宽的马道。坳场赛马与体育运动的竞赛类赛马不一样，不是比马匹奔跑速度、骑手驾驭马匹能力的竞技型赛马。更主要的是养马爱好者聚集在一起，以鉴赏为主的评马赏马。

赛马时，养马人将各自心爱的马带来马场，相互间时而让马在马道上跑跑，看看马的速度与耐力；时而牵马在马场里遛遛，欣赏马的品相与体质。大家极力地观赏评价来到马场里的马，看哪匹马力气大、耐力强，谁的马长得好、养得棒，并一起交流养马的心得与经验等。同时，赛马场是山区马匹较集中的场所，其坳场赛马的活力，吸引了买马人和卖马人，不少马匹交易就是在这里进行的。因而，赛马场也是相马的经纪人最活跃的地方。

2000 年左右，朝阳村举办民俗活动时，组织开展了赛马活动，以朝阳组上寨的寨背后为起点，骑马跑至枫木坡组陈家湾原路返回，用时最少者胜。后来，朝阳村及周边村民养马的人越来越少，加之赛马人员安全难以保障，赛马也渐渐淡出，至今已没有赛马活动。

易物 朝阳人们居住在大山，远离城镇。未修公路时，交通不便，与外界交流沟通困难，赶坳给人们提供了易物购货的契机。坳场的草坪，便于商贩们设摊架锅供应饮食茶水。每逢赶坳这天，商贩们都会紧紧抓住这一大好商机，早早地在坳场摆摊设点。售卖的物品十分丰富，有小型日用百货，还有各种饮食，以卖小吃的最多。在尖坡坳，还有罐罐油茶等地方特色美食。热腾腾、香喷喷，伴着袅袅炊烟，在山野间弥漫，给整个赶坳活动带来了生机和活力。

随着时代的发展，赶坳这一传统习俗的内涵更加丰富。20 世纪 90 年代起，朝阳村借助立夏、九月初九等传统赶坳活动，办起内容丰富的民族文化艺术节。在对歌、斗画眉、斗牛、赛马等民俗活动的基础上，不仅加入朝阳民间歌舞表演，还举行篮球、拔河、斗鸡、下象棋等比赛活动。朝阳干山坡组的农民篮球赛成为该村文化艺术节上的传统活动。截至 2020 年，朝阳村已连续举办 20 余届文化艺术节。

2018 年 10 月 17 日，朝阳村斗牛活动比赛颁奖（来源于新店人民政府网）

◎罐罐油茶

朝阳村食用罐罐油茶的习惯历史悠久，因用陶砂罐煨煮油茶而得名。其味苦凉回甘、清香可口、醒脑提神，有祛湿热、防感冒的功效，是朝阳侗族人民特有的传统美食，也是招待客人的佳品。2009 年 9 月 30 日，经贵州省人民政府公布为贵州省第三批非物质文化遗产。

由来

制作由来　朝阳村开始制作罐罐油茶的时间，已无从查考。据村里老人回忆，上百年来罐罐油茶在这一带很受欢迎。罐罐油茶的制作由来，也没有具体的文字记载。村中老人说由于从前生活朴素，为改善小孩的伙食，家中老人用各种食材改善口感，从而研发了罐罐油茶。侗族村寨流传的一个传说中还提到，是侗家人为纪念罐罐食的发明人秀珍姑娘，照着秀珍姑娘制作的罐罐食，加以改善，增加油、香料，形成了侗家罐罐油茶。

名字由来　罐罐油茶的名字由来，没有详细考究，仅能从字面意思释义。“罐罐”是熬制罐罐油茶的器皿，通常由陶砂制成，朝阳村土话称之为“罐罐”。“油茶”有两层含义：一是玉屏是中国油茶之乡，茶油是玉屏人重要的油料之一，也是制作罐罐油茶的必需品；二是制作罐罐油茶必不可少的材料是茶，关键工艺是用茶油炒制熬汤。因此，罐罐油茶可以解释为以罐罐为器皿，用茶油煎炒茶叶熬制的油茶。罐罐油茶分为黑茶和白茶，黑茶要加当地特制的茶叶，白茶则不加茶叶。朝阳村村民食用的是加了茶叶的黑茶。

制作工艺　罐罐油茶制作的主要原材料为阴米、茶叶、茶油，配以生姜、大蒜、葱、黄豆、花生米和芝麻等，添加糯米粑、灰碱粑、棉菜粑、洋芋和红薯等食材，加以熬制便可制成。阴米、茶叶需要提前制作好，一般在秋后就加工储存备用。制作当天，经过炒阴米、熬制茶汤、添加主食三道重要工序便可制作完成。无论是前期的茶叶、阴米制作，还是当天的炒米、熬汤、添加主食，罐罐油茶的每一道制作工序都有其独特之处。

茶叶制作　朝阳的侗家人为了备足常年生活用料，常在房前屋后种植零星的茶叶树。每年在清明、谷雨季节，采摘当年冒尖的嫩茶叶，加工成细茶自用，四月至五月间，采摘较老的茶叶，用山泉水洗净，放至陶砂锅里，加少量冷水，煮到四至五成熟，变软，摊在晒席或门板上凉干，装入较大的土陶罐内或木桶里，密封严实让其发酵，三至五天翻松一次，以防温度过高沤烂。经过约一个月，茶叶发酵变黑、表面长出白毛，选择通风透光好的地方，将茶叶完全晾干，放入土坛、土罐备用。加工茶叶的过程所用到的所有器皿必须干净，不能沾染油污等，否则茶叶会坏烂。

阴米制作　阴米通常先用糯米制作。每年秋收后，根据自己需要的量，将本地新出产的糯米淘净，浸泡两三个小时，沥出用木甑蒸熟，倒出来，再加拌少许茶油，使糯米粒不粘黏。拌匀后，用晒席或木板摊晒，慢慢阴干，最后形成的糯米饭粒即为阴米。

炒米制作　炒米由阴米炒制而成。将适量的茶油（或菜籽油）放入锅中，待油温升高后，再将储存的阴米倒入锅中炒至白黄色的米花，捞出，炒米制作完成。

熬制茶汤　是制作罐罐油茶最为重要的一道工序。先取出储存的茶叶，根据食用人数的多少确定分量。放铁锅在大火上烧热后，取适量茶油烧熟到冒少许烟后，将黏米炒焦，再将茶叶放入锅内与黏米一起煎熬，用锅铲把茶叶捞匀，在很短的时间内，力争使茶叶全部都被油煎到七成熟，当茶叶散发出清香时，放入一定数量的食盐，再加上胡椒、姜、蒜等佐料，加入凉水煮沸。生活条件改善后，熬汤不再用水，而是用提前熬好的本地筒骨汤或土鸡汤煮，味道更加鲜美。当茶汤煮沸以后，就倒入砂罐里用文火慢慢煨沸，使茶汤里的佐料营养与香味得到最大限度释放，茶汤就这样制成了。为了保持茶汤的清香，朝阳制作茶汤时，一般不添加酱油、醋之类的调料。

添加主食　罐罐油茶的主食选取范围很广。早期的主食，来自当地农产品，如煮熟的红薯、嫩玉米、洋芋等。随着生活水平的不断提高，主食选择更加多样化、精细化，有黏米做成的粑粑，有糯米做成的粑粑，朝阳人最爱用侗乡特产灰碱粑（米豆腐）作为主食。在没有客人来的时候，侗家人兴致来了，也随意将米饭放入茶汤中再加入适量的佐料也是一顿感觉不错的罐罐油茶。总之凡是可以作为侗乡人主食的食品都可以用作罐罐油茶的主食，至于选取何种食品作为主食，就得看主人和客人们的爱好了。

主食添加有两种方法。一种是食用人数较多时，为每人准备一只碗，将选择的主食煮熟，盛入碗里，倒上熬好的茶汤，再在上面撒上提前准备好的炒米、葱花、花生米、黄豆、芝麻等，就成了一碗上好的罐罐油茶了，这种方法可以保持好汤味，也可满足多种主食选择。另一种是几个人食用时，在茶汤内直接放进主食煮熟后，用碗盛出，根据口味添加佐料后，油而不腻，色、香、味俱全的朝阳罐罐油茶就制

准备食材

熬制茶汤

炒米

炸黄豆

将茶汤加入罐中煎熬

添加主食米豆腐

罐罐油茶成品　　（胡攀学　摄）

作完成了，这种方法可以让汤味进入主食。

食用方法 过去，吃罐罐油茶是用单支的竹筷子插着吃，当一碗吃完需要再添时就将这支竹筷子横放在碗上。如不想添加，则将筷子放在桌上，主人就会在婉言劝吃后将碗收走。随着时代的发展，生活方式也发生了变化，在食用方法上也没有过往那样讲究，有用两支筷子夹着吃，也有用勺子吃的，也不再用摆放筷子的方式告诉主人要不要添茶了，而是直接招呼“再来一碗”之类。

技艺传承 罐罐油茶是玉屏侗族人民生活中流传至今的美味佳肴，具有丰富的历史价值和独特的地域特色，是侗族独有的饮食文化。早期，罐罐油茶制作主要是家传，根据家庭分工，制作人通常为女性，由婆婆传给女儿、儿媳，代代相传。朝阳组杨冬梅、潘家召是近 80 年来制作罐罐油茶的大师，为家传手艺。朝阳组姚敦烈从小喜爱罐罐油茶，传承了其祖母的制作手艺，是玉屏侗族自治县唯一的侗家罐罐油茶制作技艺的市级非遗传承人。他在玉屏培养了 20 多名徒弟，技艺得以传承和发展。20 世纪 70 年代出生的朝阳组张生艳、尖坡组张祥桂，师承姚敦烈，罐罐油茶制作技艺精湛。2015 年，姚敦烈获市级非遗代表性传承人，也是玉屏此项目唯一的市级传承人。2016 年 11 月上旬，姚敦烈在贵阳展示罐罐油茶制作技艺，贵州饭店、花溪国宾馆、冠州宾馆及中天凯悦酒店等酒店主厨对罐罐油茶的口味及营养价值表示赞赏。

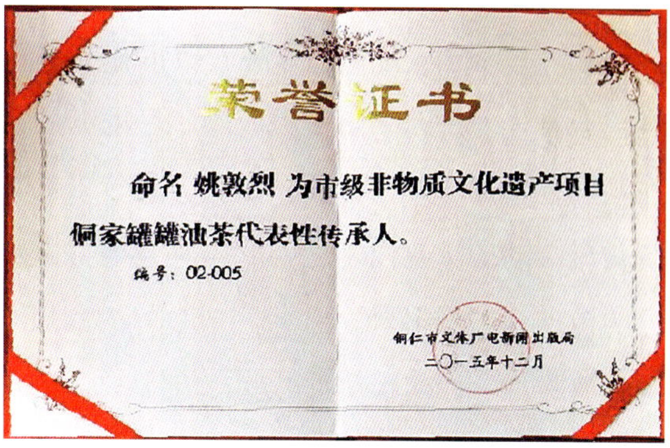
荣誉证书

命名 姚敦烈 为市级非物质文化遗产项目侗家罐罐油茶代表性传承人。

编号：02-005

铜仁市文体广电新闻出版局
二〇一五年十二月

2015 年 12 月，姚敦烈被命名为市级非物质文化遗产项目侗家罐罐油茶代表性传承人（姚敦烈　摄）

◎斗画眉

斗画眉，朝阳村又叫“斗雀”“斗鸟”。画眉，即画眉鸟，又称虎鹈，属雀形目鸟纲。全长约23厘米。全身大部棕褐色，头顶至上背具黑褐色的纵纹，眼圈白色并向后延伸成狭窄的眉纹。画眉鸟因其声音清脆，悠扬动听，并且雄鸟领域性和群落感强，性凶好斗，深受壮年和老人喜爱。斗画眉是侗族村寨的传统民俗。

斗鸟时间　朝阳村主要在以下几个时间开展斗画眉活动。

赶坳日　每逢朝阳村尖坡坳、烂泥坳的赶坳时日，四面八方的画眉爱好者聚集在坳场，参加斗画眉比赛，以鸟会友、以鸟为乐、以鸟为趣，从而成为侗族民间传统交流活动的重要内容之一。当其他地方赶坳时，朝阳村的画眉爱好者也会带上自己的爱鸟，参加画眉盛会。每当成百只的画眉被带到坳场，它们以不同的音调和旋律，唱着清脆悦耳、幽雅动听的歌，仿佛在举行鸟的音乐会。

约定时间　朝阳的两个坳场，除赶坳日外，画眉爱好者分别约定了两个时间斗画眉。每逢农历的初五、二十，他们会相聚于烂泥坳，共同交流斗鸟心得。每逢农历的十五、三十，他们会相约在尖坡坳，一起斗鸟品鸟。

活动日　朝阳村开展民俗文化活动，也会专设斗画眉项目，为斗画眉提供平台。干山坡组村民开展运动会时，斗画眉则是必不可少的项目，周边的村民相约到此，开展斗画眉比赛。村外有斗画眉活动，在时间允许的情况下，朝阳村民也会欣然前往。

斗鸟形式　斗画眉，就是利用野生动物捍卫领地、群落而争雄斗胜的天性，使其相互打斗，比出强弱。斗画眉分两种斗法，一种是隔笼斗，另一种是开笼斗，也叫“滚笼”。

隔笼斗　就是先将两画眉笼笼门相对地紧挨一起，然后揭开笼罩，两鸟都互以为对方闯入了自己的领地，便会“愤怒”地驱逐对方。随即两鸟互相扑腾着把头、爪伸到对方笼里，挥尖嘴，舞利爪，或啄或隔笼打斗起来，双方奋力拼杀，直到将对方击败为止。

隔笼斗画眉　　（朝阳村　提供）

开笼斗画眉　　（姚祖告　摄）

开笼斗　就是将两鸟笼的笼门都提起来，让两鸟同笼而战。因有时隔笼相争难分高低，就会进行开笼斗一决胜负。没有笼门的阻隔，斗红了双眼的两鸟便短兵相接，它们在笼里跳跃、翻滚、拍翅、扑撞，从一个笼打到另一个笼，你啄我挠，难解难分。一对能战善斗、旗鼓相当的画眉要打斗上三四十分钟，有的甚至会直打到其主人心疼地用棍棒等物强行将它们分开。

赏鸟　朝阳人斗画眉不仅用来打斗，还用于观赏。鉴赏画眉主要从出身、形象、技能比较。

出身　是就画眉入笼时的生长状况而言，可以分为窝雀、子雀、山毛、老雀。窝雀、子雀相当于人类青少年时期，它们初出茅庐，阅历不深，幼稚脆弱，抗病力弱。山毛、老雀在林中生活时间较长，在野外换过新装，学会山中各种鸟的鸣叫，经过自然环境和弱肉强食的生物世界锤炼，有的还繁衍过后代，比较稳重老练，性情野。

形象　包括相貌和体形两个方面，这是鉴别画眉优劣的主要依据。

相貌主要从头形、眼水、毛衣、眉花、喙形等鉴别。一只好画眉的头形必然是眉额凸起、脑门宽大而有棱角，头毛大片而紧贴，头纹细密、清晰而淡雅，鼻孔透明、胡须粗壮而刚毅。眼睛是画眉传神的地方，在一定程度上反映它的健康状况和机敏程度。眼珠凸起，黑晶体小、透明而有光泽，对外界反应敏锐的画眉，必然是受人喜爱的。画眉毛衣的颜色只有细微的差别，羽毛光泽、花纹淡雅、柔和细密、走向顺当，则为优选画眉。画眉的美称就是因为有一对细长的白眉而得名，眉花形状反映画眉的某些特性，比如眉花细而紧贴的属温和型，眉花粗而散的属暴烈型，翘眉、

赏画眉 （姚祖告 摄）

弯眉善鸣叫，粉眉、散眉喜玩山。画眉的喙既是外相的重要组成部分，又是觅食鸣叫的器官和斗打的主要武器。嘴的弯曲弧度较大，两片喙壳之间有一条明显的空隙，这种鸟善鸣叫，声音高亢而有共鸣，为画眉喙形中的上品。尾形，即根据画眉尾羽的排列，箭尾为上品，叠尾为佳品。

体形包括身胚、站相、跳相、尾形、腿脚等。画眉身胚的大小，与斗打的威慑能力和鸣叫的持久性有着密切的关系。侗家人在选鸟时有“十大九不亏”“选大不选小”之说。只要画眉胸脯宽平、颈脖适中、下腹饱满、脚短、粗扁、跗灵活就是上品。画眉站在笼中跳棍上，仰头挺胸，两脚叉开，如立马横刀的将军，有此站相和跳相必被人们所喜。跳相是指画眉在笼中的跳步和运动的方向，画眉在笼中的运动应该是以跳棍为轴心，上下循环跳跃，步伐匀称，不失脚，规律性强。

技能　主要表现在鸣叫和斗打技能上。凡是雄性画眉都鸣叫，但不是每一只都叫得好听，更不是每一只都是“林中歌手”。画眉摹仿能力的强弱，反映画眉叫口的好坏。堂音高，有共鸣；音色甜美圆润，富有感染力；哔口快，不叫老三声；鸣叫节奏快，音调变化多，这种鸟经过一定时间的驯育，必将是画眉家族中鸣叫的佼佼者。画眉的斗打技能，除了在眼水方面有所反映外，主要靠斗打现场实际观察。

画眉在斗打时，能灵活运用战术，出击主动，进退有序，还击有力，它就有可能战胜对方，获得笼中“武士”的称号。画眉的斗打耐力与出身、年龄有关，老雀、山毛出身的耐力好。

养鸟 过去，就有“朝阳男子有‘三宝’猎枪、葫芦、画眉鸟”的说法，这即说明朝阳人对打猎的猎枪、装酒的葫芦和养画眉鸟的喜爱。在朝阳村，树茂林密，溪流潺潺，气候温暖，很是适宜画眉鸟繁殖栖息。养画眉都选择雄性，因为雄性善鸣好斗，也有少数人养雌鸟作为雄性的陪伴。朝阳人养鸟是非常讲究的，极力创造一个欢快、舒心的环境，对鸟精心照料。

遛鸟　　（朝阳村　提供）

环境　画眉通常放置在安静、通风、阳光不直射的地方，天气舒适的白天常放在家门口的树枝上。画眉不耐高温和严寒，冬季夜间可将鸟笼移至室内，温度不要过高、保持不低于零度即可。经常给画眉洗澡，因画眉没有汗腺，要通过洗澡、饮水来调节体内温度。洗澡不但可以清除跳棍、笼底、画眉羽毛及脚趾的粪便，增加其羽毛的光泽，而且可以缓和情绪，减少畏人心理，预防生病。每隔十天半月，人们会把画眉提上山去，挂在有野鸟或画眉，特别是有母画眉鸣叫的地方。

饲料　画眉的主饲料，亦称蛋米，通常用大米、蛋黄、肉末特制而成，根据制作方法不同，又分为炒蛋米、晒蛋米、烤蛋米、蒸蛋米。不管哪一种制作方法和掺什么“料子”，都取决于饲养者的爱好和画眉的生活习惯。蛋米不能完全满足鸟体对动物蛋白的需求，因此，要给画眉喂一些辅助饲料，如蚱蜢、口袋虫、花蜘蛛、土狗崽、蟋蟀、面包虫等。在特殊情况下，偶尔会喂一些有提神、恢复鸟体机能作用的辅助饲料。

随着野生动物保护制度的健全，朝阳村养画眉的人越来越少，斗画眉的习俗也逐渐淡化。

◎语　言

侗语　因朝阳村民多数从湖南省新晃侗族自治县迁入，朝阳村侗族的语言与新晃侗族同属侗语北部方言第二土语。明代以后，由于汉族人口的进入，人口增多，交往频繁，互相影响，互相融合。人们交流常使用汉语，出现了侗汉杂白。很多新事物没有侗语词汇，必须使用汉语。随着历史的推进，朝阳村的侗族也学习、使用汉语，私塾先生也用汉族语言进行发蒙教育。清末民国初，村里已通用汉文、汉语，部分家庭中仍保持使用侗语或侗汉杂白。根据调查，朝阳村现已无人能说侗语，只有部分老人能听懂侗语，但不能使用侗语对话。

在侗语的一些简单语法上，使用名词和形容词修饰名词时，修饰语放在被修饰语的后边。如侗语 aidʒΛ 布鞋，汉音译词序是鞋布。tΛnkun 意思是铁桶，汉语音译词序则是桶铁。dʒa、ba 汉意白布，汉音译意词序则是布白。侗族在使用指示词如“这”“那”修饰名词或量词时，若所指事物数量是确数，代词“这”“那”一般置于名词或量词后边；若所指事物数量是概数，代词“这”“那”一般置于名词或量词前面。

方言　朝阳村方言大体与玉屏方言相似，一些汉字、词汇的发音，仍带有侗语的特点，尾声高亢，与新晃侗族自治县方言较为接近。声母中“n”均读“l”，如“难”“南”读“兰”；部分“hu”发音“f”，如“会”读作“费”“花”“华”读作“发”、“欢”读“反”。部分平舌音发成翘舌音，声调有所变化，如“做”“作”读“住”。此外，还存在一些非汉非侗的方言，如猪肉叫“嘎嘎”，地点叫“遇口”，糊涂叫“盎唱”，大木槌叫“响子”，小木槌叫“忙槌”，拳头叫“锭子”，石头叫“挨头”等。

◎侗　曲

朝阳村有句俗话，无酒不成礼仪，无歌不得宽心。侗歌在侗族与村民生活中是不可缺少的。在田间地头可以听到劳动的山歌声，在坳场上听到娓娓动听的情歌，在火铺上听到的是“酒歌”，在姑娘出嫁的夜晚可听到如泣如诉的“嫁歌”等。

朝阳的侗歌用汉语编唱，在格式和韵律上也与汉族的古诗大同小异。就结构而言，侗歌有两种主要形式，以七言四句居多，即每句七字，每首四句，多则不限；另一种是长短句相结合，即一、三句七字，二、四句十一字，每首四句。在韵律上，都是以押韵脚为主，也有中途换韵的，但都平仄相应。前者比后者手法多，语言通俗形象生动，吟诵和演唱都较顺口、和谐。后者讲究音韵，抒情流畅。在表现手法上，无论是长句歌还是短句歌，节奏完全相同。

朝阳主要传唱的侗歌有山歌、酒歌、嫁歌等。山歌中以“赶坳”时青年男女对歌为主流，这些情歌语言朴实。随着社会的进步，侗族人民在传统民歌的基础上，又创作了许多新民歌，除部分是颂歌外，大量的是反映人和物质的。在社会主义精

村民在朝阳组亭子旁山歌对唱　　（朝阳村　提供）

神文明建设中，广大群众用侗歌这种文艺形式教育人、鼓舞人，取得了很好的效果。

赶坳歌 即赶坳时，青年男女在坳场唱的歌。赶坳对唱山歌，多为即景对唱，依时间顺序有上坳歌、邀请歌、盘歌、借带歌、交友歌、下坳歌、分离歌、相送歌、约日歌等。

上坳歌 初到坳场，最先开始唱的歌。唱了上坳歌，以示对歌开始。

登坳了，

人马登坳花登台；

把马吊在花园外，

是客请进花园来。

登坳了，

坳前坳后摆歌台。

结交朋友各自爱，

任凭良将选奇才。

邀请歌 坳场男女青年，或站树下，或立花草灌木旁，礼貌相邀唱歌。一般由男方邀女方，如果女方答应男方的请求，就用歌回答；假如不回应，男的就离开另邀别的姑娘。

万绿丛中朱颜现，

遍睹芳容娇姿国色赛天仙；

满园山花迷人眼，

一枝独秀傲出群芳弟想连。

盘歌 男方邀歌后，女方同意，可以进一步了解。通过唱歌一问一答，相互询问，彼此了解情况。

男：为弟初将花场进，

　　幸遇贤姐人又活泼面又生；

　　姐是百家哪一姓？

唱山歌　（朝阳村　提供）

望乞相告免得连错自家人。

女：妹拿真话跟哥讲，

家住 ×× 省 ×× 县所辖 ×× 乡；

无意人前夸郡望，

神榜高上从古写下 ×× 堂。

借带歌　男女双方互问姓名、初步了解后，男方就可以唱“借带歌”，向女方“借”东西，又叫“分花”“借把凭”，这是向女方表示求爱的方式。女方则以歌对答，探测男方的才学和智慧，揣摩男方的心意和人品。如愿意同对方结伴连情，就借一件随身的物品给男方，如腰带、围腰、绣花手帕、手镯、戒指、雨伞等，作为初恋的信物，这东西就叫“带”“花”或“把凭”。女方如不同意借带，仍用歌来谢绝。

男：牡丹芙蓉千万朵，

借带把凭只讲人和不讲多。

多少望姐借一样，

离别姐乡不晓哪阵才会合。

女：手中无钱不方便，

小小手帕送哥把凭太简单。
权当鸿毛义不浅，
花园礼信望祈收下且莫嫌。
男：同姐约会在花山，
走进花园看姐出众人喜欢。
桃花正逢三月雨，
一心求姐分朵细花戴胸前。
女：跟哥说句真心话，
为妹从来不知哪样叫分花。
家中爹娘规矩大，
出门上下一针一线都没拿。
男：借个把凭我的姐，
借做把凭不要宝马和香车。
头发丝丝情义重，
何必推卸尽拿空话来打撇。
女：雁鹅过山亮了翅，
千里南来没带礼物百鸟知。
若是你哥看得起，
改日相会再说分花也不迟。

交友歌　男方得到女方的把凭后，双方就以“朋友”互称，开始唱“朋友歌”，互递友情。其间，男方会邀请女方去饮食摊点吃“晌午”，即吃午餐。

男：承姐不嫌结朋友，
情意相合牡丹芙蓉花共兜。
唯愿我俩情义长，
恩恩爱爱花园同坐到白头。
女：同把前程来约定，
我俩结缘且莫半途起反心。

一同扶持花结果，

花园结拜连一人是靠一人。

下坳歌　天色渐暗，赶坳结束后，即将各自回家，双方唱下坳歌，相互赠言辞行。

男：不知不觉日偏西，

我俩花山同游正在兴起时；

情意绵绵明心志，

依依不舍才讲结拜又别离。

女：万语千言表不尽，

讲到分离试问何人不伤心；

般般情意一时起，

心烦意乱空洒热泪洗罗裙。

相送歌　约定下次见面的时间和地点。

男：红日落山天时晚，

姊妹情长也要暂别离花山。

今日分手各回转，

哥约佳期我俩哪阵再团圆？

女：下回佳期已定下，

就在今年六月上旬无交差。

讲句常言吉利话，

六六大顺我俩情义永发达。

嫁歌　哭嫁是朝阳村的姑娘出嫁前必有的一道婚俗程序。哭嫁的嫁歌就像唱山歌、酒歌一样，是按一定音律、带有哭腔的真情咏唱，是边哭边诉的歌。哭嫁时间多的十天半月，少的也有三五天。嫁歌又主要分伴嫁歌和出嫁歌。

伴嫁歌　即姑娘出嫁前，新友的女眷们至闺房，与姑娘对哭对唱的嫁歌。

伴嫁歌堂已摆起，亲友姊妹请接声；

今晚蜡烛照凤凰，相请大家到歌堂；
头请同胞我姊妹，二请孃孃与舅娘；
三请老庚与老表，四请团转姐妹们；
五请亲友姊妹边，六请侄女歌堂陪。

金银花开白了黄，姊妹长大要离娘；
娘家只是滩头水，婆家才是养鱼塘；
金银花开藤叶青，我劝姊妹莫伤心；
天庭玉女都要嫁，世间不光你一人。

娘哭三声把你喊，
你爹不哭欠在心，
一屋老小都劝你，
抹脸流泪哭淋淋。

姐无良言来劝你，
明晨姊妹各自分，
妹去郎家耐烦守，
勤勤恳恳过光阴。

出嫁歌　是出嫁时，姑娘难舍家中亲友，以歌声表达感激和离别之情。按对象不同，有哭父母、哭哥嫂、哭姐妹、哭辞祖宗、哭上轿等等。

姑娘哭爹娘：

娘哭女儿眼泪滴，为我出嫁费了力。
一尺三寸盘我起，盘我大了又分离。
娘哭女儿泪涟涟，儿多苦情数不完。
今朝打发我出嫁，又费心来又费钱。

天上星多遮月脸，爹娘盘儿苦也甜。
一尺五寸把女盘，只差拿来口中含。
养育之恩难报答，提起话来讲不完。
一怕我们受饥寒，二怕我们得疾病。
三怕穿戴不如人，披星戴月无怨恨。
四怕我们没文化，送去念书进学堂。
你们把女养成人，操心劳神恩情深。
我今离别父母去，伤心难过泪淋淋。
为女不得孝双亲，枉自父母费苦心。
水里点灯灯不明，空来世间枉为人。

母亲哭姑娘：
爹娘养女不容易，养大骨肉就分离；
娘劝女儿莫任性，婆家不比自家门；
爹叫女儿要孝敬，公婆爹娘一样亲。

哭姊妹：
一根板凳四只脚，姊妹都来陪我坐；
今晚客人实在多，多谢你们来陪我；
明朝我成外村人，姊妹相见难得多；
相见不知我在不，几多苦楚难得说。

哭兄长：
我的哥呀我的兄，往日兄妹情义深；
兄长爱妹似手足，样样让妹七八分；
今朝咋个多了妹，送给人家当贱人；
想起往天哥护妹，难舍兄妹离别情。

姐妹对哭唱：

姐：杪椤树，杪椤花，我们同根又同丫；
　　明朝姊妹要分离，离开绣楼无人理。
妹：杪椤树，杪椤花，我们同爹又同妈；
　　明朝姐妹要离开，难舍难分情还在。
姐：杪椤树来台对台，我姐心里难宽怀；
　　丢你妹妹婆家去，逢年过节又才来。
妹：杪椤树来台对台，望姐心里多宽怀，
　　多承姐姐把妹待，姐的教诲记心怀。

茶油点灯灯花新，今夜姐妹难离分；
明天花轿抬姐去，家里姊妹泪淋淋。

梳妆歌：

我的妈呀我的娘，女儿不要新梳妆；
今日包了人家帕，往后得听人家话；
今日穿了人家衣，往后得受人家欺；
今日穿了人家裤，往后要吃人家苦；
今日穿了人家袜，往后要被人家骂；
这种苦衣我不穿，身穿苦衣苦万年；
这种苦衣窄又短，穿在身上心里怨；
这种苦衣难得脱，天长日久苦难磨。

送嫁歌：

这杯酒来新又新，我女出嫁娘痛心；
十月怀胎盘大你，不分左右不离身。
这杯酒来清又清，美美貌貌桃山春；
孝敬公婆天地大，敬重丈夫海样深。

这杯酒来满敦敦，妯娌和顺家不分；
倘若妯娌闹矛盾，家丑莫要传外人。
这杯酒来亮晶晶，我儿不要争名分；
家有黄金不为富，全家和顺值千金。

哭上轿：
只见花轿有一抬，敲锣打鼓走得快；
往年花轿门口过，这回咋个对直来；
前头锣鼓叫起劲，后头唢呐好伤情；
红漆轿杆花轿门，看见花帘不见人；
这顶花轿抬不得，女儿离娘心悲切；
上了轿子放下帘，就像把我关进圈。

酒歌 就是在喜庆酒席当中唱的歌。朝阳人喜欢唱酒歌，以前男女老少都会唱，尤其以 50 岁以上的最为喜爱。但凡红喜、新婚、祝寿、三朝等，祝贺的人们在桌席上一边喝酒一边吟唱，把酒和歌融为一体。朝阳人的酒歌涉及面广，以新婚酒歌最多。不同的喜庆、不同的场景，歌者均能围绕酒席主题，以丰富的歌词抒发内心情感，唱出婉转悠扬的歌声。

新婚酒歌 新婚酒席人多且热闹，酒席间，喜庆悦耳的歌声此起彼伏。结婚不同的阶段均伴有酒歌，陪客有敬酒，酒间有劝酒，送客有留客酒，等等。随着时代的发展，部分酒歌已失传，但一些酒歌还在广为流传。

敬喜尊：喜尊上坐听分明，
送妹出门千里迢迢费尽心。
敬你一杯辛苦酒，
恕我主家不得车驾来远迎。

喜尊回：一杯酒来绿油油，
我来作客招待殷勤礼义周。
亲戚多情真意厚，

心中有愧怎好把话说起头。

敬媒人：一杯酒来满满斟，

双手捧杯敬媒人。

自从请你来引线，

翻山越岭费尽心。

三天又把男家走，

五天又往女家行。

言语说了千千万，

双方才结这门亲。

今日鸳鸯已成对，

诚心迎驾到寒门。

愧无佳香来酬谢，

深恩来报心难平。

只有心中永记住，

永远记住你的情。

客祝新人：新郎你今听我言，

满堂宾客庆贺婚礼笑翻天。

鸳鸯戏水成了对，

眼看长空十五月亮团了圆。

我在席前恭贺你，

二人姊妹双双同坐五百年。

主人劝客：席上荒疏对不起，

千里迢迢来到我门费心机。

难酬亲戚的厚礼，

真情奉劝凉水也要喝一滴。

主人留客：送客出门要离别，

夕阳西下看明月。

虽然不是初相会，

六亲分散舍不得。

客回主人：银壶筛酒酒又黄，

送客唱歌义情长，

松柏千年叶不落，

新郎新娘大吉昌。

祝寿酒歌　朝阳人的祝寿独具侗乡风情，酒席上客人的歌声飘扬。

客人祝寿：日出东方喜洋洋，

炮声隆隆震四方。

主为寿翁来开寿，

众客祝贺满华堂。

左边桌上喊祝寿，

右边齐贺寿称觞。

大家同饮寿星酒，

祝愿寿翁福无疆。

遐龄永享期颐寿，

千秋不老万年长。

晚辈祝寿：这杯寿酒清又清，

听我妈说舅婆生，

舅婆今年一百整，

白发苍苍有精神。

奉敬舅婆一出酒，

祝你福寿永康宁。

三朝酒歌　朝阳人家中添丁，三朝酒办得热闹。设宴席款待外婆及亲友，席间歌声、欢笑声声声悦耳。

主人：手捧银壶把酒筛，

我家添个女裙衩，

多谢六亲来道贺，

还把穿戴送起来。

客人：手捧银壶把席开，
金童玉女抱出来。
今日主人添贵干，
长大必是栋梁材。

外婆：亲戚夸奖是抬爱，
可惜言语不应该。
外婆实在无本事，
一样东西没拿来。
十指空空莫见怪，
手边无钱难安排。
巴起蓑衣就地滚，
粗布两尺也拿来。
送给外孙来穿戴，
外孙穿戴好乖乖。

竖屋酒歌　建屋是人生大事，亲朋好友前往庆贺，以酒歌恭喜屋主。

一杯酒来亮堂堂，
主东坐下好宅场。
宅前左右狮子拥，
青山绿水相辉映，
宅后双凤来朝阳。
主家坐在活龙口，
鸟语花香喜洋洋。

丧堂歌　又称孝歌，即灵堂上唱的歌，是一种曲艺。出殡前一两天的晚上，挽歌郎（又称歌师傅）在孝家的诚邀下，到灵前击鼓唱孝歌。歌唱的内容多为表达和寄托哀思之情，叙述死者生平，还唱《二十四孝》《封神》《三国》《水浒》等。挽歌郎演唱时，以鼓点击节，且击且歌，间以道白，有独唱独白，也有对唱对白，曲调凄楚哀婉，以歌当哭，若泣若诉。唱歌有请歌、接歌、对歌、盘歌。在咚咚的鼓声中，从前晚一直唱到次日天明送歌为止。时间长，唱词多，仅唱亡者是远远不够的，内容有天文地理、历史掌故、世态万象，无所不唱，当然不吉利和骂人、影射的唱词是不允许的。因围观者甚众，唱者常常见景生情，看到什么便唱什么。

开场白：

今当大事，众皆悲伤，满堂孝眷，珠泪汪汪。

歌郎到此，开个歌场，超度亡魂，早升天堂。

开头语：

一张桌子四四方，张良设计鲁班装。

四角安下鸳鸯榫，中央焚起三炷香。

一炷烧往天堂去，它去天堂通玉皇。

二炷烧往地府去，它去地府通阎王。

三炷烧往淮安去，它去淮安请歌郎。

来到孝堂丧鼓敲，孝子灵前把泪抛。

亡者生前仁义好，死后人人都来朝。

堂中停柩开大吊，族众亲朋把棺绕。

胃叹人母十月怀胎：

今天不把别言记，人母怀胎表一程。

母亲怀儿一月零，头闷眼花少精神。

胃口不好食难饮，坐卧不宁受苦辛。

母亲怀儿二月天，恶心呕吐不好眠。

腰酸腿软行不便，看见油腻头发晕。

母亲怀儿三月中，无精打采睡蒙眬。

每天只想贪瞌睡，心中忧闷难形容。

母亲怀儿四月整，饮食饭量慢慢增。

想吃水果酸辣味，又思零食口内吞。

母亲怀儿五月周，儿在母腹有眉目。

是男是女有动静，一边欢喜一边愁。

喜得胎儿六月忙，行走不便苦难当。

只盼孩儿快成长，早出娘怀快临床。
千辛万苦把儿带，传宗接代一炉香。
母亲怀儿七月完，儿在腹中现人前。
操持家务身沉重，面黄肌瘦变容颜。
母亲怀儿八月足，为娘心内更加愁。
上坡下坎难行动，恐防跌倒一命休。
是男是女早降世，免得母亲少担忧。
母亲怀儿九月满，走路行程更艰难。
挑水打菜实难做，洗浆缝补人更烦。
有的母亲脚手肿，起床坐卧不安然。
母亲怀儿十月整，只隔阎君纸一层。
父在一旁慌无主，急忙四处请医生。
花些钱财去住院，只盼孩儿早降生。
焚香秉烛去许愿，保佑母子得平安。
孩子顺利生下地，父母才得放宽心。
父将孩儿视珠宝，母把孩为掌上珍。
一尺五寸娘盘起，母亲此后忙不停。
这是母亲怀胎事，你看是假还是真。
儿女应把父母敬，不枉世上来为人。
我把歌言这样记，你看合情不合情。
奉劝世人得细想，应当要报父母恩。
劬劳恩情若不报，枉来世上走一程。
若凡儿女不孝敬，看你伤心不伤心。
我歌打落鼓边下，哪位仁兄续下文……

唱到这里，便有另外的挽歌郎接着唱下去。接着唱的，可能是顺着路子继续唱，也可能是另选内容重开张。唱到夜深，就吃请歌酒。再后，唱忠孝节义、唱二十四孝等。唱到五更天时，就要开始唱送歌。送歌前，先要饮众神的酒，亦可饮孝子的酒。

侗歌歌曲选录 在朝阳，除依情景即兴创作侗歌外，还传唱其他经典侗歌。中华人民共和国成立后，朝阳村村民创作了许多优秀侗歌，吴继中创作的侗歌经编排后多次到外演出。以下选录部分歌曲。

打开窗子望月落

（七字句山歌）

1=G 5/4　　姚本渊 填词

平腔 自由、朴实地　　吴绪忠 记谱

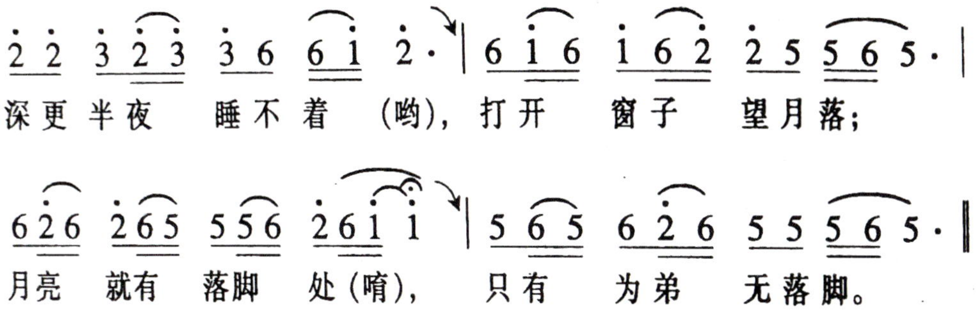

月亮住在吊脚楼

1=G 2/4　　　　张宝星 词

♩=66　　　　姚红春 曲

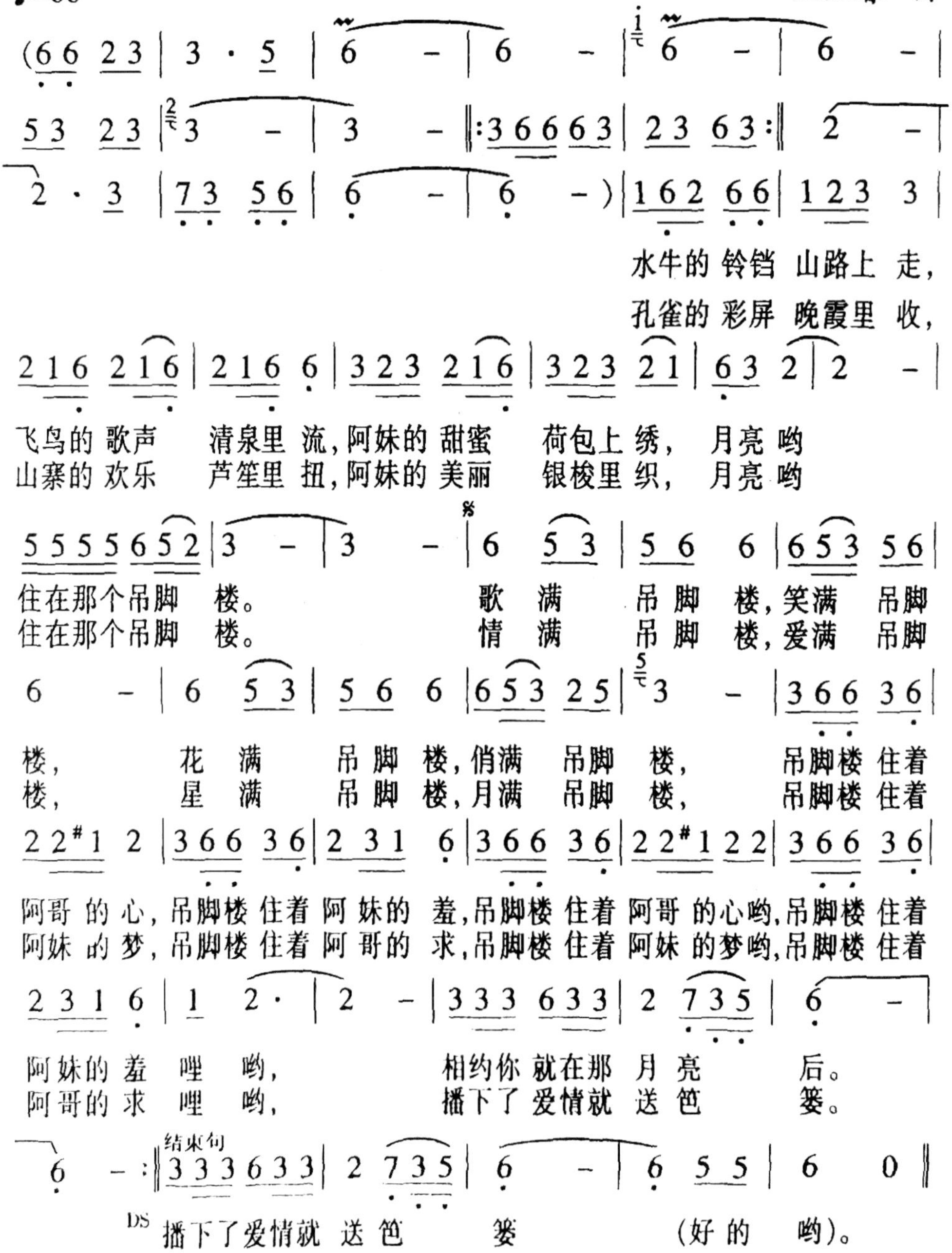

同打石头砌桥礅

（侗族情歌）

1= A $\frac{4}{4}$ $\frac{5}{4}$

毛之涛 搜集

明月悠悠当空照

（情歌）

1=^{b}B $\frac{4}{4}$

高腔 稍慢 自由地

姚本渊
吴绪忠 搜集

要象松柏四季青

（情歌）

1=D 6/4　　　　　　　　　　　　毛之涛 搜集

稍自由 ♩=66

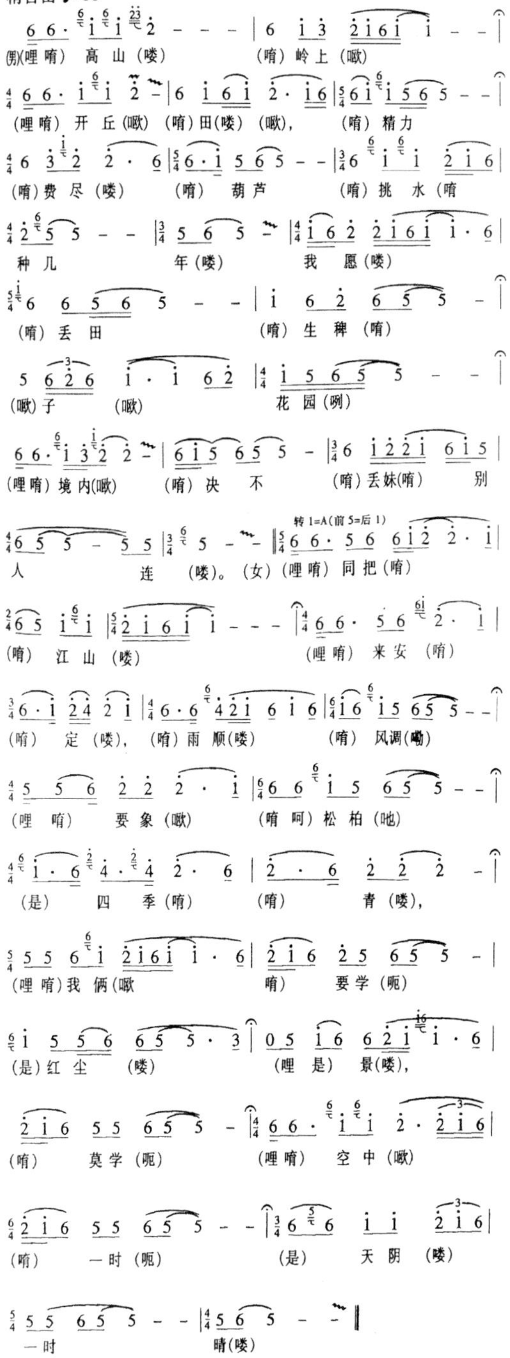

说　明：曲中小节线上的"⌒"处均系演唱中因换气而作的较长的自由停顿。

演唱者：吴继忠　姚凤仙

记　录：毛之涛

多谢主人的厚意

（长短句酒歌）

1=E $\frac{2}{4}$

稍慢 自由 诚恳地

姚本渊 搜词
吴绪忠 记谱

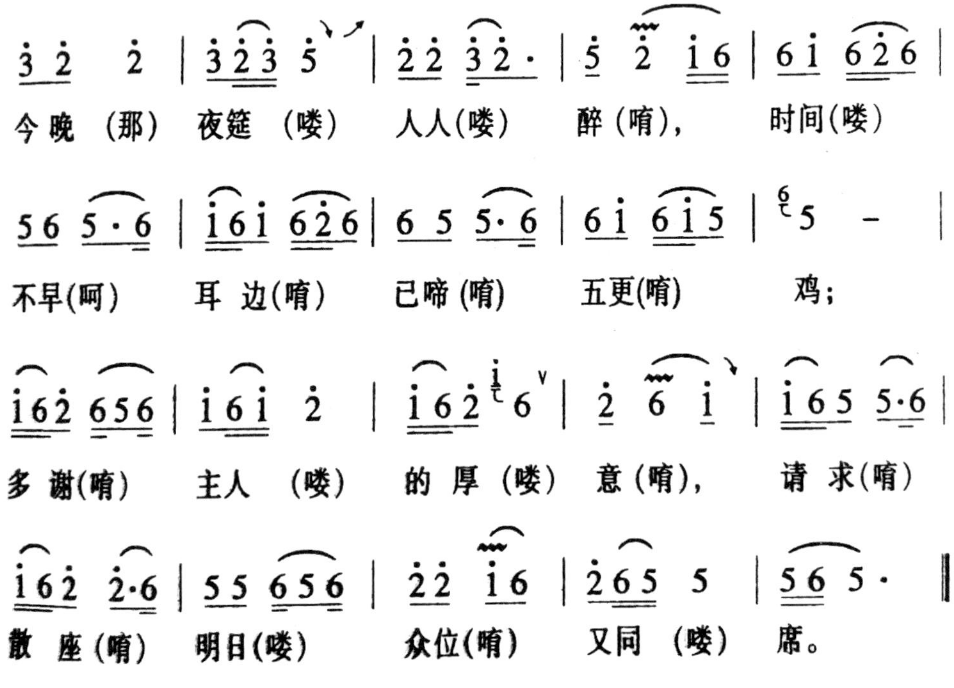

壮志凌云个个夸

（酒　歌）

1=E $\frac{5}{8}$

稍自由 ♩= 104

吴继忠　演唱
毛之涛　搜集

注①:“一步”即进步或先进之意。

想到当初苦滴滴

（酒 歌）

1=^{b}E $\frac{3}{4}$

♩= 66 忧伤地

吴继忠 演唱

毛之涛 搜集

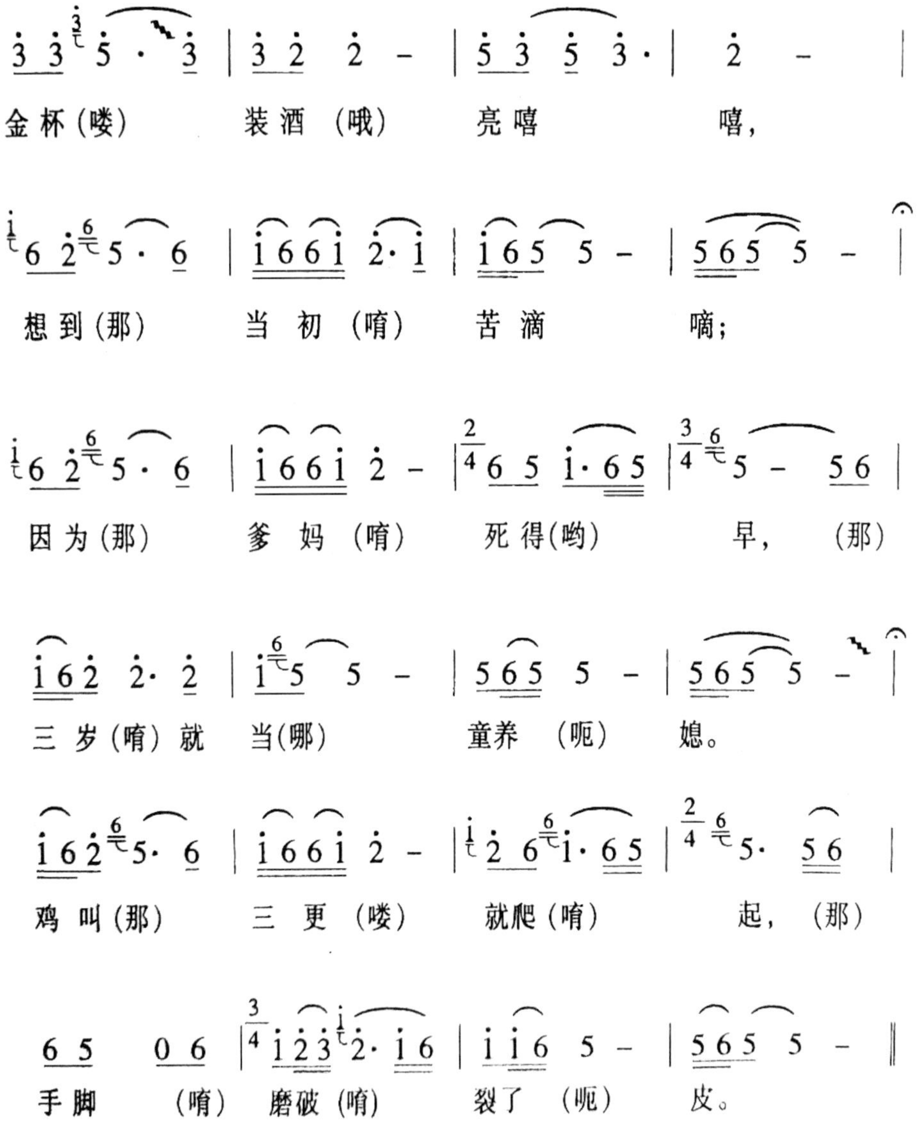

◎侗族服饰

中华人民共和国成立前，朝阳男性头包青色或蓝色布帕，上身着大襟或对襟便衣；腰间束带，吸烟者腰间挂旱烟斗、烟袋、火镰等物；下身穿过膝的宽口便裤，冷天绑腿、布鞋；热天穿草鞋或麻草鞋。服饰多是以自种的棉、麻作织布的主要原料。用自制纺车、木机织成家机布(俗称土布)，通过再加工，染成深蓝、浅蓝和黑色布料。这种布结实耐磨，不易褪色。男女老少都用来缝制衣裤，也有用来作垫盖的。除此之外，也有客布兼用。传统的侗族服饰，从老人到小孩、男男女女各有不同。

男性服饰 上年纪的男性老人一般穿右衽短便衣或长衫，抄腰裤，衣颈滚边、无领，布扣或铜扣；头包5至6尺长的蓝色布帕或戴布帽，身系腰带。穿长衫者将衣下摆提起扎入腰带，为劳动行走方便。有的穿长筒布袜、不缠裹腿；也有不穿布袜喜包裹腿的。春冬时节，大多数老年人穿布鞋、布袜及棉鞋。雪雨天穿牛皮钉鞋，夏、秋喜穿稻草鞋。吸旱烟者大头长烟袋不离身。财主人家的老年人穿着更加讲究，绸缎长袍、马褂、披风、绒帽、单鞋、棉鞋，样样俱全。

男性中青年和少年，身穿缀有3个荷包(上一下二)的对襟短便衣，有领，钉布扣5至7颗。抄腰裤，裤腿比老年人的小1寸余。头包青蓝布大帕，帕的两端有流苏。包扎时，将帕的一端垂至左耳边。身系布腰带，有长有短，长的6尺，短的4～5尺。小腿缠裹脚，春冬穿布鞋，夏秋穿草鞋，外出戴细棕丝斗笠。走亲戚、赶坳玩山、对歌会女友时，则穿细麻草鞋。吸烟者腰别短烟杆，长5～8寸，烟斗、烟嘴系铜铸制。

女性服饰 老年和中年妇女均着齐膝右衽便衣，衣袖齐手颈，宽6～8寸。抄腰裤，裤腿大如同衣袖，衣颈滚边无领，钉布扣或铜扣。年轻媳妇及成年姑娘的衣服，比老中年妇女短2～3寸，有领，钉布扣。亦着抄腰裤，裤腿宽5～6寸。凡老中青女服，衣领、胸腕、衣脚、袖口和左右衣摆及其裤脚，均用挑绣花边或用线蓝细布镶边。花边、布边宽有1寸、5分、3分的，交错使用，有上下宽、中间窄，中间宽、上下窄的等。袖口配上活动式的挑花袖套。待行亲做客、赶坳玩山才用，平时置代新之。老年妇女穿的绣花攀尖鞋以彩色细布（客布）作鞋面，用红、蓝、绿、黄丝线，在鞋面绣各种花卉及鸟、虫、鱼之类的图案，形象逼真。中青年妇女胸前系挑花围腰，围腰带有纯白和挑花两种，宽二三指，系于腰背，身材苗条矫健。在家或外出头搭挑花布帕，以防发染尘，讲究卫生。

年轻者喜戴细篾棕丝斗篷，一防日晒雨淋，二则讲究漂亮。流传有首侗家民歌：

细篾斗篷顶顶高，

白布带子花围腰，

姐是哪家龙凤女，

为何喊你你不朝（不朝：不理的意思）。

这首民歌不仅反映出朝阳姑娘在穿戴上的美，也反映出青年男女们对爱情的追求。

儿童服饰 朝阳儿童穿的多是各色客布花裤，自织土布也用，但较少。一岁的小孩，衣无领、无扣，只钉小布条系之，穿无腰开裆裤。2 ~ 5 岁的小孩，衣有领有扣，穿开裆背带裤，或封裆背带裤。头戴狮子帽、鱼尾帽，有单棉两种，帽子前额钉玉制或银制“十八罗汉”和银制“寿星老者”，帽后装饰银制响铃 6 ~ 8 个，有菱形、圆形、八角形，左右帽绊为银片、玉片，上刻龙、凤、麒麟、花鸟图案。儿童手戴银镯，脚戴银圈；颈挂项链和百家锁，脚穿花鞋、花袜或猫头鞋，鞋有棉有单。一两岁的幼儿胸前系口水兜，防衣湿衣脏。

由于社会不断向前发展，朝阳村民与外界接触日益增多，村民服饰也逐渐被时代新装替代。

村落保护与旅游开发

玉屏侗族自治县支持鼓励开展传统文化习俗传承活动，通过多种形式深入挖掘朝阳村饮食、歌舞、民族活动等非物质文化遗产资源。加强非遗文化保护和传承，玉屏赶坳、玉屏罐罐油茶制作技艺相继入选贵州非遗名录，申报各级传承人 5 人。朝阳村重视村落保护和文化传承，举办各类民俗活动。

朝阳村是贵州少数民族特色村寨，典型的侗族聚居村寨。其民族文化底蕴丰厚，有得天独厚的旅游发展条件。依托优美的自然环境和宜居条件，朝阳村大力发展乡村旅游业。2018 年，朝阳村入选贵州省乡村旅游村，各方游客纷至沓来，一定程度上带动了当地经济的发展。

◎保护和发展规划设计

2014 年 11 月 17 日，朝阳村被列入第三批中国传统村落名录。2015 年，玉屏侗族自治县住房和城乡建设局开展传统村落保护和发展规划工作，编制了《玉屏侗族自治县新店乡朝阳村传统村落保护与发展规划（2015—2030）》，为继承和弘扬民族优秀传统文化、保护朝阳村传统村落的人文环境和自然环境、改善和提高村落的生活环境质量和旅游设施条件、促进地方经济发展提供技术支撑。

规划目标　分近期规划目标和远期规划目标。

近期规划目标（2015—2018 年）：制定保护整治对策，使村落的整体格局得到延续和控制、传统建筑得到有效修缮和保护、村巷风貌得到整治、周边环境与村落相协调，实现传统村落整体的、真实的、可持续的保护与活态传承。梳理村落价值特色及非物质文化遗产，提出保护传承措施，并初见成效，村落内防火措施、基础设施、居住条件和环境景观得到逐步改善。村寨种植业、养殖业以及观光旅游业初见成效，产业发展得到有效引导，农民经济逐步提高。

远期规划目标（2019—2030 年）：村内防火措施、基础设施、居住条件得到明显改善，进一步发现挖掘非物质文化遗产，使之得到更好的传承。村落内传统建筑、田园风光、河流水体等景观元素形成。

规划范围　主要包括朝阳组（上、下寨）、茶油林组建设用地范围以及村落周边的部分田地和自然山体、水域等。规划用地总面积为 34.18 公顷。对村落采用分等级保护，划分为核心保护区、建设控制地带、环境协调区。

朝阳村保护区分区指标表

表 7

保护分区	范围	面积（公顷）
核心保护范围	村落上寨、下寨自然寨历史建筑集中连片的区域	6.8
建设控制地带	核心保护区之外的建设用地	27.38
环境协调区	核心保护区和建设控制地带以外、村域范围以内的山头自然林带和农田菜地、朝阳村落附近的山体、田园及其他绿化区域	

保护对象 主要是村落内及其周围的物质文化遗产和非物质文化遗产。

朝阳村传统村落保护对象一览表

表 8

大类	保护内容分类	具体保护对象
物质文化遗产	山水格局	村寨周边等自然山体
		周边自然村所辖基本农田
		周边山体林地
	历史水系	丙溪一级支流
	历史街巷	街巷建筑风貌、石板铺地、景观要素
	历史建筑	干栏式民居
		花桥
	优秀传统风貌建筑	反映古村特色传统风貌民居近 70 处
	历史环境要素	古树名树
		石墙
		古井
		石磨
		天然绝壁
		火铺
非物质文化遗产	民俗文化	传统婚嫁、传统祭祀、赶坳（吹民乐、斗画眉等）
	曲艺	传统鼓锣队、侗族山歌
	特色小吃	竹筒饭、社饭、糍粑
	手工艺	雕刻、竹编、刺绣、箫笛

◎村落整体风貌保护

村落景观环境保护 重点保护地形地貌现状、田园乡土景观、自然生态。严禁采石、采矿、开山等破坏地形地貌的活动；对规划区域周围的农田、植被、巷道、建筑物等环境，保持其自然美学价值和特色景观风貌；禁止挖砂、采石、采矿、取土、堆放固体废弃物或者进行其他破坏田园景观的活动；禁止改变村落原有景观格局，随意改变土地利用性质；禁止毁林开垦和毁林采石等破坏生态环境行为，控制水土流失；禁止发展重污染产业，有效处理生产、生活垃圾，控制污染源。

巷道修复保护 （姚祖告 摄）

传统空间格局保护 分为田园风光、古村落绿化风貌、周边环境保护。注意保护建筑和山田关系以及建筑散落于山间的自由形式、建筑之间的关系。通过保护变化丰富的空间、幽静的巷道、融洽的交往空间，从而保持整个古村落宁静而和谐的氛围。加强村落田园风光的保护，保持农田的生机。2017 年对古树名木及时挂牌，标明树木编号、树名、学名、科名、树龄（价值、意义）、保护级别、特性、挂牌时间、养护责任人等内容，保护村落内的古树名木。鼓励民居院落内的绿化种植。严禁任何破坏周边环境的活动，保护周边山体自然环境。

整体风貌保护 村落用地以小规模渐进方式进行，对影响核心保护区和建设控制地带内传统风貌的用地功能进行必要调整。严格保护规划划定的核心保护区传统风貌，禁止村庄建设无序蔓延。必要的社会服务设施、基础设施建设用地应控制在核心保护区外。结合用地机理完成传统村落的良性“生长”，避免传统村落有序空间格局的破坏。

◎传统民居保护

规划保护措施 根据《玉屏侗族自治县新店乡朝阳村传统村落保护与发展规划（2015—2030）》，依据传统建筑物具有的价值程度、建筑风貌、建筑质量等内容，采取保护改善、保留修缮、整治改造三种措施。

对于少数价值较高、建造历史时间长、具有典型侗家特色的传统建筑，以保护改善为主。不改变建筑的外立面原有的特征和基本材料，按照原有特征、使用相同材料进行修复，可见部分使用旧木料、旧石料、旧砖瓦，按照其原始状态，做到修旧如故。对于原有构件存在的不安全因素，增添、更换少量构件，改善受力状况，保障房屋安全。

对大多数保存较好的木质结构传统建筑，采取保留修缮措施。保留原始风貌，只在局部进行修旧如故的修缮。少数为了功能改造，改动了建筑立面，采用传统的手法和材料，力求做到原汁原味。墙体材料采用传统木结构，色彩采用原木色或褐色系，保持整体协调。对于质量较好，立面完整，没有破坏传统风貌材料的建筑，维持现状，适当进行除虫、清洁，加强日常维护与监控，出现损坏情况及时加固。

对于少数主体结构大部分已损坏、与传统风貌不和谐的建筑，进行整治改造。根据其历史价值、重要程度、损害程度等因素，采用遗址保护或原样修复来进行整治改造。主要是按照原有的形式，使用原有的建筑材料，最大限度地接近历史原貌。建筑内部设施和空间布局可以根据使用需求作相应改动。

门窗开设以朝阳传统建筑风格为原则，与立面比例相协调，采用木材制作，窗上图案遵循传统样式，屋顶采用双坡或单坡的灰瓦屋顶。传统建筑保持其原高度不变。核心保护区的建筑高度控制在 6 米（两层）以下，建设控制带的新建建筑高度控制在 12 米（四层）以下。新建建筑不得遮挡后面的建筑。

危房改造 2009 年 6 月，新店乡成立农村危房改造工作领导小组，按照玉屏侗族自治县农村危房改造工程领导小组办公室工作要求，开始农村危房改造。2010 年，朝阳村危房改造 5 户，其中因地质灾害搬迁分散重建木房 3 户，修缮五保户住房 2 户。

2014 年，玉屏侗族自治县实施危房改造，根据危房等级和房屋情况，由县级财政资金适当补助，解决村民安全住房问题。朝阳村的危房改造以修缮为主，部分老旧危房拆除重建，在改造过程中融入干栏式建筑风格，注重传统民居风格的延续，体现了当地民风民俗和生产生活方式的特点。根据房屋情况，改造形式有拆除重建、维修和维护。2014 年、2015 年，分别进行了少量民居危房改造。

2016 年，朝阳村进行了规模最大的一次危房改造，全村享受危房改造政策 68 户，投入改造资金 27 万元，覆盖 7 个村民组，主要保障建档立卡户、贫困户、困难户的住房安全。2017 年，危房改造规模较小，全村享受危房改造政策 5 户，投入资金 5.8 万元。其中，文家组、干山坡组、印家溪组各 1 户，朝阳组 2 户，主要为低保户、五保户。

2016—2017 年朝阳村危房改造情况一览表

表 9　　　　单位：户、万元

村民组	2016 年		2017 年	
	户数	投入资金	户数	投入资金
枫木坡组	7	2		
干山坡组	10	4	1	1
尖坡组	5	2		
文家组	10	2.8	1	1.5
印家溪组	14	5.4	1	0.3
茶油林组	13	6.4		
朝阳组	9	4.6	2	3

注：根据新店镇提供表格统计

房屋维修　2017 年，朝阳村实施“四改一维一化”工程，进行房屋维修 185 户，投入资金 335.56 万元，对部分民居进行了庭院绿化。

房屋安全鉴定　2017—2018 年，玉屏侗族自治县住房和城乡建设局聘请第三方公司，分批对朝阳村房屋进行了鉴定检测，均为安全住房。

◎非物质文化遗产保护

非遗名录和传承人申报 玉屏侗族自治县深入挖掘朝阳村饮食、歌舞、民族活动等非物质文化遗产资源，申报纳入非物质文化遗产保护名录。2007 年 5 月 29 日，“玉屏赶坳”被列入贵州省第二批非物质文化遗产名录。2009 年 9 月 30 日，玉屏罐罐油茶制作技艺被列入贵州省第三批非物质文化遗产名录。按照非物质文化遗产传承人保护认定标准，朝阳村有玉屏罐罐油茶制作技艺市级代表性传承人 1 人、县级代表性传承人 1 人。赶坳是群体性、包容性项目，没有代表性传承人。2015 年，朝阳组姚敦烈被列为玉屏罐罐油茶制作技艺唯一市级代表性传承人。争取国家级、省级代表性传承人传习补助经费。持续推进少数民族传统手工艺保护传承基地化、规模化和产业化建设，申报省级少数民族传统手工艺传习所。2019 年，玉屏县敦烈罐罐油茶餐饮有限公司、玉屏侗乡刺绣有限责任公司被贵州省民宗委、贵州省文联命名为少数民族传统手工艺传习所。

非遗保障机制 2010 年 5 月 28 日，经贵州省第十一届人民代表大会常务委员会第十五次会议批准，《玉屏侗族自治县非物质文化遗产保护条例》自 2010 年 8 月 1 日施行，为罐罐油茶制作技艺、赶坳、侗族服饰等非物质文化遗产保护提供了法律保障。2019 年 1 月 17 日，设立玉屏侗族自治县文化遗产保护中心，成立以县政府分管副县长任组长，相关职能部门负责人为成员的非物质文化遗产保护工作领导小组，为非物质文化遗产保护提供组织保障。2010 年 11 月 7 日，玉屏侗族自治县侗学研究会成立，每年刊发《玉屏侗学画报》1 期，先后整理出版《玉屏侗族文化》《侗族文化图谱》等侗文化资料，形成一批侗学研究成果，多处记录朝阳村侗族文化。

非遗传承推介 2014 年 12 月，玉屏侗族自治县教育局组织编写的《侗乡玉屏》出版，将侗歌、山歌、酒歌、吉语、侗家迎宾舞等纳入地方课教学内容，供小学、初中、高中三个学段的学生使用，让民族民间文化进校园、进课堂。2015 年

9月，在新店寄宿制学校建设侗族文化陈列室，收藏侗族人民生产生活物品500多件。2016年，在新店寄宿制学校开发侗族山歌课程，创新侗族文化传承和保护形式。主编完成《玉屏侗文化》《侗歌山歌酒歌集》《龙灯吉语集》《玉屏非物质文化遗产概览》等书籍，民族文化得到了充分挖掘、保护和展示，为了解传承侗族文化留下了珍贵的文字资料。2012年开始，拍摄制作《跟着小霞学侗语》侗语教学片。与黎平县，湖南省通道侗族自治县、芷江侗族自治县、新晃侗族自治县，广西三江侗族自治县等三省(区)六县广播电视台联合开办《全国侗语新闻联播》栏目，2015年5月1日正式开播，每半月播出1期，通过侗语播音的方式，传承、推广侗族语言文化。

《乡土》(20160908期)播出《大山里的侗家》，通过在朝阳村录制，向观众近距离展示侗族织布、染色、制衣、侗酒酿造过程。2016年5月24日，国台办海峡两岸出版交流中心携台湾中天电视台等媒体走进新店镇朝阳村，对朝阳村的侗歌、斗画眉、侗绣、打糍粑以及罐罐油茶的制作流程等进行了全方位的拍摄报道。

民俗活动开展 玉屏侗族自治县支持鼓励开展传统文化习俗传承活动，历次县庆活动将民俗表演作为活动内容。2013年10月13日(农历九月初九)，玉屏举办首届玉屏赶坳文化艺术节。通过举办“箫笛艺术节”“桃花节”“相约茶花泉自行车邀请赛”等具有民族特色的文化展演及体育活动，借助“赶坳”、六月六、九月九、春季“插秧节”等传统民间习俗活动，弘扬和传承侗族民间文化。

朝阳村利用侗族传统节日传承民族特色文化，举办“九九”重阳民俗文化活动，开展唱山歌、斗画眉、斗牛、骞马等民俗活动以及民族歌舞表演等，吸引“二省三县(两省为贵州省、湖南省，三县为玉屏侗族自治县、新晃侗族自治县、镇远县)”毗邻村寨少数民族群众参加。2000年前后十年，朝阳村开采重晶石矿，村民富裕，几乎每年组织开展民俗活动。

1991年4月30日，由湘黔边区的村民自行相约在玉屏县城举办湘黔边区第五次画眉比赛，朝阳村干山坡画眉爱好者与来自湖南新晃、天堂、凉伞、禾曼、晃城、黄雷以及玉屏铁家溪村、大湾村、丙溪村等地的画眉爱好者参加角逐。

1992年10月，朝阳村第四届“九九”重阳节两省三县五乡七村运动会举办。参

篮球比赛　　（来源于新店镇人民政府微信公众号）

加运动会的有湖南省新晃侗族自治县凉伞乡梭溪村、茶坪乡平南村和新寨村、黄雷乡冲首溪村，羊坪镇石宝塘村，县内平溪镇铁家溪村，新店乡机关、大湾、朝阳、干山10个球队150名运动员，有画眉竞赛35笼，文艺联欢会24人20个节目。评选优胜球队3支、画眉3笼、优秀文艺节6个，朝阳村党支部、村委给予物质和精神奖励。县委、县人大、县政府、县政协领导，县直机关、乡镇150余人参加，观看群众2100余人次。10日上午，县文化站为群众播放电影。

1993年9月，朝阳村举办湘路边界篮球、斗画眉、扭扁担等传统项目比赛。

1997年9月，朝阳村干山坡村民组举办第二届两省三县五乡七村篮球、斗画眉比赛，篮球队10支、画眉30笼参赛。

1999年7月18日，农历六月初六，朝阳除传统的赶坳对歌、赛马、斗画眉等方式外，干山坡村民组组织了篮球友谊赛，湘黔两省三县（新晃、镇远、玉屏）8支队伍参赛。

2000年10月6日，朝阳村举办湘黔两省三县四乡八村边区第14届民族运动会，来自湖南新晃黄雷乡冲首村、凉伞乡新寨村、平南村、镇远县南坪镇石宝塘村等12个村的代表队参赛，主要比赛项目有篮球、斗鸡、斗画眉等。

2018 年 10 月 17 日，“九九”重阳节民俗活动——热情洋溢的现代舞（来源于新店镇人民政府微信公众号）

2018 年 2 月 19 日，农历的正月初四，为庆祝 2018 年新春的到来，弘扬民族文化，朝阳组村民自筹资金，组织开展贺春节民族体育活动，进行打篮球、斗画眉、唱山歌比赛。

2018 年 10 月 17 日，即农历九月初九重阳节，在朝阳村文化广场举办民俗文化节活动。有唱歌、民族舞、现代舞、拉丁舞表演等，还有乒乓球、拔河、背媳妇等体育竞赛，也有斗画眉、斗牛等民俗活动。来自周边县市、乡镇的群众，自发组成的山歌队、画眉队、文艺队、拔河队、锣鼓队等队伍参加了活动。

2019 年 2 月 5 日，农历大年初一，朝阳村举办篮球、斗画眉比赛，外出求学返乡过年的学子组成参赛队伍，参加篮球比赛。

2022 年 10 月 25 日，朝阳村举办 2022“九月九”民俗文化暨尊老爱幼文化节活动，活动内容有文艺活动表演、山歌比赛、体育比赛等，同时开展了锣鼓比赛。

据不完全统计，2013—2020 年，朝阳村组队参加赶坳等民俗活动 12 次，举办民俗活动 3 次。

2013—2020年朝阳村组队外出参加民俗活动一览表

表10

时　间	活动主题	地　点	活动内容
2013年10月13日	玉屏“九·九”赶坳活动	屏山公园	山歌、鼟锣、傩技等
2014年11月9日	30年县庆系列活动之赶坳活动	屏山公园	山歌、舞龙、鼟锣、斗画眉、斗鸡等
2015年10月6日	纪念玉屏箫笛金奖百年暨“相约茶花泉”文化活动周系列活动之赶坳民族节庆活动	茶花泉	山歌、酒歌、斗鸡、斗画眉、舞龙、傩技等
2015年5月25日	新店乡首届侗族传统习俗活动暨“四月八”赶坳活动	老寨村	山歌、斗画等
2016年7月9日	新店乡第二届侗族民俗文化旅游节暨六月六赶坳活动	老寨村	文艺演出、拦门酒、斗画眉、鼟锣、长号、山歌、长桌宴等
2016年11月7日	32周年县庆系列活动之2016年侗族赶坳活动	㵲阳广场、屏山公园	唱山歌、拦门酒、舞龙、傩技、鼟锣、斗画眉、斗鸡等
2017年7月20日	禾梨坳歌场重开“土王戊”赶坳活动	禾梨坳	山歌、斗画眉、品美食等
2017年7月28日	玉屏侗族民俗文化艺术节暨新店镇“六月六赶坳”活动	老寨村	山歌、斗鸡、斗画眉、斗牛、打金钱棍
2017年11月11日	2017年侗族民俗文化“赶坳”活动与侗族美食文化节活动	茶花泉	斗鸡、斗画眉、山歌对唱、傩技等
2018年2月12日	醉美侗寨——大湾村“迎新春、庆脱贫”民俗体育活动	大湾村	文艺演出、拦门酒、斗画眉、吹长号、山歌对唱、拔河、打篮球
2018年7月20日	皂角坪街道铁家溪第二届“土王戊”赶坳活动	禾犁坳	山歌对唱、斗画眉、品美食等
2019年	皂角坪街道铁家溪第三届“土王戊”赶坳活动	禾犁坳	山歌对唱、斗画眉、品美食等
2020年10月20日	皂角坪街道铁家溪第四届“土王戊”赶坳活动	禾犁坳	山歌对唱、斗画眉、品美食等

◎旅游开发

旅游规划 2005年12月《玉屏旅游发展规划》出台，将朝阳民族风景区作为全县6个旅游景区规划之一，朝阳、大湾、丙溪三个民族村寨作为主要景点，侗家风情作为全县三个重要的旅游资源之一，民居、民族歌曲、民族音乐、民族传统体育活动均纳入旅游资源，并将城区㵲阳河—朝阳民族村作为县内3条旅游线路之一。朝阳村公路两侧林木茂盛，空气清新，林木品种丰富，将朝阳森林带作为全县的自然景观。同时将侗族民居作为人文景点。

2008年，《玉屏侗族自治县乡村旅游发展十年规划》拟定，规划的时限为2008—2017年，将玉屏乡村旅游发展定位为“一河、四个片区”的形体结构，“四个片区”即朝阳、大湾、丙溪、铁家溪侗族村寨片区，将朝阳村定位为聚乡村旅游和民族文化旅游于一体的旅游景区。

2009年12月10日，玉屏侗族自治县乡村旅舍评审委员会将姚敦烈、姚敦林、姚敦权、杨通伟、杨志文、吴召英、吴继光、罗朝军、吴继凯、曹家见10户评为县级乡村旅舍、农家乐。

2011年，朝阳乡村旅游基础设施建设纳入《贵州省玉屏县2011—2015年乡村旅游产业化扶贫项目发展规划》，计划于2012年实施，具体包括：朝阳13公里旅游公路的改造建设，相应的基础设施及通村油路10千米建设，投资2844万元。

2014年，朝阳村成功入选中国第三批传统村落名录，次年由玉屏侗族自治县住房和城乡建设局委托编制的《新店乡朝阳村传统村落保护与发展规划（2015—2030）》出台，将旅游作为发展规划的重要内容之一，为朝阳旅游发展绘制了蓝图。2016年6月，由玉屏县朝阳投资有限公司委托江苏德创商旅发展有限公司设计朝阳侗族原生态文化旅游扶贫景区策划运营。

2016年11月，玉屏侗族自治县文体广电新闻出版旅游局委托重庆浩鉴旅游规划设计有限公司为朝阳量身打造旅游发展规划，制定了《玉屏侗族自治县新店镇朝阳村旅游扶贫规划（2016—2020）》，重点规划旅游发展的重点区域上寨及下寨区，规划面积约为 7.1 公顷，分两步实施，朝阳旅游发展迎来新机遇。

2016 年，《玉屏北侗箫笛之乡风景名胜区总体规划（2016—2030 年）》出台，将朝阳景区纳入“一核、两区”空间布局，包括朝阳民族村寨、大湾民族村寨、朝阳林海、万亩翠竹 4 个景点，将朝阳民族村寨、大湾民族村寨、朝阳林海、万亩翠竹等最具观赏价值、最需要严格保护的景源及其周围划出一定范围作为一级保护区，打造集民俗体验、文艺欣赏、村寨游览、文化寻根、节庆活动、自然观光等功能于一体的侗族文化保护和原生态文化体验旅游区。

2017 年，《玉屏侗族自治县新型城镇化全域旅游·美丽乡村总体规划（2017—2025）》出台，开启全域旅游新纪元，全域旅游大发展，将玉屏—老寨—朝阳大湾—道扒溪打造为侗族文化展示、传承、体验、度假等功能于一体的生态人文养生度假基地。

乡村旅游发展 朝阳村地处偏僻山区，20 世纪 90 年代前，交通不便，人们缺乏旅游发展意识。1993 年 1 月，县旅游局成立。2002 年，县旅游局开始对全县的旅游资源进行全面普查，朝阳村作为玉屏侗族文化保留最完整的村寨之一，是全县重点旅游开发景区之一。在 2002 年贵州省风景名胜区协会评审的《北侗箫笛之乡风景名胜区资源调查评价报告》中，县城内共有自然景物景观 30 个，朝阳民族风情片区有景物景观 10 个。其中，二级 9 个，朝阳民族风情片区二级占 90%，是北侗民族风情主要集中地区。

2008 年，朝阳利用交通、区位优势，在自建民居中发展乡村旅舍，为外来游客提供食宿。县委宣传部为每家乡村旅舍赠送冰箱 1 台，在朝阳组下寨小河沟旁修建了朝阳村第一个停车场，为发展乡村旅游打下基础，朝阳乡村旅游发展迎来小高潮。

2012 年，脱贫攻坚实施以后，朝阳村的交通、水利等基础设施迎来建设高潮。2015 年 11 月 30 日晚，在村活动室召开新店乡“朝阳侗族文化体验园”项目建设启动会，总投资预算在 1100 万元，拟重点建设千步梯观光亭、侗族文化步行街、侗族村史、民俗文化展馆、花桥等，打造乡村旅游景点。2016 年 9 月，朝阳村入选贵州省第一批少数民族特色村寨名单，通过深挖传统村落特色，全力打造“朝阳侗族文化体验园”，建设展示村史、民俗文化的乡愁馆、侗家风雨桥、鼓楼文化广场、观光亭等，让旅客吃在侗乡、住在侗乡、玩在侗乡，促进侗乡乡村旅游业发展，让朝阳村民吃旅游饭、发旅游财。2017 年，投资 119.6 万元新建旅游产业路 4.6 千米，连接大湾村铜鼓塘组与朝阳村尖坡组，将朝阳、大湾两个侗族文化旅游村贯通。2018 年，朝阳村入选贵州省乡村旅游村。

旅游资源 朝阳村是中国少数民族特色村寨、典型的侗族聚居村寨，具有得天独厚的旅游发展条件。不仅有优美的自然环境，还拥有丰富而珍贵的物质文化遗产和非物质文化遗产。朝阳村民族文化底蕴丰厚，建筑文化、民俗文化、农耕文化具有地方民族特色。

建筑文化资源 朝阳村的建筑文化资源以传统民居、吊脚楼、火铺最具代表。侗族传统民居，是朝阳村延续了百年的古老建筑群，是朝阳村侗文化最核心、最精华的部分。（现今保存较好的传统民居 192 栋，使用百年以上且保存较好的有 7 栋）朝阳村的传统民居是清一色的木质“干栏式”建筑，聚落关系良好，依山就势，视野良好。村落整体景观较好，自然协调，古朴静谧。不同时间修建的传统民居，见证并记载着各历史时期人们物质文化、精神文化生活的方方面面。居住民俗反映了当地居民的文化习俗，表现出了朝阳的民族、文化、传统和社会习俗等诸多要素，具有很高的文化价值。吊脚楼，结合使用功能的需求，因地制宜，就地取材，合理利用空间，体现了侗族“天人合一”的观念。一座座吊脚楼错落有致，建筑装饰及细部构件精致，工艺精湛，造型优美，风格独特。火铺在传统的侗居中，占有相当重要的地位，它是朝阳村民家庭议事、聚会、团聚、交谊和兼作炊烤并备的场所。日常炊事用火虽已逐渐被灶台所代替，然而传统的火铺是朝阳村独具特色的民俗文化形态，更是朝阳家庭不可或缺的一种民族符号，依然保留在侗居中，秋冬季节仍然是接待客人的重要场所。

民俗文化资源 在劳动之余和各种佳节时，热情好客的朝阳村民用自己特殊的方式，表达朝阳人对大自然和祖先的敬畏，形成特有的饮食文化、民俗文化、节庆活动，代代传承至今。饮食文化上，有食不离糯、吃不离酸、喝不离酒。主食以大米为主，大米中尤喜糯米。菜食喜欢吃酸辣，家家户户都有酸坛。而罐罐油茶、腊肉等地方美食，制作方法独特，味道鲜美，一直是待客的上品。酒是朝阳人迎宾待客的必需品，迎宾有酒，婚丧办事时也要喝酒，再配上侗族的酒歌，酒香歌美，令人流连忘返。民俗文化方面，礼仪习俗和传统习俗，原始且充满民族特色。婚嫁、丧葬等习俗依旧沿袭传统方式，至今仍是朝阳人生活中十分重要的习俗。赶坳、唱山歌、斗画眉、斗牛是最为有趣的传统习俗，现仍然活跃于朝阳。村中组建山歌队、酒歌队、花灯舞队、长号队、斗画眉协会等队伍，踊跃参加周边村、县、市重要节日举办的“赶坳”、侗族民间歌舞表演、斗画眉、对山歌、唱酒歌、斗牛、赛马等民俗活动，吸引上万名群众前来观看。节庆方面，除传统的元旦节、春节、元宵节、清明节、重阳节、中秋节等节日之外，还有侗族的过社、三月三、立夏、六月六、七月半等民族节日，都会举办一些民族传统文化活动来寄托对先祖的哀思、对长辈的尊敬及对未来美好生活的向往。

农耕文化资源 因民族风情浓郁，传统民族文化生活独具魅力且多姿多彩，朝阳村依托优美的自然环境和宜居条件，大力发展乡村旅游业和生态种植业、养殖业。朝阳村是一个充满着侗族气息的山村，勤劳善良的村民仍保持着自己独特的生产方式，形成以农耕梯田、传统耕作方式为主的独特文化内容和特征。朝阳农田沿河开垦，山地顺山而就，梯田也成为当地村民主要的农耕用地。梯田线条如行云流水，自然景观与少数民族人文景观相结合，极具观赏价值。传统的农业生产用具、种养模式、耕种观念等经过时间的洗礼和沉淀依然传承下来，形成具有当地特色的朝阳农耕文化。精耕细作，与现在提倡的和谐、低碳、环保不谋而合。朝阳一直传承的接春、开秧门、撵山等特色生产习俗，成为当今难得一见的珍贵农耕文化遗产。“日出而作，日入而息，凿井而饮，耕田而食”的农耕生活，正是高节奏“运转”的人们所向往的。传统的农耕文化与秀丽山水相映成画，妙不可言，成为旅游资源的一大优势。

村民生活

中华人民共和国成立后，朝阳村民生活得到改善。特别是中共十一届三中全会后，实行家庭联产承包责任制，更是调动了朝阳村民的生产积极性。20 世纪 90 年代，朝阳村开采重晶石矿，提高了村民家庭经济收入。随着国家经济的飞速发展和村民进城务工经商的兴起，朝阳村民生活水平迅速提高，生活方式和消费观念随着社会变化而改变，村民的消费由“生存型”向“温饱型”和“小康型”方向转变，村中社会保障体系也开始建设并逐步完善。

朝阳村民的生活用具主要是由木、竹、陶等原料制成，除个别具有侗族特色的用具外，其他均是与汉族的传统生活用具大同小异，可分为日常用具、加工用具和农耕用具三大类。朝阳崇尚大家庭，家庭皆以婚姻、血缘、经济条件为基础组成，以几代同堂为荣。2020 年底，村中四代同堂有 13 户。在家庭内部有习惯性的分工，家庭财产的继承通常由儿子继承，并在子女们都已婚或成年以后进行。

◎经济生活

收入 中华人民共和国成立前，朝阳村大部分土地被地主和富农占有，村民拥有的土地数量较少，没有土地或土地较少的村民，只能租赁地主的土地种植粮食，大部分的粮食给地主交租，还要缴纳各种苛捐杂税，只有少量粮食归村民所有。再加土匪横行抢夺，村民拥有粮食量更少。主粮不足，村民靠苞谷、红薯、洋芋等杂粮充饥，一遇天灾人祸，更是雪上加霜。

中华人民共和国成立后，朝阳村村民生活得到改善。1950 年 5 月实行土地改革，废除了封建剥削制度，朝阳村村民实现了“耕者有其田”，自己掌握了生产资料，生产积极性高涨，开始实现粮食自给自足。1953 年后，开展互助合作运动，朝阳村民加入农业社，由集体组织生产，解决了劳动力、畜力、农具的不足，增强了抵抗自然灾害的能力，村民收入增长，生活水平得到提高。

中共十一届三中全会后，实行家庭联产承包生产责任制，1984 年朝阳村已全部实行包产到户。在“决不放松粮食生产，积极发展多种经营”方针的指引下，由单一的承包耕地逐步发展到承包林、牧、渔，彻底打破“大锅饭”，调动了朝阳村民的生产积极性。1984 年，朝阳粮食、油菜籽产量与生猪、鸡鸭出栏量大幅增长，人均粮食产量 229 千克。

1996 年，贵州银林矿产有限公司开采重晶石矿，投资 47 万元，修通了 7 千米的村级公路，村民实现就近务工，平均每人月收入 550 元，很大程度上提高了村民家庭经济收入。20 世纪 90 年代后，外出务工潮兴起，村里青壮年纷纷外出，到广东、浙江、福建等沿海一带务工。2020 年，全村外出务工者有 350 人，占全村总人口的 35.93%，全村人均收入超 1 万元。

消费 朝阳村村民的消费由生存型向温饱型和小康型方向发展，生活方式和消费观念随着社会变化而改变。

民国前，朝阳村村民在政治上受压迫，经济上受剥削，村民仅能依靠粮食生产提供经济来源，经济困难，消费水平极低，食品方面消费所占比重远超其余项目的消费。

国民政府时期，朝阳村民主要是生活消费，包括延续家庭成员生命的生存消费和提高家庭成员德育、智力的文化消费。其中，食品方面的生存消费是全村村民的基本消费，占全家总消费的 70%。在有余粮保障生存消费的前提下，增加文化消费，用余粮请老师开办村塾，主要教《三字经》《百家姓》等。根据村民居住聚集情况，朝阳村有 2 所村塾。

国家实行粮食统购统销政策后，在城市实施粮油计划供应制度，严格管理市场，禁止私自经营。1958 年 10 月，朝阳村实现人民公社化，社员家庭生活资料、土地、家庭副业全部收归集体所有。按照军事建制，将劳力变成团、营、连，各连建立集体食堂，家庭消费几乎为零。集体食堂下放后，以生产小队为单位集体劳动，实行按劳分配，生产资料以家庭为单位自由支配，村民生活有所改善。

中共十一届三中全会后，推行家庭联产承包责任制，调动了村民生产积极性，大力发展多种经营，种植业、养殖业、加工业均得到发展。中青年外出务工，村民收入大幅增加，逐渐向温饱型消费发展，食品消费支出所占比重有所下降。1985 年，全村家庭食品、居住、衣着消费支出的比重分别为 76.7%、11.5%、4.1%。

21 世纪，随着村民收入不断提高，消费支出整体不断增加，消费结构由温饱型消费向小康型消费转变，在食品方面的消费支出占比逐年减少，在居住、文教、家用、保险、交通、娱乐等方面的消费支出逐年增加。

◎社会事业

教育

小学教育　1935年，试行《义务教育暂行办法大纲》，民国玉屏县政府在朝阳试办“短期小学”。

1941年，全县各保相应建立保校，新店乡第五保建“保校”2所，一所设朝阳（上寨），称为“五保校”，一所设干山坡，称为“五保二校”。两所保校各开2个教学班，各设教员1名。当年，五保校有学生78人。其中，小学班44人，文化补习班34人。五保二校有学生75人。其中，小学班45人，文化补习班30人。

1949年，因为财力不济，民国县政府宣布裁员，新店乡五保校、五保二校全部停办。

据村里老人回忆，1949—1950年，朝阳尖坡办有私塾1所。1949年，私塾先生是湖南人吴宗辉。1950年，陈华佑代替吴宗辉。

1949年11月，玉屏县解放，县人民政府先后接管全县各级学校。

1951年春，全县农村建立初级小学教育委员会，协助政府发动群众办学和解决办学困难问题，丙溪乡第十六村朝阳初级小学建立，办学经费由村寨自筹。

1952年春，小学教职员工一律由县财政预算开支。同年年底，朝阳初级小学被明确为全县九所重点学校之一。

据1953年9月统计资料显示：1952—1953学年，朝阳初级小学设教学班4个（其中，复式班1个），一年级至四年级共有学生56人，有教师1人。一年级有学生12人，其中女生4人；二年级有学生8人，其中女生1人；三年级有学生19人，其中女生6人；四年级有学生17人，其中女生3人。

1952年，小学教学计划对学生在校时间、课程设置、课后作业都有详细规定。课程有国语（讲课、作文、书法）、算术（笔算、珠算）、自然、社会、唱游（音乐、体育、卫生）、劳作、美术。一、二年级每周安排28节课，三、四年级每周安排31节课。1955年，教学计划中各年级每周增开手工劳动课1节。

据1956年10月统计资料显示：1955—1956学年，朝阳初级小学设教学班3个，在校学生42人（一、二、三年级合班），有教师1人。一年级有学生15人，其中女生5人；二年级有学生20人，其中女生4人；三年级7人。1954—1955学年度，一年级留级3人、辍学3人；二年级留级4人、辍学3人；四年级辍学6人。四年级毕业后，各科成绩考试合格者，升至丙溪乡高级小学。

1958年11月，县人民委员会批复县文教科《国民教育事业十年发展规划》，提出从当年起实施初级小学（四年制）义务教育。

1959年，在“教育为无产阶级政治服务，教育与生产劳动相结合”的路线指引下，城关区各公社在中小学校开展以“种植、除四害、讲普通话、读书、文体活动”为主要内容的竞赛，朝阳初级小学姚茂崇被评为“全区优秀少先队员”。

1959—1961年，玉屏连续三年发生旱灾，朝阳小学停办。

1962年，朝阳小学恢复。同年，开办尖坡教学点。

1965年，实际毕业学生13人，毕业率61.9%；一年级实际入学25人，适龄儿童入学率85%。

1966年初，全校有在校学生68人，其中女生18人，一年级31人、二年级20人、三年级9人、四年级8人，设初小复式班2个。

1966年冬，“文化大革命”开始，小学停课。

1967年10月，“复课闹革命”，学校改语文课为毛泽东思想课，选读毛泽东著作，低年级学《毛主席语录100条》，中年级学《老三篇》（《为人民服务》《纪念白求恩》《愚公移山》）。数学由教师选教原教材中有关章节，体育改为军体课。

1969年8月，县革命委员会召开全县教育工作会议，提出缩短学制和改革体制的方案：小学改行五年制和附设初中班；农村小学下放到大队办，争取每个大队设1所小学，实现读小学不出大队的格局。同年9月，朝阳小学增设五年级1个班。

1975年9月，朝阳小学增设戴帽初中班，形成八年制学校。

1979年，中共玉屏县委贯彻中共贵州省委“调整、改革、整顿、提高”的方针，作出“调整布局、改革体制、确保小学”的决定，自当年9月起，朝阳小学停办戴帽初中班。

1981年，朝阳小学五年级与丙溪小学合并。

朝阳小学生毕业照　　（杨　锋　摄）

1990 年秋，朝阳小学 4 个教学班有学生 70 人，有教职工 4 人；尖坡教学点 2 个教学班有学生 18 人，有教职工 1 人。之后，生源逐年减少。

2012 年，县委、县人民政府贯彻《贵州省教育厅关于调整中小学布局规划的指导意见》，撤销布局分散、生源较少的教学点，整合教育资源。同年，尖坡教学点撤销，与朝阳小学合并，朝阳小学保留一、二、三年级，四年级与丙溪民族小学合并。

由于生源逐年减少，2015 年，朝阳小学停办。

1942—2015 年朝阳学校历任校长、教师一览表

表 11

时间（年）	学校名称	校长	教师
1942—1949	五保二校	姚源清、吴克明、姚源滔、文和祥	
1952—2012	尖坡教学点		吴宗斗
1942—1949	五保校	吴宗斗、吴天运	
1952—2015	朝阳小学	陈少华、陈光忠、姚敦松	吴继中（民办）、姚源涛、田飞雄、杨长忠、杨元军

业余教育　玉屏县解放初期，县区两级政府在全县开展工、农识字教育运动，扫除青壮年文盲。1950 年，新店乡人民政府在十六村开办农民读报组。1951 年，工农读报组改为农民识字班。丙溪乡政府成立以后，于 1953 年、1957 年、1958 年，继续开展扫盲工作，开办各种形式的培训班。1963 年，根据玉屏县城关区《关于开展业余教育的意见》（〔1963〕教字第 001 号），“有条件多办，无条件少办或不办”的意见，丙溪公社开办农民夜校，农闲时间招收农民学员。朝阳大队推荐人员

参加夜校培训。20世纪70年代，根据“一堵、二扫、三提高”的工农业余教育原则，重点普及初等教育。1986年以后，新店乡人民政府加大扫盲工作力度，经常在朝阳村组织农民开展农业适用技术培训，提高村民科技文化素质。1992年5月10日县教育局关于15～45周岁文盲、半文盲调查统计数据显示：朝阳村有文盲25人、半文盲3人，其中女性22人、男性6人。21世纪后，业余教育以提升村民种养技术为重点。脱贫攻坚期间，技能培训内容更加多元化，新增家政、厨师、电工等。

教师待遇　公办教师工资待遇与党政机关国家干部一样，实行级别工资制。1956年，第一次工资改革，小学教师实行11级工资制，每人每月平均工资由23.07元增至25.71元，人均月增工资2.64元。1985年第二次工资改革，实行以职务工资为主的结构工资制，每人每月平均工资由改革前的63.42元增至91.68元。1993年10月，第三次改革，每人每月平均工资由改革前的104.35元调整到147.18元。2001年2月27日，县政府对边远村教学条件艰苦的学校教师补贴津贴调整为每人每月30元，从2001年1月1日执行。2006年第四次工资改革，每人每月平均工资由改革前的745元调整到922元。2016年第五次工资改革，基础工资每人每月增加300元以上。

民办教师工资待遇由大队统筹，20世纪60年代一年的报酬是500斤稻谷，现金240元。稻谷从大队提留中开支，现金由学生负担。1982年后，改为工资制，每人每月36元至40元，由乡镇统一预算，学生平均负担，开学时一次性交清。再由中心完小统一管理，按月连同国家拨给的民办教师补助费一并发放。1984年，改由县教育局统一筹集，小学生每生每学期交民办教师费1.2元。1987年，按照省相关文件“重点解决从事教育工作多年的优秀在职民办教师”的精神，民办教师转为公办教师，没有达到转公办条件的民办教师不再聘请。

体育

学校体育　按照教学计划和课程安排进行，一周内各年级至少安排一节体育课，体育项目有篮球、乒乓球、羽毛球、广播体操、田径运动等。丙溪高级小学和新店中心完小举办的历届校运会，朝阳小学均选派体育优秀学生参加。

群众体育　村民体育活动分两种形式，一种是三五成群或两人一组闲散性自娱自乐，一种是有计划有组织的群体运动。自娱自乐活动项目有棋类运动，球类运动，抛石子、跳绳、跳皮筋、跳田、踩高跷、劈刀把等。群体运动在朝阳村内举行的，一年有两场，一场是干山坡村民组主办的接边地区农民运动会，

2018 年，在村活动室前举行的篮球赛　（朝阳村　提供）

开赛时间定于每年农历六月初六。另一场是由朝阳村委会举办的接边地区农民运动会，开赛时间定于每年农历九月初九。干山坡村民组主办的农民运动会始于 20 世纪 60 年代末期，最初只是单项的篮球运动，参赛团队只限本村范围内。后来，随着参赛团队不断增多，最多年份有 10 支队伍。运动项目也逐渐增加，有斗鸡、斗画眉、唱山歌等，规模最大的赛事是篮球运动。1979 年，朝阳因团队体育活动丰富，成绩突出，被贵州省体育运动委员会授予“贵州农村体育先进集体”称号。截至 2019 年，共举办 23 届。村委会举办的运动会始于 20 世纪 90 年代，参赛队伍来自两省（湖南、贵州）三县（新晃、玉屏、镇远）四乡八村村民。运动项目比干山坡村民组要多 3 ~ 4 项，除篮球、斗鸡、斗画眉之外，还有赛马、象棋等。

医药卫生

卫生机构　20 世纪 40 年代至 50 年代末，朝阳既没有民办医疗机构，也没有公立医疗机构，村民看病多数找当地草医（郎中）。村里最有名望的草医是杨再献。20 世纪 60—90 年代，草医有吴宗魁、罗朝勋，两人经过培训学习，先后确认为村医。

1958 年，朝阳大队成立保健室，明确卫生工作人员 2 名，卫生人员不脱产，报酬采用误工补贴方式给予补助。

1962 年，大队配备接生员 1 名，推广新方法接生。

1968 年，大队设立接生站。

1970 年，大队接生站改为合作医疗站，接生员、卫生员改为“赤脚医生”，“赤脚医生”、接生员各 1 名。

1974—1977 年，大队遵照农村“卫生革命”的号召，推行农村合作医疗制，村民看病，采取部分减免方式，治疗费和药费不收钱。

1996 年，朝阳村委会活动室设立村卫生室，有两个房间，一间为接生室，一间为疾病治疗室。村卫生室成立后，按照工作职责主要开展全村儿童常规疫苗接种，村民常见病诊治、公共卫生服务三项工作。

2003 年，县卫生局表彰朝阳村姚沅香为先进卫生员。

2008 年，县卫生局拨款 27 万元，新建村卫生室，建筑面积 150 平方米，使用面积 75 平方米。设有单独的输液室、药房、治疗室，配备常用药、血糖血压仪、心电图一体机、紫外线杀菌车等医疗设备。村医行医方式有明显改变，由在家坐诊或上门诊治变成卫生室坐诊。常见病治疗，村民不用出村。

2010 年，县卫生局统一出资采购，为村卫生室配备办公桌椅、治疗台、血压计、听诊器、出诊器箱、氧气袋、治疗车等常规医疗设施设备，全面提升医疗卫生服务水平。

2015 年 12 月，朝阳村被贵州省爱国卫生运动委员会评为“贵州省卫生村”。

2012—2020 年，村卫生室完成规范化建设，夯实健康扶贫基础，姚茂宁担任村医。

2020 年村卫生室　　（姚祖告　摄）

流行病防治　1956年，玉屏县建立县、乡、社三级疫情报告网，大队里疫情靠丙溪乡卫生所的卫生专干定期巡回排查和村民报告。当年，流行病例有痢疾、麻疹、百日咳、白喉、流感，经过乡巡回医疗队防治，病情被有效控制。

村医检查药物　（姚林屏　摄）

20世纪60年代，朝阳村村民疾病增多，“三病”（浮肿、女性子宫脱垂、女性闭经）尤其严重。

2020年，在村内交通要道设卡点开展疫情防控（朝阳村　提供）

从1963年下半年开始，乡卫生所在朝阳大队开展疽疾发病普查工作，至2月底结束。同时，防治麻疹、百日咳、痢疾、腹泻等季节性传染病。同年3月，乡人民公社卫生所派医疗人员进驻朝阳大队开展预防接种，注射伤寒疫苗、牛豆疫苗、二百疫苗（百日咳、百白破）。

1971—1976年，百日咳、白喉、破伤风发病率进入高峰期，通过巡回医疗队多年辛苦防治，1985年，病情得到有效控制。

20世纪80年代末至90年代初，痢疾、肝炎、麻疹、伤寒等9种乙类传染病发病率较高，村民多数去县人民医院治疗。

2020年，新冠疫情突发，朝阳村积极做好疫情防控和政策宣传，全村无人感染。

常见病诊治　大队建立农村合作医疗站前，农村“草医”治疗常见病、多发病普遍采用“一根针、一把草”（一根银针、一把草药）的土办法。建立农村合作医疗站之后，“草医”经过培训、改造合格的，被认定为“赤脚医生”。“赤脚医生”行医，采用中西医结合方式。村民发热、感冒、肠胃病大多是吃药、打针。跌打损伤、腰肌劳损 、关节疼痛，有时采用针灸、推拿、拔罐等中医治疗法。1990年，村医罗朝勋退休以后，村卫生室很少开展中医诊治。

中华人民共和国成立以后，随着经济的飞速发展和村民进城务工经商的兴起，朝阳村民与城镇居民收入差距逐渐缩小，生活水平得以迅速提高，村民社会保障体系开始建设并逐步完善。

社会供养 1956年后，鳏寡老人的生产、生活，由农业合作社照顾；对其中无生活来源的采取保吃、保住、保穿、保医、保葬的“五保”政策，实行分散供养，每年分配稻谷500斤，使其生活水平不低于一般社员。实行家庭联产承包责任制以后，村里五保户的供养由县民政部门兜底保障。从1991年开始，对五保户采取村供自养的办法供养，五保户供养标准年均600元。2000年，五保户的实际生活水平年人均达850元以上。实施脱贫攻坚后，五保户供养标准逐年提高，2020年，朝阳村享受五保供养4户6人，每人每月供养830元。

2017—2020年朝阳村五保户供养一览表

表12

年份	户数（户）	人数（人）	供养方式	发放金额（元/月·人）
2017	4	6	分散供养	710
2018	4	6	分散供养	760
2019	4	6	分散供养	790
2020	4	6	分散供养	830

注：据新店镇提供表格统计

最低生活保障 1998年，开始实行农村最低生活保障制度，凡无生活来源、无劳动力、无法定赡养人或抚养人以及家庭收入低于当年最低生活保障标准、遇特大自然灾害、意外事故以及重病等导致生活极端困难的村民，可申请最低生活保障金。1998年12月，每人每月40元。2007年全面建立农村最低生活保障制度后，县民政部门每年都会对低保户的资格核查审定一次，核查符合标准的可以继续领取低保金。2007—2020年，根据“分类施保、差额补助”的原则，多次提高低保户补助标准。2014年，对贫困人口进行识别，享受低保人数增加。2016年，全村享受低保128户

298 人。随着贫困户脱贫，享受低保人数减少。2020 年，朝阳村低保有 14 户 33 人。

2016—2020 年朝阳村农村低保发放情况一览表

表 13

年份	低保户数（户）	人数（人）	发放金额（元 / 月）
2016	128	298	61933
2017	65	144	32538
2018	25	67	17370
2019	25	50	14072
2020	14	33	9225

注：据新店镇提供表格统计

新型农村合作医疗 简称“新农合”，是由政府组织、引导、支持，农民自愿参加，个人、集体和政府多方筹资，以大病统筹为主的农民医疗互助共济制度。为保障农民获得基本卫生服务，缓解农民因病致贫、因病返贫等情况，2006 年，朝阳村推行新型农村合作医疗制度，报销的范围包括医药费、化验费、检查费、手术费、护理费等。当年筹资标准个人缴费 10 元，中央补助每人 14 元，地级补助 3 元，县级补助 3 元，每人合计筹资 37.2 元。2006—2020 年，个人筹资标准调整 19 次，中央补助资金调整了 14 次。为减轻困难群众经济负担，2017—2019 年，政府对特困人员和建档立卡人口个人缴费全额资助。2020 年，个人缴费 250 元，各级财政补助 360 元，每人合计筹资 610 元，政府对特困人员个人缴费全额资助，建档立卡人口资助 120 元。

2017—2020 年朝阳村新农合缴纳一览表

表 14

年份	缴纳标准（元 / 人）	缴纳人数（人）	占全村总人数（%）
2017	120	907	97
2018	180	919	98
2019	220	915	98
2020	250	925	99

注：据新店镇提供表格统计

养老保险 2009年前，社会养老制度不够完善，仍是以养儿防老式的家庭养老方式为主。2000年9月25日，独生子女户吴银菊夫妇获得中国人寿保险公司保险的国寿松柏养老保险和全家福保险各1份，并出席全省100名计划生育独生子女表彰大会。2009年，推行的新型农村社会养老保险，俗称新农保，采取社会统筹与个人账户相结合的基本模式和个人缴费、集体补助、政府补贴相结合的筹资方式。参保人员根据缴费标准自主选择档次缴费，累计缴满15年后且年满60周岁便可领取养老金。新农保实施时年满60周岁且未享受城镇职工基本养老保险待遇的村民不用缴费便可按月领取基础养老金。新农保在一定程度上减轻了子女的养老负担，为朝阳村民老年生活提供了一定保障。养老金由基础养老金和个人账户养老金组成，支付终身，其中基础养老金按国家标准发放，个人账户养老金每人每月标准按个人账户全部储存额除以139计发。

2014年，开始实施高龄老人补贴，对于年满80岁的高龄老人进行补贴，解决高龄老人基本生活问题，提高高龄老人的生活质量。2020年，按照80—89周岁老年人月补助50元、90—99周岁老年人月补助100元、100周岁以上的老年人月补贴300元标准，每月足额发放老年人高龄补贴。

2020年，新农保缴费标准分为100元、200元、300元、400元、500元、600元、700元、800元、900元、1000元、1200元、1500元、2000元13个档次。村民可根据自己的经济条件合理选择缴费档次，朝阳村民大多缴纳档次为100元。2020年，村中领取养老金192人，金额47424元，领取高龄补贴21人。

其他社会保障

独生子女与二女户补助政策 政策于2016年终止，但2016年以前村中已认定的独生子女与二女户继续发放补助。夫妻双方年满60周岁，每人每年可领取农村部分计划生育家庭奖励扶助金，基础养老金每月也有补贴。独生子女户夫妻双方免缴新型农村合作医疗费，二女户夫妻双方减免个人负担部分的50%。参加新型农村社会养老保险，每年给予缴费补贴。2004年，针对二女户和独生子女户实施农村养老保险政策，夫妻男性年满60周岁，女性年满55周岁的，政府每月发放养老保险金50元。2004年，朝阳村有二女户1户、独生子女户1户，按政策都领到了养老保险金。

冬春救助　主要是为当年倒房恢复重建、重大伤病救治、农作物绝收或农产品损失严重等情况造成生活困难的家庭提供基本生活救助，帮助其解决口粮、饮水、衣被、取暖等基本生活困难。每年按程序申请、评议、审核后发放救助资金或救助物资。2018—2019 年度，朝阳村发放受灾人员冬春需生活救助 17 户 41 人。2019—2020 年度，朝阳村受灾人员冬春需生活救助 21 户、101 人，救助口粮 1515 公斤。

临时救助　对村中遭遇突发事件、意外伤害、重大疾病或其他特殊原因导致基本生活陷入困境，其他社会救助制度暂时无法覆盖或救助之后基本生活暂时仍有严重困难的村民给予的应急性、过渡性的救助。2016 年，全村救助生活困难户 9 户，发放救助资金 21600 元。其中，因病纳入救助 5 户，因学纳入救助 2 户，因其他情况纳入救助的 2 户。2018 年，全村救助生活困难户 261 户（含 1 户五保户、20 户困难户、240 户灾民户），救助金额 7350 元。2020 年，全村申请临时救助 1 人，救助金额 1000 元，救助主要原因是受灾。

◎生产生活用具及摆设

日常用具

鼎罐　（姚林屏　摄）

鼎罐：用于煮饭、制作炖菜。

铁锅：有灶锅用于蒸煮食物，耳锅用于炒菜。

碗柜：用于放置碗筷、饭菜。

饭甑：用于蒸饭。

粑盒：用于粑类食品定型。

蒸笼：用于制作蒸类食品。

酒坛：放置、保存酒的工具。

酸菜坛：用于制作、保存腌菜、罐罐菜的工具。

火铺：用于冬季接待客人、烤火取暖、用餐。

火塘：位于火铺之上，用于冬季烧火煮饭、炒菜。

土灶：用于夏季煮饭、炒菜等。

烘笼：用于取暖、烘干物品。

巴篓：用于放物品。

木瓢：舀水之用。

筲箕：用于装剩菜、剩饭。

洗脸架：用于洗漱用品摆放。

锅耳朵：用于提热鼎罐、热锅。

锅罗圈：用于放置鼎罐、耳锅。

斗、升、碗：量米衡器。

蓑衣：用于雨天外出防雨。

斗笠：用于遮阳、避雨。

水缸：用于屋内生活蓄水。

火钳：烧火时添柴、添炭。

蓑衣斗笠　（姚林屏　摄）

吹火筒：用于烧火助燃。

斧头：用于砍伐木材，有大中小各种型号。

刀类：分茅镰刀、麦镰刀、柴刀、菜刀。

木制盆类、桶类：有洗脸盆、洗衣盆、洗菜盆、洗澡盆、洗脚盆、水桶、潲桶（盛装猪食）、扁桶（盛放粮食）等。

各类竹编工具：竹制饭盒、劁猪笼、鸡鸭笼、油桶、筷篓、手烘笼（取暖）、烘笼（烘干物品）、竹篓、竹筒（提水）等。

随着时代的发展，日常用具虽发生很多变化，但鼎罐、火铺、土灶等仍在朝阳村使用，而像蓑衣、斗笠、木盆等被更为便捷的雨衣、雨伞、铁盆代替。

加工用具

石碾：用于谷物碾成米或面。

石碓：用于舂米。

榨房：用于榨油。

石磨：用于加工磨粉、磨浆。

粑槽：用于打糍粑。

捻线砣：用于棉花手工捻成线。

木制纺纱机：用于把棉花纺织成纱线。

织布机：用于把纱线织成布。

簸箕：用于清除稻米中的杂质和空壳，也用来晾晒柿子、花生等，品种有大簸箕、小簸箕，还有净物簸箕。

以前因村民多不富裕，像石碾、石碓、石磨这样的大件生活用具不是家家户户都能置办得起，但又是生活必需品，往往是几户或整村共同置办众家合用，或是由富裕人家一家置办，其他村民借用或有偿使用。20 世纪 90 年代后，随着打米机、自动化榨油机、磨粉机的普及，老式的石碾、石碓、榨油房、石磨逐渐被取代。因棉花原料种植面积减少、制衣的机械化、衣物多样化等情况，村民衣物多在外购买，木制的纺纱机、织布机逐渐被淘汰。现在朝阳村有极少数人家保存有木制的纺纱机、织布机。

耕作工具

水犁　　（姚林屏　摄）

犁：用于犁田，品种有坂田犁、抄田犁、坡地犁、人拉犁。

耙：分旱耙、水耙，用于抓草、平整碎土。

钉耙：用于抓泥、肥。

秧耙：用于薅秧。

锄：分老锄、薅锄、鹰嘴锄、小锄、羊角锄、镐锄等，用于挖土平地、栽培树木及蔬菜。

戽水桶：用于抗旱提水。

粪桶、粪瓢：用于施肥。

筒车、龙骨车、导水竹枧：用于提水灌溉。

刀类：有柴刀、镰刀、弯刀、铧镰等。

斛桶：用于水稻、小麦、油菜脱粒。

箩筐：用于装运物品。

风箱：用于对谷物类粮食进行净化筛选，去除秕谷。

晒席：用于粮食晾晒。

撮箕：用于收捡谷物，多用竹篾编织而成，分大、中、小多种型号。

20世纪70年代前，传统农具由私人请铁匠加工或县城赶集购买，因常年使用，几乎每家每户都置有。20世纪70年代后，朝阳出现农用机械，1976年，购进排灌机器3台，其中10马力柴油抽水机2台（朝阳组1台、尖坡组1台），茶油林购进8马力柴油抽水机1台。有碾米机3台。人力脱粒机5台（半机械化），其中朝阳组3台、茶油林1台、尖坡1台。

进入21世纪，犁田机、打谷机、粉碎机、打米机等农用机械大量进村入户，耕作类、灌溉类、收割类工具逐渐被小型耕土机、潜水泵、收割机替代，从半自动逐渐更新为全自动。而由于青壮年大量外出务工，现在只有少数道路不便、面积窄小的田土，村民还在用传统的牛耕方式耕种，犁、耙、斛桶、风箱、晒席传统工具在村中已不多见，筒车、戽水桶等工具更是销声匿迹。

摆设 堂屋照壁上挂神匾，神匾之下为神榜，两旁附有对子，神榜之下则挂神龛，神匾为新房屋建好后由舅家赠送，对子为姑爷赠送，神榜则为家族内亲赠送。照壁下摆放八仙桌、四角条凳，八仙桌摆香炉、烛台、帽筒等。富有人家堂屋中间增置圆桌、方凳、条凳。堂屋晒壁挂蓑衣、斗笠，下面摆放农具等。主卧与厢房同为卧室，摆设大致相同，有木床、衣柜、睡柜、亮柜等。其中，睡柜既可以放置棉絮等物品，也可铺上被褥睡觉，亮柜则是用于放置装饰类物品和糕点。富裕人家木床会请木工雕刻花床，增置首饰盒、衣架、梳妆台等。厨房则多摆放厨具用品，如碗架、水缸、案板、饭桌、四角板凳、骨牌凳、饭盒等，也摆放洗脸架，方便用水梳洗。20 世纪 90 年代后，家具式样更新，时兴双开门大衣柜、实木单开衣物柜、横排抽屉木书桌、靠椅、四腿木床，或组合家具等。堂屋仍多置八仙桌和四脚条凳。

神龛　村民用以供奉祖先、神佛的小阁子。一般长 3 尺 2 寸，宽 8 寸至 1 尺 2 寸，高 1 尺 4 寸，钉于中堂神壁离地 2 米左右。神龛上放置香炉（插香烛用），左侧放立座，右侧放长明灯。

神榜　供奉祖先、神、佛，书写名讳的牌位。其宽度与神龛长度相当，高 1 米 2 左右。神榜正中写有“天地君亲师位”或“天地国亲师位”。左侧写“四官大神、神农黄帝、至圣孔子等之位”。右侧写“观音菩萨、值年太岁、历代祖宗等之位”，其下写供奉祖先考妣名讳。神榜左右两边写对子，多为传统俗联。

家用电器 20 世纪 80 年代后，电视机、收音机、电风扇、洗衣机等家用电器开始进入乡村。1995 年后，少数人家开始使用彩色电视机。2002 年底，村中安装 80 套卫星电视地面接收器，村民家中电视机逐渐增多。2020 年，家家户户常用电器有彩色电视机、洗衣机、冰箱、电饭锅、电磁炉、热水器，还有少数人家增置空调、电脑、烤火炉、抽油烟机、微波炉等电器。

◎家庭管理

家庭 朝阳的家庭，皆以婚姻、血缘、经济条件为基础组成。玉屏县解放前，以三代同堂的中型家庭占多数，以夫妻为核心的三代小家庭为主，上有父母、下有儿女，全家七八口人。随着生活水平的提高与医疗技术的进步，现四代同堂的家庭增多，还有少数五代同堂家庭。2020 年底，四代同堂有 13 户。

朝阳家庭成员的地位因各个家庭的状况不同而存在差异，决定重大问题，一般都要召开家庭成员会议进行讨论决定，每个成员都可以发表意见。平时子女和父母、儿媳妇和公婆都同桌用餐，无须回避。家庭中无论男女老少，都可以参加社交活动。家庭的最终决定权掌握在家长手里，这是由于家长承担社会和家庭的主要责任和义务而形成的。1950 年前，一般家庭的经济命脉主要掌握在男人手里，一家之内，父亲为家长，由他负责掌管家庭的经济收入和支出。对内，组织安排全家生产、生活及处理日常事务；对外，代表全家向社会负责。父丧子幼时，由母亲当家，以后长子长大如有能力，即可当家做主。长一辈的女子是一户的“内当家”，负责操持家务，管理家当。一内一外，密切配合。素有“外头有个抓钱手，屋内有个聚宝盆”的说法。娶了儿媳之后，公公、婆婆经过一段时间的传、帮、带，就将其当家理务的职权逐步交给儿、媳，自己则渐居指导地位。现在妇女也顶半边天，夫妻外出务工，妻子的收入不比男人少，加上妇女在务工的同时，会承担更多教育孩子、照顾老人的责任，因此现在经济大权逐渐向妻子倾斜。

家庭分工 家庭内部有习惯性的分工。旧时，男人承担打田、犁田、打谷、割牛草、烧炭、伐木、起房造屋、安葬等事务。粮食生产的过程由男人承担。农闲时做些手工业，或从事短途运输、小本买卖等。此外，男人还要捕鱼狩猎，以备家中美食。女人主要做家务劳动，养儿育女，做饭、种菜、纺织、缝补、舂米、挑水、扫地、带孩子、洗衣、喂家禽，协助男人打田、栽插、薅秧除草等，晚上还要纺纱织布，侍候公婆、照顾子女。男人再累，也有休息之时，女人则从早忙到晚，几乎没有空

锯木　　　　　　　　　　　　　　　　　　　　　　　　　　　　（姚祖告　摄）

纺纱　　　　　　　　　　　　　　（杨　锋　摄）

制作罐罐菜　　　　　　　　（姚林屏　摄）

闲。有了犁土机、收割机、打米机，有了自来水、电和液化气，妇女不再纺纱织布，大多数青年男女一起外出务工，挣钱赡养老人、抚养孩子，只有少数年纪较大的村民留守在家，选择较近的田地耕种，年长妇女则主要在家照顾小孩。

财产继承　家庭财产由儿子继承。财产的继承，通常在子女们都已婚或成年以后进行。一个家庭如有兄弟数人，常请族中的数名长辈和宗族头人当中人。财产先由父母分好份数，人人均等，即可按先兄后弟的顺序选择认领。如果是山林田土，则与众人一起埋石为界。如父母早亡，财产的继承则完全由伯父、叔父、舅父以及族长来主持分配。无儿有女的，由女儿继承（解放前，由过继人继承）。子女、过继人及亲房对父母、叔伯长辈都有赡养的义务，把对其生养死葬视为应尽之责。

分家 朝阳崇尚大家庭，以几代同堂为荣，有的儿弟兄婚后多年也不分家。大家庭分为小家庭后，父母一般与小儿子居住生活，也有的父母轮流在几个儿子家居住或父母分别和不同儿子居住。这种大家庭式随着时代的变迁已经改变，现在的小家庭越来越多，他们往往在结婚和建好新房后就分家另居，出现了很多只有一对夫妻的家庭。这在过去是不可能的，因为在过去往往要结婚生子后才分家或者不分家。家以和为贵，大家庭是朝阳人所追求的，分家也很正常。“男大分家，女大当嫁”。1949 年以前，朝阳人分家时，长辈先留下养老田，然后田、地、山按诸子均分，房屋、耕牛同样均分，如有财产不便均分，可折价补偿。年老无子有女者可以招婿入赘，或立嗣继承，房族无权过问。绝嗣按房族、家族、亲戚、公众顺序来处理。现在的家庭财产分割和继承，也与过去大同小异。过去土地私有，可以自由买卖，家长有较大的权威支配他的财产。现在田、地、山虽不属私有，但有使用权，老人仍有权利把土地的使用权转让给谁或不转让给谁。因此尽管土地的性质不同，但对土地分割传承给子孙的传统是一脉相承的。一般情况的分家，老人可以先预留养老田，其份额也与诸子相同，只不过老人可以优先选择土质和水源好、离家较近的土地。如果父母愿意将他们拥有份额的田土归于某子则与其共同生活。若尚能劳动，田土自己耕种，也可单独另居；老人不能劳动时则诸子共耕，或再次均分养老田，供养父母。如不预留养老田者，家里田地由诸子一次性均分，那么诸子轮流或共同赡养父母。如果两位老人互相关系不好，或者儿子或儿媳只喜欢其中的一位老人，那么两位老人就分开住，并将自己的那份田地带给与之同住的儿子。

艺文杂记

丰富多彩的乡村生活和风景优美的宜居环境，让人对朝阳产生深深的乡土之情，并有感而发，为朝阳村在文学艺术创作方面留下浓墨的一笔。

◎诗　文

有关朝阳的诗文多为21世纪的作品，内容以民俗文化、建筑文化为主，记载形式有诗词、散文、宣传报道、调研文章等。县工商局原副局长、贵州省作家协会会员姚毅，曾创作散文《朝阳村的中秋月色与音乐之夜》。2010年后，部分学者以朝阳为点，研究侗族文化，形成系列论文和调研文章。如：县文联汪兴的《侗族传统村落的保护与开发——对玉屏侗族自治县新店镇朝阳、大湾村的调查与思考》，2014年2月姚莉在《贵州师范学院学报》第30卷第2期刊登的《贵州北侗聚落形态构成及其影响因素研究——以玉屏县朝阳侗寨为例》，2015年8月姚莉、屠飞鹏在《贵州师范学院学报》第31卷第8期登载的《乡村聚落空间景观形态变迁的特征及驱动因素研究——以贵州省玉屏县朝阳村为例》，2016年6月谢丹、胡金勇的《武陵腹地侗族赶坳节研究——以玉屏朝阳村为例》，2016年9月，倪琪、武志东在《大连民族大学学报》第18卷第5期登载的《基于少数民族特色村寨保护与建设的建筑学专业实践教学——以贵州省玉屏侗族自治县朝阳村村寨测绘实习为例》，西安科技大学建筑系硕士生张育讲毕业论文《贵州玉屏侗族传统村落的保护与文化传承初探》等。

诗词

考察朝阳

张人位（贵阳）

一

年臻六五上朝阳，青瓦木楼巧样装。

米酒杯杯迎远客，归来口齿尚留香。

二

重阳徒步上尖坡，同伴庚龄唯我多。

斗鸟欢歌驱倦意，频频把盏话撇脱。

注：撇脱，乃侗语音译，即不必客气之意。

朝阳道中

吴绪忠

时诧沿溪小径回，幽村屡见在山隈。

榴花弄影掩新舍，春浪推波漫浅陂。

数处茬田耕牯壮，几丛林下牸羊肥。

声声布谷绿荫里，播种莳苗阵阵催。

赶坳随吟

吴绪忠

青山绿野映骄阳，靓女庄男聚坳场。

笑语声声音颤颤，欢歌阵阵气昂昂。

盘今问古言词巧，递意传情口齿香。

但看神迷心畅处，分花借带赠同良。

朝阳赋

姚　岩

燕舞葳蕤翠绿青，清幽悦耳布谷鸣。

葱茏碧水梯田绣，峻岭奇峰淡雾腾。

盛世辉煌书万卷，沧桑巨变浪千重。

彩蝶弄影新村美，好客迎宾侗寨情。

忆侗家朝阳村

姚绍元

耸立群山路不平，家家户户爱朋亲。

杂粮米酒开怀饮，行令猜拳侗寨情。

忆秦娥·朝阳采风

罗仕勋

晴天热，朝阳漫步寻词阕。寻词阕，山泉声碎，山声切。

深山古道采风客，声声木叶牵蝴蝶。牵蝴蝶，毫书飞凤，丹青泼墨。

散文

我在朝阳等你

郑美妮

一到夏天，我总会想起韩寒的诗——我最怀念某年，空气自由新鲜，远山和炊烟，狗和田野，我沉睡一夏天。

诗很美，夏天也很美，碧蓝的天、清澈的水，甘甜的西瓜、每天都要吃的雪糕，夏天炎热而美好。当然，这个夏天如果加上咱们侗族村寨朝阳村的画面就更美了，青山绿水、小青瓦、吊脚楼，等等，朝阳村的夏天究竟有多美，今天就一起去瞧瞧。

新店镇的朝阳村是侗族聚居地之一，不仅有侗族的传统建筑和人文风情，还有丰富的自然资源和良好的生态环境，是独具特色的民俗区。朝阳村的民居依山坡地形而建，层层叠叠，周围绿树环绕，环境幽美。每次到朝阳对于我来说都是难得的福利，一路美景心旷神怡，深感朝阳的美不能只是观赏而是需要用心去触碰……

进村的路上，山峦环绕，河水悠悠。山川之间流淌清澈见底的小溪，弯曲绵长，远看像一条清凌凌的丝巾缠绕着山底，倒映着蓝天白云，以及两岸乡亲们的劳作收获和欢喜悲伤。

朝阳风光（姚林屏 摄）

在朝阳，放眼望去，不管是山岭亦或田野，处处都披着绿色的衣裳，微风轻拂，荡漾起一波一波的绿浪，村庄在绿色的映衬下，显得宁静、悠闲、恬淡和美丽……

夏日里，蓝天白云下的山野，苍翠欲滴；村头篱落之间，枝枝绽蕊怒放。齐腿高的禾苗里，听取蛙声一片，让人恍如置身绿色的海洋。清晨，田里的禾尖和水草上，沾满了白茫茫的露珠，在阳光的映照下，会折射出七色的光环。

雨就像说来就来的精灵，适才还是朗朗晴天，转瞬就下起了绵绵细雨。雨里的朝阳，不管是一缕清风，还是几丝细雨，都会弹出醉心的旋律，山间浓雾弥漫，看起来天地相连，静谧的山脉，翻腾的溪流，像是在梦中，又像是在画里。

用心聆听，在时断时续的雨声中，似乎能听到大山在喃喃低语！似乎能听到花草树木甚至是石头的呼吸，闻到泥土散发着淡淡芳香。沟道两旁，只要是雨水洒过的地方，无处不张扬着充满活力的生命气息。在绿树红花的簇拥下，我常常醉心思考我们的祖先，是如何选中了这块如诗如画的宝地，让这个村庄就像世外桃源。

绵绵细雨把我梦魂萦绕的心灵牵引至我深深依恋着的吊脚楼，那是凝聚了侗乡人民勤劳与智慧的吊脚楼。侗家的吊脚楼挂在山腰，锁在雾中，青瓦木楼托着一个古老的传说，烙印着民族文化的遗产，流传着侗家遥远的、动人的歌谣。

它没有现代建筑物华丽的装饰，也没有古色古香做工精细的雕塑，它诞生于侗家前辈，岁月悠悠，记载着民族文化的历史。回荡着侗家儿女甜美醉人的情歌，编织着侗家五彩缤纷的梦和袅袅升起的炊烟。

善良的侗家人用充满泥土芳香的山歌小调放飞思念，用甘甜的米酒酣畅侗家的儿女情长。水车翻动着侗寨的年轮，笛声在吊脚楼缓缓回荡，拾一片凝固的历史，走在青石板路上，我追寻吊脚楼上箫声笛韵的感动，仔细咀嚼一个个美丽的故事。

我久久凝视，深深陶醉于青石板上回响的脚步声还有那泥土与树叶的呼吸声，任细雨轻轻抚摸着我的脸颊，我心激动，却没有言语，因为此刻我已为这美景而沉醉……

来源：《玉屏文学》2020 第 3 期总 75 期

侗布的背影

黄国奉

也许这是在夸张，可还是要说，侗族那片棉花地，曾经暖盖着侗乡，鼓荡着侗布的背影。

立春，蛰居的虫类在土洞树洞中苏醒。草，是二月扎进天空的刺，疼得让日子不停向前奔跑。再过五天，小溪河的白冰将融化，念沙鱼开始到水面上游行，水面没完全溶解的碎冰，像被念沙鱼噘着小嘴顶着一般浮着。这时节，枫叶上的黔东亮起灯盏，枫叶上的侗寨、溪流、吊脚楼、棉被下的梦境，都做着人间最美的事。侗布的话题在火塘边开始隆重登场，火苗见证着这些温暖的对话。

侗布，它的情节和制作有关，这本繁杂而细致的书籍，它有种棉、纺纱、织布、染色等诸多章节。

种棉的日子放在栽秧节到来前。玉屏，亚鱼，雷寨，种棉头一天，赵二柳把儿子未过门的对象接来了，嫁出去的女儿请回来了，外村的亲戚朋友赶来了。棉地少的帮棉地多的，人多的帮人少的。用稻草烧成的灰把棉籽裹黑，据说裹得越黑，棉花就开得越白。其实，那是一种消毒方法，赵二柳说。在种棉的这天清晨，赵二柳要去祭萨，请求菩萨保佑棉田丰收。之后，他家的男女老少都出动了，挖地、整厢，打凼，挑肥，热火朝天。夜晚，赵二柳家杀鸡抹鸭，刷洗腊肉、腊大肠、腊猪舌头，最好的东西拿出来招待客人。饭前，赵二柳用筷子头蘸一点米酒，弹三次，请种棉花的先祖先吃。

这时节，要用劳动号子、笑声、山歌这些富含情感和糖分的词汇来形容棉花地。松树像三千嫔妃，为来种棉的土狗、黄牛、亲戚、村民夹道起舞。村民们打赤脚，是为了和棉花地保持肉体关系。儿童吹竹笛，缘于炊烟比旗帜还要庄严地升起，棉花比雪花更暖身。

棉树举着七八张叶子，轻轻地开花。花刚开始是鸽子白，逐渐变成鸡蛋黄，四五个小时后，开始转变成鹦鹉红。第二天，逐渐变成太阳紫带点红。花会变色，不了解的人，还以为这种植物能开不同颜色的花。棉花肚里的村庄，一天天酿着彩色的温暖。

侗布背影　　（杨　锋　摄）

枫木坳，女人在摘棉。即将沉没的落日，像棉花地里的一小盆火。棉花的话，只说给女人听，哑了一个夏天的青桃，女人教它们怎么开口。女人弯腰，一句一句地打捞，花朵一说话它就开放。一只只尝到甜头的舌头，拱着女人的胸脯，真是群撒娇的孩子，争着抢着与女人亲昵。花丛中，女人一遍又一遍地舞动。

晒棉、选棉、轧花，枫木坳的日子天天地淌着。

淌过来的，还有那个弹棉

花的侗家男人。扛着巨大的弹棉弓，威武拉风的样子，莫不像个退役的士兵。弹棉花哦，弹棉花。弹匠呼唱声里，粘着一串凑热闹的小孩，如小鱼儿们跟着条嘣蹦响的大鱼。堂屋里，弹匠手拿槌棒，弓弧敲弹不止。棉花的表情弹松了，嫩白地笑，一朵朵地在锤子和弓弦之间弹跳着，有点静，有点远。一支乐队，一个歌手，有时哼侗歌，有时唱长调，皆悠然悲催，但带着温暖。弹匠，应该是个有故事的人。

侗寨，朝阳村。微风，是枫木树用一万把小扇子扇出来的。蓝印花对襟衣，蓝土布头帕，二婆把天的蓝穿在身上，水的蓝盖在头上。二婆端坐阳光里，白纱缠绕着，像坐在黄金打底的雪上。朝阳的纺车，二婆那辆最忙，一年到头摇呀摇转呀转，像极了藏胞手里昼夜转动的经筒。她纺着纺着，线团越纺越大，就鼓到天上当月亮。我猜，从二婆纺车嘴里吐出的棉纱，能把朝阳的高山大岭缠一遍。村民把棉花送来，二婆慎重地用旧报纸包好，做上丫丫杈杈的记号，那应该是侗族象形文字。有了这些记号，刘家棉、赵家纱都会对号入座。望着二婆的纺车，我想，能够从一而终地把纺纱做到极致的二婆，她一定是将纺纱织布当作宗教和生命的信仰。如今，尽管纺车的车轴磨损得剩下手指那么细了，锭子生虫，线弦已断，纺纱的声音好像没有断。

道扒溪，仲夏，草叶长成了箭，一簇簇射向沸腾的黄昏。黄昏，适合浣纱。把把纱，安睡于秋菊的竹篮，晃荡的梦拎在手中，划着好看的弧线。石板路上，赤板脚留下了淡淡的印痕。道扒溪的浣纱在两种情况下进行。一种浣洗织纯白色布用的纱，这个活动，在溪边长条岩石板上进行。弓腰埋头反复地搓，秋菊高高扬起木棒，重重落下，她手背上淡淡的青筋，隐约可见。浣纱溅起水花里，藏着小小的虹。对于纱来说，搓洗或许就是抚摸，石板就是肥皂，槌打就是棍喝。秋菊咬着牙和纱较劲，拧扭得不剩一滴水。纱回家后，或者晾在吊脚楼的美人靠上，或者套在竹篙上。风扶着竹篙，穿着白纱衣，面朝阳光。另一种浣纱是在染纱后，纱线在染庞桶里埋头睡了几小时，捞起来滤干拿到溪河边，放它在长流水中摇曳。沾在纱上的染渣飘走后，拧干水分，再拿回套在竹篙上晒干。

浣纱，纱和溪流的对白。织布，是时光和时光的交流。织布，一项长期持久的工程，像一个人的修行，在云端，在深山。侗族古歌《当初歌》悠然而唱：

当初萨样置事物，她置事物置棉纱，

她置棉纱置棉布，她置棉布遮体团寨人，

团寨之人，托她换新颜。

禾梨坳，深秋，草黄了，天蓝蓝地坐着。吴家场院里，蹲着一排大庞桶，大肚子能存好几担水。吴大红配制染料，禾秆草心灰浸泡，去渣，放蓝靛、烧酒、重生禾草、英果叶挤汁放大桶内，加盖浸八昼夜，桶里的染料水作黄色，染料就酝酿好了。侗布以红和黑两种颜色的天然漆层层相间涂刷，因此经常看到侗布的切面花纹是红黑相间的，这个古法叫作髹涂的过程，要涂刷七十到八十层，每层的厚度必须要一致。吴大嫂把白布放在盆里用开水拍洗晾干，放进染桶浸染半天，取出放在桶架上滤水，又连染三天取出晒干，放到染桶浸染两天，将染布拿到河里摇洗，晒干后上牛皮膏，再连染三天，又到河里清洗晒干，放入染桶三天后取出洗净晒干。一匹布，前后染五回，需要十一天零半天。要是做百褶裙的布，要用鸡蛋清浆一次，木棒将它槌柔，卷成布筒，上甑蒸一天一夜。蒸布时，把紫草、莨闹、牡丹花树根、黄红树根挤在石碓里舂烂，锅里加热，水蒸气包含着布匹染色蒸透。这时候，侗布显出了它的雏形。这样的事，吴大嫂重复了几十年，她像一个心怀花朵的人，把劳动美描述到了极致。

一说起捶布，就听到了枫木坳的捶布声。纱躺在布里，比布还薄，像被小心捧着的水。平静的纱，轻吹一口气，顷刻波翻浪涌，仿佛早已崩溃、破碎，又重新敛起。棒槌有牙齿，重重落下，轻轻地咬着布匹。击打，妈妈说要超过一万次。这是五月，纱布已形成，同时形成的，还有花纹、鸟雀。长久的击打，并不曾使纱布开口说话，只是击打出了更多时光。经过反复过染，反复捶打，捶出来的布光滑、透亮，色泽鲜艳，呈现出紫铜红。侗布捶好之后，卷筒收藏。下一个篇章，将由剪刀来述说。

侗布，植物编织的艺术，天使吻过的丝织品。穿新亮布短裙的秋菊天使一般，胸前裹肚，头顶银饰，叮叮当当地去田心坪相亲。六月六，哥哥上穿对襟衣，下着宽口长裤，要去禾梨坳赶坳。山坳上的阳光，像歌声照着最近的虎耳草。有人开始唱侗歌：

吃了油茶定了情，吃了月饼定了心。

棉籽开花结香雪，莲藕下塘结甜根。

歌声里，草在结它的种子，风在摇它的叶子，我们站着，不说话，就感觉心里蛮亮堂。风拂着我家大门，阳光轻轻靠着门窗，老屋内心就凉爽了。妈妈站在菜园子，锄头上滴着土腥味。木楼穿梁上搁着的棉花籽，今年不会再长大了，微风中，它只用指尖，触了触阳光。

雷寨，棉花地，已经不再种棉花。种棉人、黄狗、父亲、二婆、染料都从黄土路上依次远去。远去的时光中，前些年种下的棉类植物，在空中扎根发芽。侗布暖盖着的枫木坳，住着一些黄黄的秋风，白白的恒星。站在树梢上的月亮，像一面搁着乡愁的铜锣。在青铜的呼喊下，那些穿在身上的音乐，还在不断地伸出白羽般的触须。

来源：《玉屏文学》2020 第 3 期总 75 期

报刊文摘

保护与开发并举
玉屏侗族自治县广辟途径挖掘朝阳北侗文化

杨　林

盛夏时节，骄阳似火。8 月 10 日，笔者在玉屏侗族自治县新店乡朝阳村看到，数十名村民头顶烈日，挑着撮箕、挥动铁铲，忙于硬化进村主干道和连户路，一派火热景象。

今年，玉屏侗族自治县决定把朝阳村作为“四在农家”创建活动县级示范村来建设，落实领导联系村制度和部门帮扶制度，选派了工作队驻村开展工作，完善基础设施，挖掘民族文化，以加快贫困村全面建设小康社会步伐，努力构建和谐社会。

努力完善农村基础设施建设，为农业和农村经济发展开拓新的领域

朝阳村是一个以侗族为主的少数民族聚居区，距玉屏县城 12 公里，全村共有 7 个村民组 208 户 911 人，侗族人口占全村总人口的 90% 以上。北侗风情浓郁，民族文化深厚，森林覆盖率高，土壤植被保护较好。

朝阳是典型的农业村，靠传统种植业为主，由于受自然条件限制，朝阳村经济发展较慢，农民生活水平不高，相对贫困，人均年收入仅 1130 元。

工作队进村之后，在深入细致调查的基础上，拟定了朝阳村今后的发展方向，即充分利用朝阳的风土人情进行民俗文化旅游资源开发，创建一个集文化、休闲、娱乐、野炊为一体的民族旅游景点。对此，驻村工作队积极加强上下联系，努力完善农村基础设施建设。干山坡和尖坡两村民组由于道路不通，与外界交流极为不便。在县农办等部门支持下，投入扶贫项目资金 4 万余元，公路现已全线贯通。距干山 3 公里的花木坡寨村民还以这次修路为契机，自发集资 5000 余元，在施工队伍挖掘机的帮助下，修通了干山至花木坡的公路。在公路硬化方面，多方筹集资金 6 万余元，对进村主干道和连户路进行硬化。目前，水泥已到位 80 余吨，全体干群已抢抓农闲

时节，冒着酷暑，奋战在建设工地，争取在 8 月底全部完工。

走侗乡特色之路，营造人与自然和谐统一的人居环境

作为“北侗之乡”，朝阳村民族风情浓郁，旅游资源得天独厚。玉屏紧紧围绕开发朝阳村旅游资源这个中心，走侗乡特色之路，着力营造人与自然和谐统一的人居环境。

目前，该村旅游规划已经出台，并通过有关部门论证。根据规划，将在朝阳村和大湾村分路的路口建立一个永久性的侗寨大门标志，并争取在 2006 年底完成旅游寨门和休闲长廊的修建。

今年年内，驻村工作队将配合村支“两委”争取部门支持，引导农民发展村级集体经济项目，分别建立一个土鸡养殖场和山羊养殖基地。在路面硬化方面 . 驻村工作队还充分结合朝阳村实际，因地制宜地铺设鹅卵石路面，充分体现原貌。该县还在朝阳村大力推进沼气池工程建设，为保护生态提供保障。

目前，全村今年拟建的 60 口沼气池也正在紧张施工当中。在此基础上，驻村工作队还将争取资金，对进村主干道进行绿化，工程将于明年年底完成。

广辟途径，挖掘民族文化，丰富群众生活

朝阳村民族文化深厚，唱侗歌、唱酒歌、对山歌、斗画眉、赛马等民族活动仍保留至今。玉屏紧抓旅游开发这一主线，广辟教育途径，将民族文化发扬光大。

今年，驻村工作队进村之后，分别建立民族侗歌队和民间舞蹈队，邀请县民族文化艺术团专家进行培训，并将设法为该村配备 100 套北侗民族服装，举办 4 次文体活动，使群众参与率达 65% 以上。

6 月中旬，在朝阳至干山坡村民组公路通车庆典中，由群众自编自演的文艺节目深受观众好评。

农历九月初九，朝阳村还将在重阳佳节到来之际，举办大型文化活动，邀请相关部门、邻近村寨及县外文艺爱好者前来参加。

来源：2005 年 8 月 15 日《贵州民族报》

又是“九月九”朝阳村赶坳好热闹

龙 琴

农历九月初九，是传统佳节重阳节，也是侗族人民的盛大节日——赶坳节。赶坳活动当天，侗族的男女老少身着盛装相约齐聚，或以歌会友、或组队起舞、或巧斗爱鸟、或开展文体活动竞技，以丰富多彩的活动形式，热烈庆祝这个侗族的传统节日。

上午9时许，伴随着阵阵锣鼓声和鞭炮声，一年一度的侗族“九月九”赶坳活动在玉屏自治县新店镇朝阳村拉开序幕，来自周边县市、乡镇的群众，自发组成山歌队、画眉队、文艺队、拔河队、锣鼓队等队伍，在朝阳村文化广场有序排开，活动现场气氛热烈，各项活动精彩纷呈。

在绿树成荫的山林间，不时传来阵阵悠扬悦耳的歌声。

在朝阳村文化广场旁一处建于山间的侗族鼓楼里，聚集着来自湖南、黔东南、玉屏等多地的山歌爱好者，他们以情歌、借带歌、分花等形式，自行邀约搭档参加活动，他们或对唱、或合唱，用最质朴的声音、用最“接地气”的歌词、用最直接的方式，尽情传唱着侗族山歌，表达着侗家儿女最诚挚的情感。

“我是湖南省新晃县人，从年轻时便十分热爱唱歌，知道朝阳村举办‘赶坳’活动的消息后，我就立马邀约朋友前来参加，通过以歌会友的方式，结识了很多新朋友，非常开心。”山歌爱好者杨银丹高兴地说道。

文艺表演　精彩纷呈

在文艺活动现场，独特的吹树叶配山歌合唱节目拉开了文艺表演活动的帷幕。

随着一支支激情洋溢的民族舞、现代舞、拉丁舞闪亮登场，将文艺活动现场的氛围推向了高潮，群众或热烈鼓掌表示支持欣赏，或拿出手机记录每一个精彩时刻。

“很高兴朝阳村举办此次活动，为我们中老年人开展文艺活动提供平台。让我们能够充分展示自己的才艺，也进一步弘扬家乡民俗文化，我们希望这样的活动能够经常开展，今后我们定会第一时间报名参与。”山歌协会舞蹈队队长姚茂祯乐呵呵地说道。

体育竞技　谁与争锋

随着裁判员的一声哨响，朝阳村文化活动广场另一边的篮球赛正式开始。

赛场上，参赛队员们个个生龙活虎，身姿矫健，娴熟精准地卡位、防守、传球，配合完美，比赛非常激烈，场外站满了围观的村民为球员们呐喊助威，每一次精彩的进球，都赢得了现场观众阵阵的欢呼声和掌声。

除此之外，乒乓球比赛、拔河比赛、背媳妇比赛等体育竞技项目都在激烈、热闹、欢乐的氛围中有序开展。同时，各项体育竞技活动都秉承“公正、公平、公开”的原则，经过数轮角逐，评选出了一等奖、二等奖、三等奖、鼓励奖、精神文明奖等奖项。

“斗鸟”“斗牛”均是民俗活动，为进一步弘扬传统文化、展现民俗活动的独特魅力，此次赶坳活动，也特设有“斗画眉”“斗牛”活动项目。

在“斗画眉”活动开始前，来自四面八方的养鸟人将装有爱鸟的鸟笼摆放在一起，与其他“参赛选手”争奇斗艳。活动正式开始后，参赛的画眉鸟勇猛善斗，一见到对手便射箭般地扑向对方，你抓我啄，动作既猛烈又灵活，还不时发出尖锐的叫声。赛场上，鸟儿打得难分难解，赛场下，在旁的主人也随着“战况”变化心情此起彼伏。

经过激烈的角逐，此次赶坳活动“斗画眉”的冠军，再次被曾在大湾村2018年迎新春文化活动中获得“斗画眉”第一名的潘世伟夺得。

在斗牛场现场，周围站满了围观的人群，他们目不转睛地看着赛场上的斗牛激烈角逐。赛场上，斗牛相互攻击、互攻不下，场面精彩纷呈，周围群众也是欢呼呐喊，好不热闹。

来源：2018年10月22日《铜仁日报》

山歌与吹树叶表演　（朝阳村　提供）

朝阳村乒乓球比赛　（朝阳村　提供）

◎传　说

赶坳的传说

赶坳，是朝阳传统而又盛大的节日，俗称“赶坳节”。它是侗族男女青年相聚山坳，以对唱山歌的形式，谈情说爱，寻找自己心爱的恋人，以求鸾凤和鸣，共度百年。

这样一个充满浪漫色彩且又热闹、火爆的节日，原本就有一个悲情、美好并浪漫的传说。

很早以前，在玉屏西南边的一个寨子里，有一个叫姣妹的侗族妹子，她聪明美丽、心灵手巧，她唱得一口的好歌，歌声飞起，恰如百灵鸟一样的婉转动听。到了十六七岁的时候，亭亭玉立的她出落得像三月的桃花，惹得寨上甚至更远的小伙们都心动不已，纷纷托媒上门提亲。蝶恋花，后生爱美女，这本是天经地义的事，可恰恰寨上一个花心的老财主，偏偏看上了姣妹，要娶她为第六房。老财主有钱有势，霸道张扬，他生怕有人把姣妹娶走了，赶忙派狗腿子上门传话，对姣妹的爹妈放出狠话：这门亲娶定了，若识相，那就红花彩轿抬进门；若不识抬举，则绳索棍棒抢进门！倘若有哪个吃了豹子胆的小子，敢与老爷争亲，那这小子也就怕活到头了！老财主狠话一出，姣妹的爹妈整日愁眉苦脸，原来上门提亲的也都从此避得远远的。

姣妹劝爹妈，莫着急，急坏了身子害自家。爹妈哪能不着急，财主心狠手辣，说得出就做得出，哪天说不定绳索上身，不知不觉就绑进府去，同这老朽一起，岂不是看着女儿跳进火坑。姣妹说，我宁死不去那老鬼家，莫非他真能把我吃了？看着唉声叹气又无所措的爹妈，姣妹也闷闷不乐，寨子里再也听不到她动听的歌声。

一天，姣妹上坡打猪菜。听到对面坳塝上传来一阵清脆的歌声，她抬头望去，一个砍柴回家的年轻小伙正站在坳塝上，一边用手拐子抹汗水，一边对着这边唱歌。

唱歌的人叫三郎，是隔壁寨子的小伙。他也十分喜爱姣妹，只是家境贫穷，既不敢向她表露心迹，也请不起媒人上门提亲。他听说老财主想霸占姣妹，心里愤愤不平，就想远远地用歌声安慰她，鼓起她生活的信心。

姣妹听了歌声，也用歌回应三郎，谢谢好人的关心。

第二天，当姣妹又出来打猪菜时，发现三郎又在那坳塝上，心里顿时有种别样的感觉，她不知三郎是凑巧还是有意在那里等待。三郎见姣妹来到，立即唱歌问好。姣妹也同样回唱。一曲又一曲，两人慢慢走到了一起。歌声变成了轻轻细语，柔柔情肠，直到太阳落山，二人才依依不舍地分手。

连续几天吐心诉情，缠缠绵绵，相许终身。很快，这消息不但寨子上的姐妹知道了，老财主也知道了。他大为恼火，命狗腿子急忙上门对姣妹的爹妈说，老爷发怒了，必须立即将姣妹守在家里，不许出门，就在这几天，老爷将选择吉日，大喜成亲。

三郎听到消息，坐立不安，趁着夜色，在姣妹的好姐妹们的帮助下，悄悄来到姣妹家，要带她一道外逃。爹妈虽万般不愿，担心女儿今后受苦遭罪，但是不逃走，就得嫁给财主老爷；心一横，也就答应了两个年轻人的请求，任他们为情而奔。

财主老爷得知姣妹与情人私奔了，气得暴跳如雷，立即找姣妹的爹妈大闹一场，又到隔壁寨子三郎家大闹一场，还派人四下打探，看二人逃到哪去了，只要发现他们就抓回来一并处置。

姣妹在三郎的带领下逃进了深山老林，他们在一个叫尖坡的地方安顿下来，搭起茅屋，垦荒种地，男耕女织，恩爱度日。没想到，平静的日子才过半年，老财主还是打探到了他们的踪迹，派人要抓他们回去。

二人宁死不从，在一处悬崖旁，大声喊道：我们生是夫妻，死也是夫妻，今生来生永不分离……之后，他们相拥而吻，纵身一跳。就在他们的身子在悬崖间坠落时，突然，崖间风声大作，祥云飘飞。紧接着，风声变成了清丽婉转的鸟声，祥云里飞出一对美丽的画眉鸟。两只画眉在崖间自由地飞翔，翩翩袅袅，啁啾鸣唱。

兄弟姐妹们都相信姣妹同三郎化成了画眉鸟，从此，在山清水秀的天地里，过起了无人打扰、自由自在、幸福恩爱的夫妻生活，天长地久，同日月共老。此后，追求恋爱自由的侗家青年男女在姣妹和三郎的殉情日，成群结队地赶到他们化为画眉的尖坡坳，用歌声怀念和赞美、歌颂他们。赶来看年轻人唱歌的长辈们会带来画眉助兴，让画眉的婉转之声同青年的歌声，声声相映。

久而久之，赶坳演变成了青年男女对唱情歌、寻找恋人的“侗家情人节”。

罐罐油茶的传说

很久以前，有父女俩从远方逃难来到湖南贵州交界之处。

一天，父女俩讨饭时，遇到一家小孩突然晕倒不醒，见主人忙得不知所措，痛哭不止。其父便劝主人莫哭，他可以试着想想办法。主人听到这么一说，急忙跪在父女俩面前恳求，父忙叫女儿解开布袋子，取出自备的草药，在几个穴位上擦并在颈部点了几穴灯火，小孩很快醒过来了，主人感谢不止。

从此，人们都知道了父女俩的高明医术。一传十、十传百，方圆几十里的地方都来请他父女俩治病。他们也逐渐和当地人交上了朋友。人们也对父女俩非常信任，相互结下了深厚友谊。

女儿名叫秀珍，长相很好，她桃红粉嫩的笑脸，眉清目秀的眼睛，漆黑发亮的小辫，能说会道的口齿，特别惹人喜爱。

几年后，秀珍长到了十五六岁，更是容貌似花。这年八月十五，父女俩被人请到十里开外的龙塘去治病，在路上刚好与一伙官兵抬着的思州（今岑巩）县太爷碰个正着。县太爷把秀珍上下左右瞧了一番，即令官兵停下，不问青红皂白把秀珍抢走。

秀珍的父亲哭啼央求，县太爷不但不理，反而把秀珍的父亲踢倒在地。县太爷把秀珍押到思州作为第十二个老婆，那时有钱有势的人都喜欢娶十二个老婆，盘十二个儿子。

县太爷已年逾古稀，第一个老婆年过花甲。秀珍受着难以忍受的痛苦，曾多次打算悬梁自尽，因常有差使严加监守故未成功。一天中午，秀珍与一位二十几岁的男差在柑子林中乘凉，不料被县太爷看见，县太爷怒火冲天，把那男差当场斩首，命差使对秀珍毒打。之后，每顿只用二两米磨成粉，做成黄豆大的圆子，加上老茶叶用罐子煮，用筷子拈来吃，不能倒于碗中，还限点燃一寸香的时间吃完，吃不完的不能再吃，哪怕再饿。

时间一天天过去，秀珍一天天地吃罐罐食，半年过去了，县太爷看到秀珍的身体不但没变坏，反而比以前更加健美，莫名其妙，便向秀珍逼问来由。秀珍苦脸带笑地回答："命不该死，黑可变红，山珍野味，益人无穷。"县太爷无话可说，又不好生秀珍的气。县太爷想来想去，使出了阴谋。把秀珍这种吃食取了个美名叫"罐子茶”，并以秀珍的健身例子大张旗鼓地宣传这种罐子茶的益人功效。把此茶作为招待一切官员的上品，县太爷的这一招很快传遍了四面八方。

有一次，一位八弓来的翰林博士特来拜访，要见识县太爷的这种罐子茶，县太爷为保其声誉，命秀珍亲自制作献上。那博士品尝后立即竖起拇指夸奖，“高明，高明，这种罐子茶观其色，色无不上也，闻其香，香无不上也，品其味，味无不上也。”

不到一天，这种罐子茶很快传遍了整个思州城和村庄。老百姓都认为博士的话威信可靠，于是也把这种罐子茶作为款待亲友的佳肴。不过都没听哪人说过有像秀珍姑娘制作的那种奇特表现。

几年后，县太爷看到前十一个老婆一年年变老，唉声叹气，心想要是她们十一人都能像秀珍那样变得娇美那该多好啊！于是心生一计，向秀珍讨好说：前些年是我太爷的不对，偏待了你，我向你悔过，从今天起我对你们十二个老婆人人平等，都天天和你一起吃罐子茶，表示我对你们一片公平心意。秀珍明知有鬼也只好答应。县太爷给每人买一个罐子，每顿每人二两米，磨成粉做成圆子，加上老的生茶叶照样煮着吃，不到两个月，秀珍身体变得比以前更健美，那十一个却变得像瘦猴。县太爷觉得不对，逼着秀珍招出实情，秀珍回答说：

罐罐油茶　　　　（杨　锋　摄）

“这种吃食是贱食，贱人吃了体发强，富人吃了体发黄。它是贱人的朋友，是富人的对头，它是一伙追魂夺命之鬼；见贱人就让，见富人就上，吃得吃不得，你是狗屁不懂，看来县太爷是好心不得好报了。”县太爷大怒，又一次将秀珍毒打，差点断了气。县太爷眼看事态到了尽头，当天夜里趁思州河洪水大涨之时将秀珍投河溺亡。

再说那博士离开思州后，做梦也想吃思州的罐罐茶。因为在一年里，吃到老百姓制作的若干罐子茶都与在思州吃到的大不一样，差别很远。

为了弄个水落石出，博士第二年只好重返思州，当他重返思州时再次吃到别人制作的罐子茶也和第一次吃到的千差万别。到底是怎么回事？他只好向县太爷问起当年给自己制作罐子茶的那位姑娘。县太爷老半天才说：“死了。”博士进一步向差使打听真情。一些同情秀珍的人把实情照直吐露才真相大白。博士两眼含酸，他为了倾泻心中怒气，及时告诉了思州附近的老百姓。老百姓听了这事对县太爷恨得咬牙切齿，都说：我们要坚决把秀珍的手艺永远传下去，传给子孙后代。

朝阳、大湾一带的人听后，人人悲痛至极，人们还为她举行了三年的“三三三、六六六”悼念活动，三三三是悼念活动举行三年，每年三月，悼念三天。六六六是三年内每年月初六、十六、二十六，简称三六悼念活动。这三天悼念的内容是照着秀珍姑娘吃罐罐食，不吃别的。后来朝阳一直保留这种食俗，并加以改善，增加了油、香料，形成了罐罐油茶。

缸子岭的传说

缸子岭位于朝阳村茶油林组，是朝阳村海拔比较高的山岭之一，是天神降临的天台，山脚的形似香炉小山凸叫“香炉凸”，是人们遇难烧香烧纸祈福的地方。“缸子岭”的由来与山顶上的一口神奇水井有关，关于这个水井的神话故事流传至今。

在很久以前在朝阳村一带，连年干旱缺水，村民遇到天灾人祸，都会到“香炉凸”烧香跪拜祈福，持续了很多年。村民常年诚心祈福，感动了天神，于是降下神岩、神鱼至缸子岭上，形成一口天然的神缸，井里住着彩色神鱼，长年保佑这一带百姓平安。从此，朝阳一带水旱无忧，不时山上还发出了神光，有幸看到此神光的人会事事顺心，长命富贵。几年后，此事被皇帝得知，命精通道术的道士秘密到缸子岭详查。道士把此行所见所闻回去报告了皇帝，说缸子岭有一活宝，乃异彩灵鱼，地下定有龙脉滋养灵鱼。皇帝大惊，速命道士和部下前往缸子岭，开山斩龙，断掉这一带龙脉，以保帝业根基。经过火药、挖掘等一系列的破坏，天然神缸被毁，井中神鱼也被道士一行带回了皇宫。那年，朝阳一带发生了一场大火，全寨的房子都被烧毁，后来连年干旱缺水，人们做事也不如以前顺利，于是人们渐渐地搬离了这里。

留下的村民深信神鱼有一天还会回到这个地方，他们自发组织开山采石，手抬肩扛，在原缸子岭的神井原址上重新修了一口石缸，每日不断往山上挑水将缸灌满，盼有一天神鱼能重新回来，让神鱼回来有个安身之处。村民还在每月农历十五，带香纸贡品到山上祭拜一次，祈求神鱼返回。没有神鱼的石缸，很快水就干枯了，村民见状日复一日、年复一年挑水灌满石缸。过了很多年，人们的精神再次感动了天神，命掌管下雨的天神经常观察此处的水情，莫让这带百姓干旱。如果缸子岭上的石缸干了，就下一场及时雨把石缸灌满，保佑这一带百姓风调雨顺，从此朝阳这一带再无干旱缺水，村民们过着幸福平安的生活。

据村中老人回忆，在解放前夕，朝阳一个村民组十几户人家遭遇火灾，过后村中请先生前来查看，先生让村民到缸子岭查看缸子情况，是否石缸缺水。果然，前去查看石缸的村民回来说石缸没有水。随后先生命遭遇火灾的村民组上的村民家家挑水将缸灌满，很多年后此村民组就再无火灾灾情。其中缘由都不得而知，更多的是这里世世代代的村民对大自然的敬畏和崇拜，以及对美好生活的追求。缸子岭上的石缸，如今还在，缸内也蓄满了水。

（吴继中　整理）

◎谚语　歇后语　童谣　民谣

谚语

生活与亲情

甜不甜家乡水，亲不亲故乡人。

冬吃萝卜夏吃姜，不用医生开药方。

吃饭不离老屋场，养猪不离打粉房。

在家千日好，出门时时难。

当家才知柴米贵，养儿才晓父母恩。

儿不嫌母丑，狗不嫌家贫。

公讲公有理，婆讲婆有理，媳妇说来大道理。

压逼不成生意，捆绑不成夫妻。

嫁出去的姑娘，泼出去的米汤。

心愿意愿，哪怕胡子打辫辫。

崽望娘，扁担长，娘望崽，断肝肠。

会做媳妇两头瞒，不会做媳两头传。

公不离婆，秤不离砣，扁担不离箩筐索。

装在碗里都是菜，手板手背都是肉。

独柴难烧，独崽难教。

背地不教子，当面咬牙齿。

养儿不读书，等如喂个猪。

养崽不学艺，挑断撮箕系。

跟着好人成好教，跟着坏人成强盗。

儿孙自有儿孙福，莫跟儿孙做马牛。

吃不穷，穿不穷，不会算计一世穷。

家中无水多挑担，哪有工夫累死人。

千金难买老来瘦。

三十不掏耳，四十不绞牙。

早上三盅，一天威风。

饭后一杆烟，快活过神仙。

世态与交际

穷要看，富要看，莫把穷人当狗看。

狗仗人势，火仗风势。

强中更有强中手，莫在人前自夸口。

善有善报，恶有恶报，不是不报，时候未到，时候一到，自然要报。

猫急上树，狗急跳墙。

万丈深潭终有底，只有人心拿不准。

鼓不打不响，话不讲不明。

大路不平旁人铲，刺蓬不通有人砍。

缸口封得起，人口封不住。

拉得住的手，封不住的口。

野兽的皮好认，坏人的心难摸。

猫哭老鼠是假，狗爱骨头是真。

莫把黄牛当马骑。

躲脱不是祸，是祸躲不脱。

鼻子专闻香与臭，眼睛能看善与恶。

穷莫奔亲，冷莫向（烤）灯。

竹子要分上下节。

杀猪杀登喉，帮忙帮登头。

水到门前慢开沟。

心中有事心中怯，心中无事硬如铁。

筷子撬不动地脚枋。

人要忠心，火要空心。

吃菜听味道，讲话听落头。

有口讲人家，无口讲自家。

开水不响，响水不开。

艄公多了打烂船。

只有抬不动的山，哪有请不动的人。

有盐同咸，无盐同淡。

一人有难大家帮，一家有事九家忙。

一人挑一担，万人堆成山。

吃药不投方，哪怕用船装。

三句好话暖人心。

外头得个唧唧雀，屋里失落母鸡婆。

蚊虫遭扇打，只为嘴唠杂。

豆腐越滤越有渣。

顺风不要几棹片，背时只在一眨眼。

扁担无爪，两头滑塌。

十个说客，抵不得一个撮客。

嘴巴是扁的，讲话是圆的。

一颗老鼠屎打涴一锅汤。

酒醉真君子，饭胀憨脓包。

山是狗撵的，话是酒撵的。

坐在一块土，便是一家人。

宁喝过头酒，不讲过头话。

兔子不吃窝边草，岩鹰不打窝下食。

酒醉旁边有醒人。

屋檐水滴现窝窝。

吃得亏，做得堆。

纺花织布真君子，赌钱打牌背时人。

老虎也有蹿坎时。

横柴进不得灶窿，木马进不得口袋。

家有千口，掌舵一人。

天天待客不穷，夜夜做贼不富。

浇花要浇根，教子要教心。

励志与奋进

懒人急在嘴上，勤人忙在腿上。

蛇死要摆尾，虎死不倒威。

出门不弯腰，进屋没柴烧。

草鞋烂了四股筋，破船烂了四箩钉。

穿烂的草鞋往后丢。

人不出门身不贵，火不烧山地不肥。

穷得新鲜，饿得硬棒。

人不贪财鬼也怕。

三分靠教，七分靠学。

杀不完的猪，读不完的书。

跟到好人学好教，跟到坏人成强盗。

事不做不知，路不走不熟。

眼是江湖口是路。

天晴砍柴落雨烧。

农业和气象

小满栽秧线子短，芒种栽秧光秆秆。

惊蛰前后，种瓜种豆。

清明下薯，谷雨下秧。

种田不换种，累得背打躬。

打铁抢火色，种田抢季节。

冬耕深一寸，春来省堆粪。

田头走一走，屋里添三斗。

重阳无雨看十三，十三无雨一冬干。

雷打冬，十个牛圈九个空。

六月初三溜一溜，一直落到秋。

一伏荞麦二伏（黄）豆，三伏四伏种绿豆。

八月寒露莫上前，九月寒露莫到后。（播种油菜）

惊蛰打霜，一半谷子一半秧。

宁可栽秋薯，不可种秋荞。

清明不断雪，谷雨不断霜。

麦怕连夜雨，谷怕午时风。

立夏要下，黄金满坝，立夏不下，犁耙高挂。

麦倒一包糠，荞倒无箩装。

沙雪打底，预备柴和米。

四月八，冷死老母鸭。

七月蜂子八月蛇，九月黄鳝惹不得。

七月半，蚊子像扯钻。

九月九，老狗不离灶门口。

歇后语

谷子倒进打米机——不要碾（脸）

神龛上丢粑粑——赖鬼

神龛上挂虾耙——莫害捞（劳）神

烂泥田头扳桩——越扳越深

猴子扳苞谷——得包丢包

烧香摸屁股——惯侍手脚

癞蛤蟆打哈欠——好大的口气

坛子里头捉乌龟——十拿九稳

落雨挑稻草——越挑越重

瞎子打灯笼——可惜蜡烛

黄鼠狼过田坎——只有那点梭势

鸡脚杆上刮油——光棒棒

扁担吹火——一窍不通

十两银子——一锭（定）

灶门口烧黄鳝——熟一节吃一节

灶门口烧红薯——一捧、二吹、三拍

沙土的萝卜——带着就来

麻雀吞苞谷——下蛮

蓑衣上的跳蚤——没有弹（谈）的

叫化子向火——往面前刨

瞎子戴眼镜——多余的框框

墙上挂团鱼——巴不得

黄泥巴筑墙——围院（唯愿）

穿钉鞋拄拐棍——把稳着实

单身汉做媒——各顾各

石板上栽花——活不成

火烧芭茅草——遍地光棍

八月的高粱——老来红

稀泥巴搭田坎——巴不上

高粱秆挑水——担当不起

老鼠养崽——白替猫挣

猫和狗——和不久

三十晚上催肥猪——晚了

瞎母鸡遇到米头子——行运

豆腐落到灰头——拍不得

正月的腊肉——有盐（言）在先

螃蟹上树——巴不得

麻布洗脸——粗（初）相会

年三十的砧板——不得空

进窿的蛇——出不来

癞蛤蟆垫磉礅——石（死）打石岩（死捱）

脚底板抹油——梭得快

童谣

（一）

月亮光光，打火烧香。

烧到哪里，烧到庵上。

庵上打鼓，蛤蟆吓出。

蛤蟆下了一葡蛋，拿给娃娃做早饭。

（二）

排排坐，吃果果，果果香，吃辣姜。

辣姜辣，吃枇杷，枇杷苦，吃猪肚。

猪肚烂，吃鸭蛋。鸭蛋尖，翘上天。

天又高，买把刀。刀子快，好切菜。

菜又青，买颗针。针又秃，买个牛。

牛不走，换个狗。狗又花，好看家。

（三）

点子点菠萝，园地唱嗨歌。

菠萝好吃，青布兰布十二匹。

有钱的，买来吃。

无钱的，又出去。

（四）

杪椤树，梭罗丫，梭罗树上好人家。

大姐雕朵灵芝草，二姐雕朵牡丹花。

剩得三姐不会雕，坐在家中纺棉花。

纺一纺，哭一声，哥哥问她不作声。

早上吃的苦竹笋，夜晚吃的折耳根。

（五）

烟子烟，莫烟我，

我是天上梅花朵。

你一朵，我一朵，

杀个猪来打平伙。

（六）

娃娃崽，你莫刁（刁即调皮）

你家老崽我认得到，

头上戴个歪歪帽，

屁股上贴张狗皮膏，

整天都是醉醺醺，

家到哪点也找不到。

（七）

嫁姑娘，你莫哭，

转过弯弯就到屋。

甑子蒸的白米饭，

婆家新房亮堂堂，

生个满崽白胖胖。

（八）

救命粮[①]，救命粮，

长在路边无人尝，

哪个要是尝一颗，

肚皮胀得桶那强。

民谣

（一）

又开太阳又落雨，

又接媳妇又嫁女。

（二）

月亮大，星星小，

早早起来去做活，

人勤快，阳春多，

吃了饭饭吃梭梭。

月亮大，星星小，

早早起来去薅草，

薅了草，阳春好，

收到屋里吃饱饱。

（三）

看牛伢崽你莫雄，慢慢围你进鸡笼。

三天喂你一颗米，看你二天雄不雄。

①救命粮，即火棘

人　物

朝阳作为历史发展悠久、侗族文化特色鲜明的古村落，伴随村子各方面的发展，涌现出许多富有代表性和影响力的人物。

◎人物传

杨承刚（1913—1942） 男，朝阳村朝阳组下寨人，名为杨通祯，字承刚，民国反抗兵役的主要人物。1938 年冬，杨承刚带领朝阳、大湾 500 余人组成武装力量，设防于屙屎坳、干山一带，反抗政府当局抓兵派款及一切苛捐。先击溃自卫总队长杨国秀带领的自卫队壮丁 200 余人，后让镇远专署保安团黄汉横中队、县特务队和壮丁数百人败走。次年 3 月，在晃县（今新晃）良知乡吴本刚武装支援下，利用其熟悉的地形、道路，守关设卡，将杨国秀带领镇远师管区派遣的部队和县保安队共 300 余人围困，用 5 门自制抬炮向官军阵地轮番轰击，促使杨国秀派人言和。同年 9 月，被县政府以“为首抗兵抗粮”罪抓捕，1 月后被杀害于县城北门河坝。

杨再献（1881—1958） 男，侗族，朝阳村枫木坡组人，号瑞山。家庭条件较好，自幼学习家中祖传中医，医术高超。在行医中治好许多疑难杂症，村中有人生病都直接到家中问诊开药，他一般只收取很少的药费，对家庭困难的患者分文不取。杨再献与人为善、宽厚待人，无论是村里发展还是村民家中的大事小事，都请其建言献策和调解矛盾纠纷。杨再献总是在公平公正地为朝阳的发展提出自己意见，对邻里纠纷、家庭矛盾也是采取灵活多变的方法调解，他说的话有道理、有分量，能让人心服口服，在朝阳村中有较高的威望。杨氏族谱对其记载：“立场正大，居心慷慨，服其化而载，其年将花甲行医一世，挽救病人之心可谓至矣。”

杨通伟（1929—2018） 男，侗族，朝阳村朝阳组下寨人。1954 年开始先后在朝阳大队、朝阳村任职，任职 46 年。任职期间，兢兢业业。1981 年 10 月，以朝阳大队支部书记身份参加全国少数民族参观团，受党和国家领导人接见，铜仁地区仅 2 人参加。因工作成绩显著，1988 年、1991 年被中共玉屏侗族自治县委授予优秀共产党员称号，2007 年 10 月，被中共玉屏侗族自治县委、县人民政府评为 2007 年度健康老人。

◎人物简介

吴宗斗 朝阳村尖坡组人，男，侗族，1938年5月出生，小学高级教师。1953年玉屏城关一小高小班毕业，1959—1960年任玉屏公社秘书，1962年2月踏上教育工作岗位，在朝阳小学开始任教。1965年，为方便尖坡组适龄儿童上学，成立民办尖坡小学（后改为尖坡教学点），在仅有一人教学的情况下，逐步开展一至五年级复式教学。生源除朝阳村人外，还吸引了周边湖南省新晃自治县凉伞及镇远县石宝塘村儿童入学。1987年，由民办教师选招为公办教师。1990年，尖坡教学点与朝阳小学合并后，调沙水坪小学任教，一年后调混寨小学，1994年8月退休。在朝阳村教书育人30余年，他的教学班多次统考成绩在新店乡名列前茅。因教学成绩突出，受新店乡奖励3次，被县教育局等部门奖励2次，1975年分别得到团省委、团地委奖励，1978年、1986年获铜仁地区教育先进工作者、先进个人称号。

吴继中 朝阳村茶油林组人，男，侗族，1942年3月出生，初中文化。1953

吴继中在“最美玉屏人”颁奖现场　　（朝阳村　提供）

吴继中左书 （朝阳村 提供）

年在朝阳小学就读小学，1960年考入玉屏中学就读初中，1963年加入共青团，1964年参加劳动生产。1964—1966年任朝阳大队团支部书记。从1968年开始被聘请为朝阳小学民办教师，任教22年。1982年，被评为玉屏侗族自治县农村教育先进个人，出席贵州省农民教育会议，受到省级有关部门领导的赞扬。2017年10月，被玉屏侗族自治县评为“最美玉屏人”，获玉屏首届“最美老人”称号。

吴继中从小深受侗乡民间艺术熏陶，喜爱民歌，常向大人和歌手学习演唱。中学毕业后，积极参加朝阳大队业余宣传队演出活动，自编自唱侗族民歌百余首，部分经县文化馆录音入卷，入选《中国民间文学三套集成贵州省铜仁地区（玉屏县卷）》近20首。多年来，吴继中心系侗族文化传承，用文字记述玉屏侗族民歌的由来、民歌类别、经典侗家民歌，收集整理民歌资料50余册。在生活中，他积极参加新店镇“九月九”赶坳活动，对民族文化进行宣扬和传承。他多次带自创作品参加玉屏侗族自治县文艺会演，两次获奖。1981年，参加贵州省少数民族“六月六”歌会节。他多才多艺，除民歌外，还热衷“反书”（字反写）、山水绘画、根雕艺术。

他热心家乡旅游事业、心系群众，从2010年开始，以“愚公移山”的精神，一人带一锄，每日到朝阳村“缸子岭”挖土开路，一天或挖 5 米、或挖 10 米，坚持不懈，其间曾因身体情况停歇过，但身体调养好后继续挖，历时 5 年终于开辟了 3 千米长的道路。2020 年，他荣登铜仁市 10 月“好人榜”。

黄桔梅 贵州息烽人，男，汉族，中共党员，1966 年 8 月出生，1988 年 7 月参加工作。2016 年 4 月 20 日，贵州省气象局驻玉屏侗族自治县同步小康驻村工作队进驻新店镇，黄桔梅时任贵州省气象局工会主席，到玉屏挂职任县委常委、县人民政府副县长，兼任朝阳村第一书记，长驻朝阳村。

在朝阳村期间，他全身心投入工作，回家的次数屈指可数，足迹遍布朝阳，对每户的家庭情况如数家珍。带领驻村工作队编制朝阳村“大扶贫”项目，针对 37 户贫困家庭提出具体的帮扶措施。他组织召开村干部联席会议，理清工作思路，明确任务，抓好抓实“组组通”公路、“四改一维一化”工程建设。严格按照“五步工作法”，扎实开展“一宣六帮”，着力解决“一达标、两不愁、三保障”，着力为群众办实事。2019 年，朝阳村摘下了“贫困”的帽子，37 户村民实现脱贫致富。黄桔梅因成绩突出，2018 年，被评为“全省脱贫攻坚优秀村第一书记”；2020 年，被中共铜仁市委记个人二等功。

黄桔梅帮助空巢老人整理院坝　　（新店镇　提供）

◎人物表

朝阳村服兵役人员一览表

表 15

序号	姓　名	服役时间	服役部队	备　注
1	姚沅祥	4 年 1 个月	中国人民解放军	
2	吴配朝	5 年 3 个月	中国人民解放军	1979 年参加对越自卫反击战，三等功一次，连嘉奖五次
3	吴继凯	4 年 10 个月	中国人民解放军	副排长，连嘉奖四次
4	姚茂钧	4 年 11 个月	中华人民共和国国防部	1979 年参加对越自卫反击战
5	吴继松	4 年	中国人民解放军	1979 年参加对越自卫反击战，班长，连嘉奖三次
6	吴宗球	3 年 10 个月	中国人民解放军	1979 年参加对越自卫反击战，班长，炮手，营嘉奖二次，连嘉奖三次，三等功七次
7	吴继辉	4 年 9 个月	中国人民解放军	1979 年参加对越自卫反击战，高机班长
8	吴继斌	5 年 1 个月	中国人民解放军	有线，班长
9	吴配福	3 年	中国人民解放军	侦察，上士
10	杨昌军	3 年	中国人民解放军	电话班长，上士，1995 年评为优秀士兵
11	姚灯思	2 年	武警贵州消防部队	上等兵
12	吴配成	2 年	武警遵义市消防支队	下士

注：表由朝阳村提供

朝阳村乡土特殊人才一览表

表 16

序号	姓　名	性　别	专　长
1	姚沅泉	男	木匠
2	姚茂廷	男	木匠
3	姚敦槐	男	木匠
4	吴宗宽	男	木匠
5	吴继银	男	木匠
6	姚沅塘	男	木匠
7	姚沅高	男	木匠
8	文国勋	男	木匠、唢呐师
9	文国辉	男	木匠、唢呐师
10	杨再献	男	中医
11	吴宗魁	男	中医
12	罗朝勋	男	医师
13	吴继汉	男	医师
14	姚茂银	男	医师
15	文国先	男	歌师
16	吴柳珍	女	歌师
17	姚本桥	男	歌师
18	吴宗伟	男	歌师、唢呐师
19	文国洲	男	唢呐师
20	文为熙	男	唢呐师
21	吴本健	男	唢呐师
22	姚沅芳	男	竹编师、铁匠
23	姚本松	男	竹编师
24	罗朝武	男	铁匠
25	姚本富	男	铁匠

注：表由朝阳村提供

朝阳村公职人员一览表

表 17

序号	姓 名	工作单位及职务	序号	姓 名	工作单位及职务
1	姚敦松	丙溪小学退休教师	14	姚茂永	玉屏侗族自治县纪委监委二级主任科员
2	姚 杰	铜仁市税务局工作人员	15	姚敦齐	玉屏侗族自治县法院员额法官
3	姚茂勋	玉屏侗族自治县就业局局长	16	姚敦献	玉屏民族中教师
4	姚敦煜	铜仁市公安局工作人员	17	姚伦强	新店镇人大常委会副主任
5	姚敦淦	玉屏侗族自治县教育局教师	18	姚人瑞	大龙中心完小教师
6	姚 键	铜仁市退役军人事务局工作人员	19	姚伦渊	贵阳中医院工作人员
7	姚伦伦	玉屏侗族自治县机关事务中心副主任	20	姚敦钦	玉屏侗族自治县委党校副校长
8	姚茂涛	玉屏侗族自治县民宗局工作人员	21	姚伦周	玉屏侗族自治县政府办秘书（去世）
9	姚茂德	玉屏侗族自治县文体广电旅游局工作人员	22	吴继勋	丙溪小学退休教师
10	吴宗斗	混寨小学退休教师	23	吴配勇	福泉监狱工作人员
11	吴继昌	玉屏侗族自治县政协副县级退休干部	24	杨光坤	新店农服中心退休人员
12	吴继滔	贵州省玉屏经开区党工委副书记、常务副主任	25	杨志才	玉屏侗族自治县法院员额法官
13	吴配泽	玉屏侗族自治县农业农村局林果开发服务中心主任	26	杨志洲	玉屏侗族自治县人力资源和社会保障局工作人员

注：表由朝阳村提供

2020 年朝阳村大中专以上在校生一览表

表 18

序号	姓 名	学 历	学 校
1	罗银端	本科	重庆三峡学院
2	姚红瑛	本科	都匀师范学院
3	姚柯羽	本科	遵义师范学院
4	罗明清	本科	遵义医学院
5	姚晓芳	本科	贵州师范学院

续表 18

序号	姓　名	学　历	学　校
6	文　艳	本科	南京审计大学
7	姚海兰	高职	贵州电子信息技术学院
8	姚　勇	高职	贵州应用技术职业学院
9	文红英	高职	铜仁健康职业学院
10	杨莲梅	高职	铜仁职业技术学院
11	罗银红	高职	安顺职业技术学院
12	吴配海	高职	武汉交通职业学院
13	杨　辉	高职	贵州职业技术学院
14	杨　鹏	高职	贵州职业技术学院

注：表由朝阳村提供

2022 年朝阳村 80 岁及以上老人一览表

表 19

序号	姓　名	出生年月	序号	姓　名	出生年月	序号	姓　名	出生年月
1	杨祖珍	1929 年 5 月	10	杨金音	1935 年 7 月	19	吴宗珍	1938 年 9 月
2	杨竹元	1930 年 1 月	11	杨运单	1936 年 3 月	20	姚茂川	1938 年 12 月
3	姚沅凤	1931 年 12 月	12	吴宗梅	1936 年 12 月	21	杨彦元	1940 年 1 月
4	吴宗万	1932 年 5 月	13	姚凤芝	1937 年 1 月	22	吴艳音	1940 年 2 月
5	杨明河	1932 年 11 月	14	姚源科	1937 年 7 月	23	杨合珍	1940 年 10 月
6	杨明珍	1934 年 2 月	15	杨祖松	1937 年 9 月	24	杨祖富	1940 年 12 月
7	姚引桥	1934 年 4 月	16	杨祖桓	1937 年 11 月	25	吴元蓝	1940 年 12 月
8	潘桂香	1934 年 4 月	17	吴继长	1938 年 2 月	26	文国球	1940 年 12 月
9	卜凤仙	1934 年 7 月	18	唐维菊	1938 年 7 月			

注：表由朝阳村提供

大事纪略

1938 年朝阳大湾反抗兵役

1938 年冬，朝阳、大湾一带的侗族、汉族村民在姚本荣（朝阳组人）、杨承刚的带领下，组织 500 余人的武装力量，设防于屙屎坳、干山一带，反抗政府当局抓兵派款及一切苛捐。县长刘汉彝为缓和局势，急派傅相武等人前往劝阻，无效。遂令自卫总队长杨国秀带领自卫队壮丁 200 余人弹压，被击溃。刘汉彝见情势不妙，向镇远专署告急。数日后，派来保安团黄汉横中队，连同县特务队和壮丁数百人"进剿"。双方激战于小路溪对面的囤上一带。晃县（今新晃）良知乡吴本刚闻讯，带领 100 多名侗族武装支援，战斗持续两天两夜。打伤官军多人，保安团排长陈世民被击毙在冈子岭，官军不支败逃。1939 年 3 月，刘汉彝复令杨国秀带领镇远师管区雷师长派来的部队和县保安队共 300 余人分两路进发。一路从牛鼻嘴，一路从道扒溪，会合于朝阳下寨囤上，伺机行动。反政府武装在姚本荣、杨承刚带领下，利用其熟悉的地形、道路，守关设卡，将官军围困。吴本刚带领 600 余人的武装支援，用 5 门自制抬炮向官军阵地轮番轰击。杨国秀见武力难以慑服，即改变策略，派人言和，议定政府不追究这次事件的责任，不再随意抓兵派款。是年 9 月，政府当局以"为首抗兵抗粮"为罪名将杨承刚捉拿。1 个月后，杨承刚被杀于县城北门河坝。1942 年 10 月 25 日，政府以"黔东事变骨干"罪名将姚本荣捉拿，杀于尖坡。

1996 年朝阳村重晶石开采

1996 年，通过招商引资，引进资金 350 万元以及相关技术、设备，在朝阳村成立贵州银林矿产有限公司，法人代表郭玲，负责首次开采朝阳村重晶石矿。1996 年，公司投资 47 万元建成丙溪—朝阳的通村公路后，开启朝阳村的采矿历程。朝阳村矿区是玉屏侗族自治县重晶石矿的主产区，有两个开矿区，分布在浩林山的两面。主要矿区在朝阳组下寨，浩林山东北半坡。有大量的露天矿，根据矿带开挖十余洞口采矿，公路可直达矿区，汽车是主要的运输工具。浩林山南面的洞垴上，是另一个矿区，半坡上均有矿带，主要以挖洞开矿，通过马车和索道将矿石运送至洞垴上的公路上，再运出朝阳。朝阳重晶石矿开采近 10 年，朝阳片区最高年产 5000 多吨，产值和收入达1000余万元，是玉屏有史以来最大的矿石开采场。公司所有工人均为朝阳、大湾村民，工人最多时达150余人。

1999年朝阳村被司法部表彰为“全国模范人民调解委员会”

1999年5月28日，在全国人民调解工作暨表彰大会上，朝阳村人民调解委员会被司法部表彰为“全国模范人民调解委员会”。这是该调解委员会连续5年被玉屏侗族自治县、新店乡评为先进集体后又获得的一项殊荣，成为铜仁地区唯一获此殊荣的单位。

朝阳村获“全国文明村镇”称号

2011年12月20日，朝阳村被中央精神文明建设指导委员会授予第三批全国文明村镇称号。2014年12月，朝阳村根据全国文明村镇测评体系自查评分98分，申请继续保留朝阳村“全国文明村”称号。2015年4月，朝阳村被批准继续保留全国文明村镇称号。截至2020年，玉屏侗族自治县仅朝阳村、野鸡坪村获此称号。

2011年朝阳村入选贵州省“魅力侗寨”

2011年，贵州省侗学研究会开展“魅力侗寨”评选，玉屏侗族自治县侗学会将朝阳村作为第一候选进行申请。经贵州省侗学研究会评选，朝阳村入选第一批“魅力侗寨”名单。朝阳村是铜仁市4个入选村寨之一、玉屏首个获此荣誉的侗族村寨。同年11月25—26日，在贵阳召开贵州省侗学研究会2011年年会，会上向27个“魅力侗寨”授牌，玉屏侗族自治县侗学会执行会长洪嵘、副会长汪兴参加年会，汪兴在会上作交流发言。2013年7月29—31日，贵州省人大常委会原副主任、省侗学会会长杨序顺一行对“魅力侗寨”朝阳村进行中期考察，铜仁市侗学会会长张嗣军、玉屏侗族自治县侗学会会长姚余良等陪同考察。

2014 年朝阳村入选中国传统村落

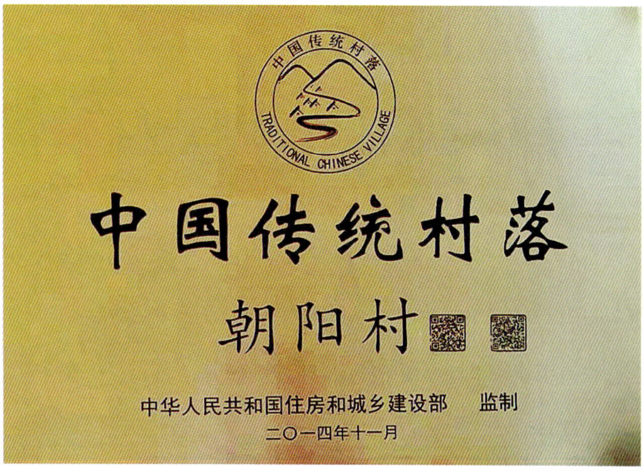

朝阳村获中国传统村落荣誉牌　（杨　锋　摄）

2014 年，经过前期调查了解，玉屏侗族自治县住房和城乡建设局递交将朝阳村纳入中国传统村落的申请。2014 年 11 月 17 日，中华人民共和国住房和城乡建设部、中华人民共和国文化部、国家文物局、中华人民共和国财政部、中华人民共和国国土资源部、中华人民共和国农业部、中华人民共和国国家旅游局联合下发文件，公布第三批列入中国传统村落名录的村落名单，朝阳村是全县仅有的两个传统村落之一。2015 年 4 月，玉屏侗族自治县住房和城乡建设局建立中国传统村落朝阳村档案。

2016 年《魅力东方》采访拍摄组进入朝阳村拍摄

2016 年 5 月 22—25 日，国台办海峡两岸出版交流中心携台湾主流媒体中天电视台、台湾民众日报社组成的采访拍摄组在玉屏开展“魅力东方——走进玉屏”专题片拍摄活动，拍摄制作《魅力东方》电视专题片。24 日，采访拍摄组到朝阳村取景侗民族活动，拍摄寨门拦门酒、侗歌、斗画眉、侗绣、打糍粑以及罐罐油茶的制作。7 月 3 日在台湾《民众日报》上刊发。

2016 年《乡土》节目组到朝阳村录制节目

2016 年，CCTV7《乡土》节目组到朝阳村录制 20160908 期节目《大山里的侗家》。重点拍摄箫笛制作技艺传承人刘泽松制作箫笛的四个流程，侗家妇女杨金秀纺纱、织布、染布为女儿吴静准备嫁服。恰逢村中老人吴桂红85岁生日，选取了其儿子杨光坤用家传手艺酿制醇香的米酒、孙媳祝福老人唱起的酒歌、省级非物质文化遗产罐罐油茶制作、槽辣椒的砍制。节目组品尝别具特色的腊汤和美食。

2016年朝阳村获“贵州省少数民族特色村寨”称号

2016年9月29日，贵州省少数民族特色村镇保护与发展工作现场会在镇宁布依族苗族自治县召开，会议挂牌命名贵州首批少数民族特色村寨，朝阳村入选。在贵州省500个民族特色村寨名录中，全县4个村入选，新店镇仅有朝阳村和新店村名列其中。

2018年朝阳村整村脱贫摘帽

2018年9月21日，贵州省人民政府发布《关于桐梓等14个县（区）退出贫困县的通告》；10月17日，国务院扶贫办宣布了第四批脱贫摘帽的85个贫困县，宣布玉屏侗族自治县退出贫困县行列，朝阳村整村脱贫摘帽。朝阳村是一类贫困村，有建档立卡户37户。脱贫攻坚期间，村民逐步实现脱贫致富，撕掉千百年来绝对贫困的标签。

2020年朝阳村多处民族建筑被洪水摧毁

2020年6月9日，朝阳持续强降雨，发生洪涝灾害，朝阳组受灾最为严重。道路被冲毁中断，多处出现山体滑坡，洪水漫入溪边村民家中，朝阳花桥、凉亭、水车等民族特色建筑被洪水摧毁。县人武部、县消防救援大队、新店镇人民政府等部门、志愿者一起进行灾后清理工作。

附 录

住房和城乡建设部等部门关于公布第三批列入中国传统村落名录的村落名单的通知

建村〔2014〕168号

各省、自治区、直辖市住房城乡建设厅（建委）、文化厅（局）、文物局、财政厅（局）、国土资源厅（局）、农业厅（农委）、旅游局：

根据《住房城乡建设部等部门关于印发传统村落评价认定指标体系（试行）的通知》（建村〔2012〕125号），在各地初步评价推荐的基础上，经传统村落保护发展专家委员会评审认定，住房城乡建设部、文化部、国家文物局、财政部、国土资源部、农业部、国家旅游局（以下称7部局）决定将北京市门头沟区雁翅镇碣石村等994个村落（名单见附件）列入中国传统村落名录，现予以公布。

请各地按照《关于切实加强中国传统村落保护的指导意见》（建村〔2014〕61号）和《关于做好中国传统村落保护项目实施工作的意见》（建村〔2014〕135号）要求，抓紧建立村落档案，编制保护发展规划，保护文化遗产，探索开展保护性修复试点，做好保护项目实施管理。7部局将对中国传统村落保护发展工作予以监督指导。

附件：第三批列入中国传统村落名录的村落名单（节选）

中华人民共和国住房和城乡建设部

中华人民共和国文化部

国家文物局

中华人民共和国财政部

中华人民共和国国土资源部

中华人民共和国农业部

中华人民共和国国家旅游局

2014年11月17日

附件

第三批列入中国传统村落名录的村落名单（节选）

二十二、贵州省（134个）

铜仁市碧江区坝黄镇宋家坝村塘边古树园
铜仁市碧江区瓦屋侗族乡克兰寨村
铜仁市玉屏侗族自治县新店乡朝阳村
铜仁市玉屏侗族自治县新店乡大湾村
铜仁市思南县合朋溪镇鱼塘村
铜仁市思南县塘头镇甲秀社区
铜仁市思南县塘头镇街子村
铜仁市思南县大坝场镇官塘坝村
铜仁市思南县大坝场镇尧上村
铜仁市思南县瓮溪镇瓮溪社区马家山组
铜仁市印江土家族苗族自治县板溪镇渠沟村
铜仁市印江土家族苗族自治县天堂镇中尧村
铜仁市印江土家族苗族自治县合水镇兴旺村
铜仁市印江土家族苗族自治县缠溪镇方家岭村
铜仁市印江土家族苗族自治县新寨乡黔溪村
铜仁市印江土家族苗族自治县中坝乡虹穴村
铜仁市印江土家族苗族自治县新业乡芙蓉村
铜仁市印江土家族苗族自治县新业乡坪所村
铜仁市德江县煎茶镇付家村

铜仁市德江县复兴镇稳溪村

铜仁市德江县合兴镇朝阳村

铜仁市德江县高山镇梨子水村

铜仁市沿河土家族自治县夹石镇闵子溪村

铜仁市沿河土家族自治县官舟镇木子岭村

铜仁市沿河土家族自治县板场乡洋溪村

铜仁市沿河土家族自治县后坪乡下坝村

铜仁市松桃苗族自治县普觉镇半坡村

铜仁市松桃苗族自治县寨英镇大水村

铜仁市松桃苗族自治县寨英镇邓堡村

铜仁市松桃苗族自治县寨英镇寨英村

铜仁市松桃苗族自治县孟溪镇头京村

铜仁市万山特区黄道乡瓦寨村

铜仁市万山特区敖寨乡石头寨

朝阳村村规民约

第一章　总　则

根据《中华人民共和国村民委员会组织法》等国家有关法律法规规定以及中共十八届四中全会提出的全面推进依法治国的总体要求，为增强村民法治观念，自觉崇尚法制规定，提高自身素质，能自我管理、自我服务、自我教育，确保社会稳定。使其真正做到：“诚信是立人之根、勤奋是发家之本、知识是兴旺之力、和谐是不败之基”，形成“诚实做人，用心做事”的良好村风，力争打造宜居、宜业、宜游的新型朝阳，将我村建设成为“美丽村、法制村、诚信村、健康村、创业村、富裕村、和谐村、幸福村”。为此，特制定村规民约。

本村规民约只适用于朝阳村村民及在辖区内居住、工作的公民。

第二章　组织建设

第一条　村组织设中国共产党朝阳村支部委员会（下设三个党小组）、村民委员会、村民监督委员会。

第二条　支部委员会是全村人民的领导核心，按照《中国共产党章程》规定由全体共产党员或党代表选举产生，特殊情况下也可以由上级党组织委派，支部委员会由所属支部党员选举产生。每届任期 3 年，可连选连任。

第三条　村民委员会根据《中华人民共和国村民委员会组织法》之规定由具有法律资格的村民产生。村民监督委员会由村民代表大会选举产生。

第四条　村民委员会根据工作需要设立相应的管理和服务机构以及村民小组。

第五条　村的班子成员中应注重老、中、青相结合，主要领导应当具备初中以上文化程度。高中以上文化及大学文凭优先选入村班子。

第三章　社会治安管理

第六条　村民之间要团结友爱、和睦相处、不打架斗殴，不酗酒滋事、严禁侮辱、诽谤他人，严禁造谣、搬弄是非，严禁非法缠访和越级上访。

第七条　遵守社会公共道德，自觉维护社会和公共秩序，不阻碍公务人员执行公务，严禁欺骗组织、欺骗他人。做诚实守信朝阳人。

第八条　严禁盗窃、哄抢国家、集体、个人财物，严禁赌博、替罪犯隐藏赃物、损坏水利、供电、道路、通信、文化、教育等公共设施和单位、村民、企业等生产设施，严禁毒鱼、电鱼、炸鱼。

第九条　严禁种毒、吸毒、贩毒，每个村民都要相互监督，经教育屡教不改的送法律机关依法处理。

第十条　严禁包庇、容留、窝藏违法犯罪人员，一经发现要及时报告村委会。

第十一条　严禁非法限制他人人身自由、非法侵入他人住宅，不调戏妇女，遵守社会公德。

第十二条　邻里之间发生纠纷，能自行调解的自行调解，不能自行调解的由村民组长调解，组长不能调解的，报送村委民事调解委员会调解。一般纠纷不出组，一般矛盾不出村。

第十三条　外来人员，需要在本村短期居住的、应向村治安联防队办理临时居住相关手续。

第四章　民风民俗

第十四条　严禁搞封建迷信活动，不听、不看、不传播迷信和淫色音像书刊。

第十五条　讲文明、讲礼貌、不说脏话、粗话，建立正常和谐的人际关系，不搞宗派活动。伸张正义、见义勇为，用自身行为影响老一代、教育下一代。

第十六条　村民要尊重老人，不虐待、歧视老人，年满60周岁的老人必须有专人照顾，外出务工村民留在家里的孩子及生活不能自理的妇女应明确专人负责照顾。

第十七条　村民之间要相互尊重、相互理解、互相帮助，扶老携幼、和睦相处，倡导一人有难人人帮，一家有难大家帮的美德，建立良好的邻里关系。

第十八条　村民办酒席要申报，按规定操办，喜事新办、丧事从俭、严禁大棺土葬，不铺张浪费、不搞陈规旧习，严禁以建房、学生入学、当兵、非婚及非婚生育小孩等不符合规定名义办酒席，严禁未满80周岁的村民大办寿宴酒席。

第十九条　提倡社会主义精神文明，严禁搞邪教组织等其他不文明行为。树立良好的社会风尚。禁止传播淫秽音像书。

第五章　生态建设及环境卫生保护

第二十条　凡是栽种有果树及经济作物的丘陵、地块，严禁放养家禽。

第二十一条　严禁盗窃农户栽种的果树、花草和树木。

第二十二条　严禁在林地里铲灰集肥破坏森林，严禁携带火种进入森林和乱丢烟头。严禁在山林、田地里或周边焚烧秸秆杂物。

第二十三条　严禁在林地里烧香烧纸祭祖。

第二十四条　严禁私自乱砍和盗伐林木。

第二十五条　村民需要建房（包括加层和圈舍等）必须先提出书面申请，要符合村的统一规划、设计，经主管部门同意审查批准后，方能建设，未经批准不得擅自修建，违建将予以拆除。

第二十六条　村民要养成良好的卫生习惯、讲究卫生、爱护家园、美化环境，门前院落要保持清洁，清理暴露垃圾、清理卫生死角、清除废弃堆积物，房屋四周种植花草树木，保持通风、干净、舒适。按指定地点倒垃圾。禁止在公共场所乱吐乱扔、乱倒垃圾、污水和渣土，未经同意任何人不得张贴广告。

第二十七条　搞好公共卫生和村容整洁，确保道路畅通，道路两侧不准长时堆放沙、石、砖等建筑材料。严禁挤占道路和乱搭乱建、严禁乱停乱放、乱取沙石。严禁乱刻乱画、张贴。

第二十八条　以村民组为单元，实行管理为主，实行“门前三包”责任制，确保居住环境区域内每天一小扫，营造一个干净整洁的良好环境。

第二十九条　猪、鸡、狗等牲畜都要实行圈养，圈舍、粪坑应封闭，污染不泄露外流，确保不污染生活环境。

第三十条　每个村民都要积极行动起来，营造干净、整洁、健康、舒适的生活环境。

第六章　土地管理

第三十一条　村集体土地（包括村民承包责任地、自留地、山林、荒山）所有权属于村民委员会，村民要认真管理，按照产业规划布局和生产技术要求搞好生产，努力提高经济产出。严禁荒废，严禁侵占非承包责任地和他人承包责任地。未经村委会允许严禁将自己承包的耕地、林地以现金或物质方式转让他人。

第三十二条 村委会根据产业发展需要，鼓励村民将山林、土地入股到村集体经济开发公司发展经济、采取基本保值有偿有序进行集中流转，待公司盈利后由公司派发红利给村委会，再由村委会将红利按入股比例分发给土地承包责任人。

第三十三条 严禁占用耕地建房或乱搭乱建，村民的自建房宅基地需要占用土地、林地、荒地的必须提出书面申请交村委会讨论通过，并报送镇有关部门审批同意后才可以动工修建。

第三十四条 凡是利村利民公益性占用土地的（通组路、教育、文化、体育、卫生等公共服务设施）按照有关政策规定进行补偿。村民组内的连户路、机耕道由受益农户自行协调解决。

第三十五条 凡是国营企业、集团公司占用的，按国土和有关部门核定标准进行补偿。

第七章 建档立卡户差异化管理

第三十六条 贫困户义务“六要”

1. 缴纳新型农村合作医疗或城镇居民基本医疗保险费用；

2. 保证适龄儿童、少年接受九年义务教育；

3. 支持集体经济发展、基础设施建设、村级公益事业等；

4. 配合乡（镇）、村易地扶贫搬迁旧房拆除工作，盘活闲置土地避免土地撂荒；

5. 在脱贫攻坚中央、省、市督导、检查、评估考核以及扶贫专项调查中如实反映情况；

6. 做好住房室内外环境卫生，消除“脏乱差”现象。

第三十七条 差异化管理“十条”

1. “四有”人员的脱贫户家庭，原则上不再享受“10113”产业收益及其他收益政策，人均年收入超过 8000 元稳定脱贫的脱贫户家庭 2020 年以后原则上不再享受“10113”产业收益及其他收益政策；

2. 不缴纳新型农村合作医疗或城镇居民基本医疗保险费用的，所需缴纳保险金额从“10113”产业扶贫项目收益中扣除，并加扣“10113”产业收益收入 500 元；

3. 室内外环境卫生存在“脏乱差”的，扣除“10113”产业收益 500 元；

4. 不履行九年义务教育制度，造成适龄儿童、少年辍学的，取消辍学年度“10113”产业扶贫收益资金发放；

5. 贫困户家庭成员具有普通劳动能力，不参与集体经济发展、基础设施建设、村级公益事业的，按照150元/天标准从“10113”产业收益中扣除；

6. 在脱贫攻坚督导、检查、评估、考核中不如实反映情况，以及非法上访、不按正常程序反馈诉求的，扣除“10113”产业收益500元；

7. 违反国家法律法规、涉黑涉恶被追究刑事责任的，被司法机关认定为不良诚信行为列入失信人员名单的，取消“10113”产业收益；

8. 不赡养老人，不抚养子女，参与赌博和迷信活动以及薄养厚葬的，取消“10113”产业收益；

9. 通过微博、微信、QQ、抖音等网络渠道散播不当言论造成不良影响的，取消享受“10113”产业收益；

10. 易地扶贫搬迁旧房不按政策拆除的，不配合盘活闲置土地导致土地撂荒的，取消享受“10113”产业收益。对差异化管理扣除资金，纳入村级集体经济，用于产业发展和公益事业。

第八章　人口计划与户籍管理

第三十八条　每个已婚育龄人员都要积极参与到村的计生协会来，形成协会帮人、人帮协会的良好格局。

第三十九条　已婚夫妇生育小孩后按规定及时落实节育措施，并积极参加健康检查，外出务工的在外出前必须到村或镇办理流动人口登记手续。

第四十条至第四十二条（略）

第四十三条　空挂户的人员没有房屋在本村的、而且不在本村生活居住的不得迁入配偶和子女。因工因商确需将户口迁入的写出书面申请，经村研究同意后方可以办理入户登记手续。

第九章　婚姻家庭

第四十四条　全村村民都需要遵循婚姻自由，男女平等，一夫一妻，尊老爱幼，建立团结和睦的家庭关系。

第四十五条　要孝敬父母，善待子女。对父母不孝的，村委进行教育批评，对父母造成过激行为的，召开村民大会公开批评教育作出书面检查，情节严重的交由公安处理。

第四十六条　婚姻大事由本人作主，他人不得包办和干涉婚姻自由，不能借婚姻索取财物和金钱。

第四十七条　夫妻在家庭中地位平等，夫妻双方都有共同承担家务劳动的权利和义务，共同管理家庭财产。

第四十八条　父母、继父母要承担未成年人或无生活能力的子女抚养和教育，不准虐待病残儿和继子女。

第四十九条　婆媳之间要建立和谐、宽容、理解、包容的婆媳关系，同时要承担家庭中的主要经济责任。要调节好家庭中和谐气氛。

第十章　科技文化教育

第五十条　每个村民要积极参加各种文化、体育活动，弘扬挖掘地方民族文化，丰富文化生活。要积极参加我村的文艺队、体育队。广大村民应歌声耕作，夜晚载歌载舞。

第五十一条　每个适龄村民都要加强各种科技、文化、报刊知识的学习，了解国家方针和政策，不断提高自身能力。

第五十二条　每个村民都要积极主动支持教育事业发展，子女必须完成九年义务教育，严禁中小学生中途辍学。

第十一章　农村安全饮水管护制度

第五十三条　安全饮水工程机电水泵操作规则

首先观察总控制柜电压表上三相电压是否正常，即380—400V，为了使机电、水泵正常运行，确保供水，工作人员必须遵守如下操作规程：

1. 检查配电盘、起动柜、电机、水泵、闸阀有无异常现象，电源接触处是否有不良情况。

2. 机泵运行时，要常观察电流、电压是否平稳正常、电源接触处是否有异常现象，静听电机、水泵是否有异常响声。

3. 做好运行记录，随时观察水池情况，防止水池翻水。

4. 牢固树立安全生产观。遇暴雨、雷电应停机。维修保养机组时，首先应关闭总电源。

5. 停电时，先关出水阀门到一半，再按停机按钮，最后把阀门关闭完毕。

第五十四条　用水户协会供水管理制度

1. 为实现计划用水，节约用水，提高工程效益，为广大用水户提供安全饮水服务，依据协会章程制定本制度。

2. 供水时间实行 24 小时连续供水，用水户自觉蓄水。安装、维修停止供水两天以上，应事先通知用水户。

3. 用水户必须安装水表，无表一律不供水。协会管理人员定期对用水户水表进行检验、擦洗，并按规定收取校表费。

4. 用水户发现供水设施漏水，应立即通知管理人员。用水户损坏供水管、龙头、水表造成漏水，应立即通知管理人员及时维修，无故不报造成用水损失者，根据情节轻重，处 10 元至 50 元罚款或停止供水。

5. 管理人员对用水户每月定期抄表，收费按县物价局规定非城镇供用水标准收取，即生活用水每吨水 1 ~ 3 元。无故不交者，按水费总额的百分之一收取滞纳金，连续两个月不交者停止供水。

6. 严禁用水户采取滴漏积水使用，管理人员发现一次罚款 50 ~ 100 元。

7. 为保证供水质量，供水工程按国家有关规定的最低标准减半执行最低用水量，即每块表按每月 2 吨的基数，每月用水不足 2 吨者，按每块表 2 吨收取水费，超过 2 吨，按实际吨位收取。

8. 新安装用水户，必须先申请，并交纳 200 元的开户费。由管理人员负责安装，按规定收取安装工时费。用水户所购材料必须经管理员认可验收合格后，才能安装，否则，不予安装。

9. 用水户可申请暂停用水，经批准后，由管理人员封堵水管。若申请复开需交纳 10 元复开费，工时材料费由用水户自负。

10. 广大用水户均需爱护供水设施，发现供水装置损坏、漏水，应及时报告管理人员。人为损坏供水设施的，负责赔偿一切损失，情节严重者，停止供水并报有关部门依法处理。

11. 广大用水户有权监督用水协会管理人员执行国家法律、法规及协会规章制度的权利，对徇私违规违法者，将给予批评教育，情节严重者，予以辞退。

第五十五条　用水户协会水费征收使用管理办法

1. 为加强协会内部资金的管理，根据协会章程，制定本办法。

2. 本办法适用于本协会受益范围内的所有用水农户。用水户有义务合理利用和保护水资源，节约用水，自觉按时缴纳水费。

3. 安全饮水工程水价：按照黔价格〔2001〕84 号《贵州省城镇供水价格管理办法实施细则》，根据玉价字〔2010〕15 号《关于调整大龙镇供水价格的通知》的文件精神，参照大龙镇供水价格执行，水费价格为 1 ~ 3 元 / 吨。

4. 水费管理：各用水户水费由用水户协会进行收取并统一管理。

5. 水费使用：用于工程正常维修养护、按规定提留折旧及大修理基金，其他可用作协会管理人员的工资，行政管理费、业务生产和房屋租金，管理人员培训经费等。

第十二章　奖励

第五十六条　获县级表彰的劳动模范、道德模范、见义勇为标兵由村委会采取一定的奖励。

第五十七条　对村在产业发展、科技创新、社会管理有突出贡献的特殊人员由村委会采取相应奖励。

第五十八条　凡子女考入二本以上的家庭由村委会奖励 300 ~ 2000 元。

第十三章　违约责任

第五十九条　有下列情况之一的取消各种评选资格、国家扶持、村的福利；

1. 凡违反国家法律法规受到处罚的；

2. 不尽赡养责任遗弃老人、子女（子女应完成九年义务教育，家长不送其入学）的；

3. 家庭与邻居吵架、打架的；

4. 到镇、县以上无理上访的；

5. 产业规划区或集体公益项目实施期间不愿意按政策或村集体决议标准将山林、土地交出来搞发展，或阻扰施工的；

6. 不参加村集体项目（包括投工投劳）的；

7. 损坏集体形象（包括围攻、乱骂、无理取闹国家工作人员、游客，故意拖欠银行贷款）的；

8. 私自将其承包山林、土地转让给他人（包括提供土地给不属于本村户籍埋坟），处没收非法所得外。

第六十条　有下列情况之一的由村委会（治安联防队、村管办、计生办）收取50 ~ 1000元违约金；

1. 损坏公共财物（集体房屋、公路、供水、供电、照明、通信、花草树木、围栏、体育、卫生一切不属于家庭、个人的设施设备）除照价赔偿或修复外的行为一次的（未成年人由家长或监护人承担）；

2. 未经他人允许偷拿他人财物或损毁他人财物（包括牧畜踩踏庄稼、果木、蔬菜）除照价赔偿外，达不到追究法律责任的；

3. 邻里吵架、打架一次的；

4. 老人、子女反映（一次）责任人不履行赡养责任；

5. 乱倒、乱丢、乱放垃圾物经批评教育，限期改正仍不改正的；

6. 乱刻、乱画、张贴广告的；

7. 未经批准乱办酒席的；

8. 不按规定埋坟或提供土地给不属于本村户籍人员埋坟的，情况严重者交国家机关依法处理。

第六十一条　其他规定按其他规定执行。

第十四章　管　理

第六十二条　由朝阳村村支“两委”、监委会、负责解释、监督执行。

第六十三条　自2019年4月1日生效。

第六十四条　本村规民约与国家法律、法规抵触的，按国家规定执行。

中共新店镇朝阳村支部委员会

新店镇朝阳村村民委员会

2019年3月

朝阳村农村饮水安全工程农民用水户协会章程

第一章　总　则

第一条　协会的名称：新店镇朝阳村农村饮水安全工程农民用水户协会。

第二条　协会的性质：协会由新店镇朝阳村农村饮水安全工程所供水用户代表组成，是农民用水户自己的管水组织，依据供水区内广大用水户的意愿和国家有关政策成立，从事新店镇朝阳村农村饮水安全工程管理，属非盈利性的互助合作用水，具有独立的法人资格组织。即实行工程自我管理、自收自支、自负盈亏、自我发展，独立核算的群众组织。

第三条　协会的宗旨：遵守国家宪法、水利法律法规及国家有关政策，切实保障工程正常供水，全心全意为用水户提供优质供水服务，降低供水成本，实行节约用水，保证饮水安全卫生，增强人民体质，构建和谐社会。

第四条　协会接受业务主管单位玉屏侗族自治县水务局和新店镇人民政府的指导和帮助，接受玉屏侗族自治县民政局的业务监督管理。

第五条　协会住所：玉屏侗族自治县新店镇朝阳村。

第二章　业务范围

第六条　协会的业务范围：

（一）负责新店镇朝阳村农村饮水安全工程所属提水设施、水池及供水主干、支管网的维修、养护和运行管理；

（二）维持用水秩序，按时收交水费，定期张榜公布水费的收支情况，并接受广大会员的监督，管理和使用好水费。

第三章　会员

第七条　新店镇朝阳村农村饮水安全工程内所有用水户户主可申请为协会会员。

第八条　申请加入本协会的会员，必须具备下列条件：

（一）拥护本协会的章程；

(二)有加入本协会的意愿；

(三)在本协会的业务范围内具有一定的影响。

第九条　会员入会的程序

(一)本人提出申请；

(二)所在支渠用水者分会推荐；

(三)经协会理事会讨论通过；

(四)由理事会或理事会授权的机构发给会员证。

第十条　会员享有下列权利

(一)在本协会拥有选举权、被选举权和表决权；

(二)参加本协会的活动；

(三)获得本协会服务的优先权；

(四)有对本协会工作的批评建议和监督权；

(五)入会自愿、退会自由。

第十一条　会员履行下列义务

(一)执行本协会的决议；

(二)维护本协会合法权益；

(三)完成本协会交办的工作；

(四)按规定交纳水费；

(五)向协会反映情况，提供有关资料，积极参与所属工程设施的管理与维护。

第十二条　会员退会应书面通知本协会，并交回会员证；会员如果一年不交纳水费或不参加本协会活动的，视为自动退会。

第十三条　会员如有严重违反本章程的行为，经理事会表决通过，予以除名。

第四章　组织机构和负责人产生、罢免

第十四条　协会通过全体会员参加的会员大会选举产生5—10名用水户代表。

第十五条　协会的最高权力机构是用水户代表大会，用水户代表大会的职权

(一)制定和修改章程；

(二)选举和罢免理事会成员；

(三) 审议理事会的工作报告和财务报告;

(四) 决定终止事宜;

(五) 决定其他重大事宜。

第十六条　用水户代表大会须有 2/3 以上的用水户代表出席方能召开，其决议须经到会代表半数以上表决通过方能生效。

第十七条　用水户代表大会每届 3 年。因特殊情况需提前或延期换届的，须由理事会表决通过，报业务主管单位审查并经社团登记管理机关批准同意。但延期换届最长不超 过 1 年。

第十八条　理事会是用水户代表大会的执行机构，在闭会期间领导本协会开展日常工作，对用水户代表大会负责。

第十九条　理事会的职权

(一) 执行用水户代表大会的决议;

(二) 选举和罢免理事长、副理事长、秘书长;

(三) 筹备召开用水户代表大会;

(四) 向用水户代表大会报告工作和财务状况;

(五) 决定会员的吸收或除名;

(六) 决定设立办事机构，分支机构、代表机构和实体机构;

(七) 决定各机构主要负责人的聘任;

(八) 领导本协会各机构开展工作;

(九) 制定内部管理制度;

(十) 负责督促完成水费收缴任务;

(十一) 决定其他重大事项。

第二十条　理事会须有 2/3 以上的成员出席方能召开，其决议须到会成员 2/3 以上表决通过方能生效。

第二十一条　理事会每年至少召开两次会议。

第二十二条　理事会成员 4 名，由用水户代表大会选举产生，其中理事长 1 名，副理事长 2 名，秘书长 1 名。本协会的理事长必须具备下列条件

(一) 坚持党的路线、方针、政策，政治素质好;

(二)在本协会业务领域内有较大影响;

(三)理事长最高任职年龄不超过55周岁;

(四)身体健康,能坚持正常工作;

(五)未受到剥夺政治权利的刑事处罚;

(六)具有完全民事行为能力。

第二十三条　协会理事长如超过最高任职年龄的,须经理事会表决通过,报业务主管单位审查并经社团登记管理机关批准同意后,方可任职。

第二十四条　协会理事长任期3年(理事长任期最长不得超过两届)。因特殊情况需延长任期的,须经用水户代表大会2/3以上用水户代表表决通过,报业务主管单位审查并经社团登记管理机关批准同意后方可任职。

第二十五条　协会理事长为本协会法定代表人。

本协会法定代表人不兼任其他协会的法定代表人。

第二十六条　协会理事长行使下列职权

(一)理事会是本协会的法定代表人,按章程及大会通过的决议行使权力,负责协会全面工作。

(二)向本协会会员宣传国家有关政策和供水单位的有关规定,依照代表大会的决议修改本协会章程和规章制度。

(三)代表协会向供水单位反映用水户提出的合理化建议及要求,并力争得到妥善解决。

(四)对本协会资金的使用管理全面负责,严格审批各项开支,不得违章违纪。

(五)建议召开用水户代表大会,向大会作报告,根据新的情况决定新的工作计划及方案,并通过新的决议。

(六)年终向用水户代表大会报告年度工作情况。

(七)负责组织召开理事会。

第二十七条　用水户代表(含副理事长)向理事会辞职,需事先提出书面申请,理事会成员由用水户代表大会批准;副理事长由理事会批准、其他代表由用水户分会代表大会批准。在得到批准之前应继续履行其职责。如果用水户代表或理事会成员缺席,应及时召开分会用水户代表大会或用水户代表大会补选。

第五章　资产管理、使用原则

第二十八条　协会经费来源

（一）捐赠；

（二）政府资助；

（三）在核准的业务范围内开展活动或服务的收入；

（四）利息；

（五）代收水费按比例提成；

（六）其他合法收入。

第二十九条　协会经费必须用于本章程规定的业务范围和事业的发展。

第三十条　协会建立严格的财务管理制度，保证会计资料合法、真实、准确、完整。

第三十一条　协会配备具有专业资格的会计人员。会计不得兼任出纳。会计人员必须进行会计核算，实行会计监督。会计人员调动工作或离职时，必须与接管人员办清交接手续。

第三十二条　协会的资产管理必须执行国家规定的财务管理制度，接受用水户代表大会和财政部门的监督。资产来源属于国家拨款或者社会捐赠、资助的，必须接受审计机关的监督，并将有关情况以适当方式向社会公布。

第三十三条　协会换届或更换法定代表人之前必须接受社团登记管理机关和业务主管单位组织的财务审计。

第三十四条　协会的资产，任何单位、个人不得侵占、私分和挪用。

第六章　章程的修改程序

第三十五条　对本协会章程的修改，须经理事会表决通过后报用水户代表大会审议。

第三十六条　协会修改的章程，须在用水户代表大会通过后 15 日内，经业务主管单位审查同意，并报社团登记管理机关核准后生效。

第七章　终止程序及终止后的财产处理

第三十七条　协会完成宗旨或自行解散或由于分立、合并等原因需要注销的，由理事会提出终止。

第三十八条　协会终止须经用水户代表大会表决通过，并报业务主管单位审查同意。

第三十九条　协会终止前，须在业务主管单位及有关机关指导下成立清算组织，清理债权债务，处理善后事宜。清算期间，不开展清算以外的活动。

第四十条　协会经社团登记管理机关办理注销登记手续后即为终止。

第四十一条　协会终止后的剩余财产，在业务主管单位和社团登记管理机关的监督下，按照国家有关规定，用于发展与本协会宗旨相关的事业。

第八章　附　则

第四十二条　本章程经用水户代表大会表决通过，解释权属本协会的理事会。

第四十三条　本章程自社团登记管理机关核准之日起生效。

◎主要参考文献

1. 玉屏侗族自治县志编纂委员会编：《玉屏侗族自治县志》，贵州人民出版社，1993 年。

2. 玉屏侗族自治县志编纂委员会编：《玉屏侗族自治县志（1991—2005）》，方志出版社，2011 年。

3. 汪兴、罗世勋编著：《玉屏侗族文化》，中国文联出版社，2010 年。

4. 翟河贵编：《玉屏乡愁》，四川远程电子出版社，2020 年。

5. 张昭编：《玉屏味道》，四川师范大学电子出版社，2020 年。

6. 玉屏侗族自治县侗学会研究会主办，《玉屏侗学画讯》。

◎编纂始末

2014年11月，朝阳村被列入第三批中国传统村落名录。2021年8月，贵州省人民政府印发《贵州省传统村落高质量发展五年计划（2021—2025年）》，要求：传统村落志纳入地方志指导编纂内容，2023年实现地方志编纂全覆盖。2021年11月，《玉屏侗族自治县传统村落志》编纂工作启动。

因我县传统村落仅朝阳和大湾两个村，为详细记录村落历史与发展，决定朝阳与大湾分开记录村史，单独成书，书名定为《玉屏侗族自治县传统村落志·朝阳村志》（以下简称《朝阳村志》），由县档案馆（县地方志办）负责编纂，新店镇和朝阳村配合。

2021年11月，编纂人员第一次入村开始调研走访，随后编写篇目大纲，结合朝阳实际多次修改完善。2022年1月，组建编辑部。按因人而异、各负其责的原则，根据篇目大纲分块进行资料收集和文字编纂，由姚茂成负责基本村情、大事纪略编纂，吴娅负责文物胜迹、村落保护与旅游开发编纂，彭飞、谢祥金分别负责风土民俗、侗族文化编纂，杨婧负责村民生活、艺文杂记、人物、附录编纂，后增加侗寨建设类目，由吴娅、姚茂成、杨婧负责编纂。

2022年1月，编辑人员根据分工开展资料收集工作，收集过程中，除十分有限的档案资料、文化书籍资料、县志资料等小部分资料能够成文入志外，其余资料均为编辑人员走访村里老干部、老教师、老前辈所述的民间口述资料和现存实物资料的记录，资料收集颇为困难。

3月，编纂人员开始着手编纂《朝阳村志》初稿。经过大家夜以继日的共同努力，于10月下旬完成初稿。其间深入了解朝阳实况后，多次调整修改篇目大纲，又因缺少资料，多次入村实地调查、走访村民补充资料，力求真实记录朝阳村的自然风貌、风土人情、历史轨迹和传统文化。

《朝阳村志》上限起于清康熙年间，下限止于2020年底。在编纂内容上重点突出朝阳的“特”和“变”，尽可能地记录朝阳的巨大变化和所保留的传统文化和传统习俗。经过夜以继日的共同努力，10 月下旬完成分科编辑，开始整合志稿，于 12 月 9 日形成《朝阳村志（送审稿 1）》，报送铜仁市地方志办审议，编辑人员开始第 1 次分块交叉审核，并根据铜仁市地方志办的审核意见，对初稿进行增删补缀。

2023 年 1 月，《朝阳村志（送审稿 2）》形成，代表铜仁市传统村落志得到贵州省地方志办专家审议。待审期间，编辑人员进行第 2 次分块交叉审核，并将稿件分送新店镇、朝阳村委会、朝阳村部分人员审校，同时补充了图片重新排版，于 2 月下旬形成《朝阳村志（送审稿 3）》。

3 月，进行了第 3 次交叉审核，同时根据贵州省地方志办审核意见，修改打磨志稿。9 月，在完成方志出版社初审、复审修改意见落实的基础上，对文字、图片进行审校。12 月，《玉屏侗族自治县传统村落志》编纂委员会召开评审会，对志稿进行县级审核。

编纂《朝阳村志》，得到了县委、县人民政府的关心以及新店镇和朝阳村有关人士的支持。同时，相关县直部分也提供了有价值的资料，特别是县侗学会提供了大量的图片。贵州省地方志办、铜仁市地方志办领导和专家认真审阅和指导志书，提出了许多宝贵的修改意见。在此谨向所有关心、支持、帮助和指导本书的人员表示衷心的感谢！

因本书中所选诗词文章等部分作品，未能在出版前及时联系著作权人，请著作权人看到后与我们联系，赠志书一册，并支付版权费用以示感谢。由于时间仓促和水平有限，本志书难免存在不足和问题，敬请广大读者批评指正。

编辑部

2023 年 12 月